자폐 스펙트럼
아동과 청소년을 위한
발달놀이치료 3판

Robert Jason Grant 저

진미경 · 김혜진 · 박현숙 · 채은영 · 김모라 · 오형경 공역

학지사

역자 서문

놀이치료 임상현장에 있는 제자들에게 놀이치료에 대한 교육을 하며, 그들에게서 발달장애 아동·청소년의 놀이치료를 어떻게 접근해야 하는지에 대한 질문을 종종 받게 된다. 실상 국내외에서 출판된 놀이치료에 대한 수많은 서적 중 발달장애 아동과 청소년을 위한 놀이치료 접근을 소개한 서적은 제한된 것이 현실이다.

그러던 중 역자는 로버트 제이슨 그랜트(Robert Jason Grant) 박사의 『자폐 스펙트럼 아동과 청소년을 위한 발달놀이치료(Autplay Therapy for Children and Adolescents on the Autism Spectrum)』를 만나게 된다. 이 책은 자폐 스펙트럼 장애와 발달장애 아동·청소년을 위한 놀이기반의 치료 접근법을 소개하였으며, 치료놀이, 부모-자녀 놀이치료, 가족놀이치료, 인지행동 놀이치료, 행동치료를 다학제적 접근의 통합모델로 보여 준다.

로버트 박사는 미국놀이치료학회의 전문가이자 여러 분야의 임상전문가이며, 특히 자폐 스펙트럼 장애와 발달장애 아동·청소년의 놀이치료 전문가로서 활발히 활동하고 있다. 나는 실제로 미국 플로리다에서 로버트 박사에게 발달놀이치료(Autplay therapy)를 배우고 이를 함께 논의하며, 발달놀이치료를 교육과 임상 현장에 꼭 소개하고 싶다는 열망을 갖게 되었다. 이 책이 아동심리치료를 공부하는 후학들과 현장의 임상가들에게 이론적 근거에 의해 발달장애 아동과 청소년의 임상현장에 적용할 수 있는 가이드북이 될 수 있기를 기대한다.

마지막으로, 이 번역서를 위해 수고해 주신 학지사와 편집부 가족들에게 감사의 마음을 전한다. 또한 이 번역서의 번역 작업에 함께 뜻을 모아 동참해 준 공동 역자 그리고 아낌없는 지지와 격려를 보내 준 소중한 가족과 많은 분에게 마음 깊이 감사의 마음을 전한다.

2021년 8월
역자 대표 진미경

저자의 축하 편지

저의 저서인 『자폐 스펙트럼 아동과 청소년을 위한 발달놀이치료』가 한국어로 번역되어 출간된다는 소식을 들으니 매우 기쁩니다. 이 과정에 있어 시간과 재능을 기여해 주신 모든 분께 감사의 말씀을 드립니다.

한국에 있는 제 놀이치료 분야의 동료들에게도 특별한 메시지를 전달하고 싶습니다. 모두 제 책을 즐겁게 읽으시고, 자폐 및 신경발달 장애를 가진 아이들 그리고 그 가족들과의 소통에 도움이 되길 바랍니다. 발달놀이치료를 구성하면서 제가 목표했던 바는, 이러한 아픔을 겪고 있는 사람들이 확실한 방법을 통해서 그들이 필요로 하는 심리적인 건강을 되찾는 데 도움을 줄 수 있는 놀이치료 접근 방식을 제공하는 것이었습니다.

이러한 분들에게 관심을 가져 주시고, 발달놀이치료에도 관심을 보여 주시고, 또 배우려고 해 주시는 점에 감사합니다. 여러분의 치료 과정이 성공적이길 바랍니다!

Robert Jason Grant Ed.D, LPC, CAS, RPT-S
로버트 제이슨 그랜트

추천사

30여 년 전, 나는 자폐 스펙트럼 장애를 앓는 아동 그리고 그 가족들과 어울리는 방법에 대해 다룬 한 세미나에 참석하게 되었다. 그 세미나의 발표자는 당시 해당 분야에 있어 전문가라고 여겨지던 사람이었다. 발표 자료의 대부분은 행동주의적 접근에 대한 것이었고 도움이 되는 자료가 꽤 많았다. 하지만 가장 기억에 남는 부분은 발표자가 그날 언급한 충격적인 발언이었다. 발표자는 당당하게 말하였다. "행동주의적 접근만이 유일한 해결 방법입니다. 이 아동들은 감정이 없고, 조작적 조건화 방식에만 반응할 뿐이죠." 처음에는 내가 그의 말을 잘못 이해한 줄 알았기 때문에 주변의 다른 참석자들에게 어떻게 들었는지 물어보았다. 우리는 모두 같은 말을 들은 것이 맞았다. 비록 그 당시 나는 자폐 스펙트럼 장애(ASD)와 관련된 경험은 전혀 없었지만, 수년간 발달 및 정서적 어려움을 겪고 있는 아동 및 성인과 관련된 정신건강 분야에서 일해 오고 있었기 때문에 나는 그 발언을 도저히 사실로 받아들일 수 없었다. 전혀 말이 안 되는 발언이었다.

시간이 흘러 우리는 많은 것을 학습하였다. 당연히 이 아동들에게는 감정이 있다. 그들의 발달 궤도는 전형적인 궤도가 아닐 수도 있지만, 그 아동들 역시 다른 사람들과 같은 핵심적인 사회적 · 감정적 · 행동적 욕구를 지니고 있다. 인생은 그들에게 특별한 도전과제들을 제시하며, 치료 전문가들은 그러한 아동 및 가족이 인생이라는 여정에서 잠재력과 만족감에 최대로 도달할 수 있도록 활용할 만한 폭넓은 범주의 중재 방법을 익혀야만 한다.

아동과 청소년들이 ASD를 진단받은 경우, 이 장애는 가족 구성원 모두에게 영향을 미친다. 가족 구성원들은 ASD에 대해 학습하고, 해당 아동과 청소년에게서 발현되는 특정 ASD 증상을 완벽히 이해하며, 어떤 치료법이 가족들의 노력에 가장 적합하여 모든 가족 구성원에게 최대한 충만하고 윤택한 삶을 보장할 수 있는지 등의 가족과 관련된 자료를 수집해야 할 것이다. ASD를 앓는 자녀를 보살피는 과정에서 가정의 모든 에너지가 해당 자녀의 치료에 집중되다 보면 다른 형제자매들은 그 사이에 별도의 요구가 생길 수밖에 없고, 동시에 부모 역시 본인들의 욕구를 만족시키기 위한 에너지 충전 방법을 강구하다 보면 종종 부수적인 감정적 부담이 수반된다. 가족들은 도움을 얻을 수 있는 정보를 자세히 살펴보아야 하고 자녀들을 지지해 주기 위해 자주 도움을 요청하여야 한다.

치료사들은 방향 잡기를 어려워하는 가족들에게 엄청난 지지와 안내를 해 줄 수 있다. 하지만 정말 중요한 것은 치료사들이 ASD 그 자체로 발생할 수 있는 수많은 상황을 이해하고 가족들이 삶에 있어 중요하게 생각하는 요구를 이해해야 한다는 점이다. 치료사들은 그들에게 도움을 제공할 때 공감을 잘해야 하는 동시에 실질적인 도움을 주어야 한다. 또한 스스로 계속 공부하여 가족 구성원 모두를 진정으로 도울 방안을 제안하고 제공할 수 있어야 한다. 치료사들은 가족 체계를 잘 이해하고, 자녀의 ASD 진단이라는 것이 가족 내 모든 구성원의 역할, 서로 간의 관계 그리고 가족 이외의 사람들에게 어떤 영향을 미치는지를 이해해야만 한다.

수년 전, 로버트 그랜트 박사가 강연한 세미나에 처음 참석했을 때, 나는 ASD를 앓는 아동과 청소년 그리고 그들의 가족에 대한 연구에 있어 그가 복합적인 가족 유형을 결합시키는 것을 인상 깊게 생각하였다. 그간 몇 년의 기간에 걸쳐 내가 참석했던 세미나에 반해, 로버트 박사는 이 어려운 질환에 대한 행동적·정서적·사회적·발달적 요소들을 명확히 인지하고 있었다. 또한 치료사들이 각자의 가족 구성원 그리고 그 가족 전체의 강점을 파악하고 강화하는 데 도움을 줄 수 방법 등의 강점에 초점을 맞춘 부분도 있었다. 그가 초점을 맞춘 기술 강화는 분명히 목표 달성을 하는 방법 중 하나였다.

이 책은 로버트 박사가 수년간 연구한 내용을 풍부하게 다루며 ASD에 관한 명확한 이해를 제공한다. 이 책은 공감과 가족 참여 그리고 그 복합성을 이해하는 것에 기반한 기초 틀에 따른 자세하고 실질적인 치료 형태들에 대해서 다룬다. 나는 치료사 등의 전문가들이 ASD에 대해 이렇게 완벽히 이해하도록 하고, 또 매우 다양한 상황 속에서 그들이 해당 아동과 그 가족들에게 적용할 수 있는 무수한 도구를 제공할 수 있도록 돕는 자료 중 이렇게 완전한 자료는 없다고 생각한다. 이 책은 중요한 자원이고, ASD를 다루는 치료사라면 모두 꼭 지니고 사용해야 할 책이다. 섬세하고, 창조적이며, 학습적인 접근이 내포된 이 책의 투철함은 엄청난 가치를 가진다.

　내가 ASD를 앓는 아동과 청소년 그리고 그 가족들을 이해하고 돕는 데 있어 치료사들에게 자료를 골라 주어야 한다면, 바로 이 책을 선택할 것이다. 나는 이 책이 집에 ASD를 앓는 아동이 있어 어려움을 겪고 있을 많은 가족에게 그들의 최대 잠재력을 달성시켜 주기 위한 목적으로 최대한 넓은 독자층을 가질 수 있기를 바란다. 이 책은 사람들에게 힘을 주는 책이다. 치료 전문가들은 이 책을 통해 풍부한 정보와 이론으로 힘을 얻고 그것을 통해 그들이 돕는 부모와 아동들에게 힘을 줄 수 있을 것이다.

　알베르트 아인슈타인(Albert Einstein)은 "어려움 가운데에 기회가 있다."라고 말했다. 이 책은 치료사들이 가족들로 하여금 기회를 찾는 것을 도울 수 있도록 영감과 실질적 방안을 제시할 것이다.

라이즈 밴플릿(Rise VanFleet) 박사, RPT-S, CDBC 의장

펜실베이니아주, 보일링 스프링스

가족 강화와 놀이치료센터

감사의 말

나는 내 직업과 관련된 모든 일에 있어서 나를 지지해 준 아내 페이스(Faith)와 가족 그리고 친구들에게 감사의 말을 전하고 싶다. 이들은 나에게 용기를 북돋아 주고 지지해 주었으며, 또한 내가 하는 일에 진심으로 친절한 관심을 가져 주었다. 그것은 나에게 정말 큰 힘이 되었기 때문에 감사하다는 말을 전하고 싶다! 특히 내가 이 책을 쓰는 동안 정말 중요한 놀이 시간을 함께하지 못한 것을 이해해 준 아들에게도 고마움을 전하고 싶다.

나는 정신건강 및 자폐증 분야에서 좋은 사람들을 많이 만날 수 있는 기회를 얻었다. 많은 전문가와 친구가 되었고 많은 이가 나에게 영감을 주고 나를 지지해 주었으며 용기를 주었다. 혹시 누군가를 빼먹지는 않을까 하는 두려움에 이름을 열거하는 것을 주저하게 되기는 하지만, 조앤 라라(Joanne Lara), 아넷 브랜든버그(Annette Brandenburg), 데이나 올트(Dayna Ault), 데니스 필리(Denise Filley), 트레이시 터너-범베리(Tracy Turner-Bumberry), 리아나 로웬스텐(Liana Lowenstein), 라이즈 밴플릿(Rise VanFleet), 오드리 그레겐 모디콘(Audrey Gregan Modikoane), 빌 번즈(Bill Burns), 디엔 그루엔버그(Deanne Gruenberg) 그리고 게리 요크(Gary Yorke)에게는 꼭 특별히 감사의 말을 전하고 싶다. 여러분 모두가 나를 지지해 주었고 발달놀이치료를 지지해 주었다. 정말 감사한 일이다. 고맙습니다!

내가 이 책을 쓰고, 창작하며 나의 발달놀이 관련 노력을 지속하는 데 있어서 크게 영감을 준 분들께 감사의 말을 전하고 싶다. 템플 그랜딘(Temple Grandin),

토니 앳우드(Tony Attwood), 캐롤 그레이(Carol Gray), 캐런 레빈(Karen Levine), 챈탈 시실-키라(Chantal Sicile-Kira), 엘리아나 길(Eliana Gil), 에릭 그린(Eric Green), 셰리 스피하(Cherie Spehar) 그리고 테리 코트만(Terry Kottman). 여러분의 저술, 발표문, 글 그리고 소통이 나에게 정말 많은 긍정적인 영향을 주었다. 고맙습니다!

발달놀이치료의 자격을 갖고 일하고 계신 모든 전문가분께 정말 큰 감사의 말씀을 드리고 싶다. 여러분이 발달놀이 연수에 참여해 준 것이 나에게는 영광이었고, 여러분 모두가 자폐 아동들의 삶을 향상시키기 위해 보여 준 열망에 나는 크게 감동했다. 나의 놀이치료 커뮤니티 사람들에게도 모두 감사하다. 나는 여러분 한 분 한 분을 알아 가는 과정이 매우 즐거웠으며, 많은 분을 만나고 더 깊이 알아 가는 과정 속에서 큰 영감을 받았다. 그리고 미주리 놀이치료협회에도 감사하다. 훌륭한 운영진의 일부가 될 수 있어서 영광이었고 작은 부분이지만 활동하고 참여할 수 있어서 즐거웠다. 내가 살고 있는 지역의 자폐증 커뮤니티에게도 감사하다. 여러분 모두가 너무 훌륭하고 이런 풍요롭고 배려심 깊은 커뮤니티의 일원인 것이 매우 기쁘다. 나에게 지지를 보내 준 남서부 미주리 자폐증네트워크(SWAN), 미주리 자폐증리포트(MAR) 그리고 자폐아동을 가진 엄마들의 모임(M.O.C.H.A.)에도 감사의 말을 전한다.

내 글을 교정해 주고 수정해 준 친구인 웬디 에노(Wendy Eno)에게 특별한 감사를 전한다. 철저하고 심도 있고 배려심 깊게 글을 다듬어서 최고의 작품을 만들어 주어 나에게는 정말 축복이었고 덕분에 안심이 되었다.

마지막으로, 내 모든 것의 격려자이자 지원자이며 지지자인 하나님께 감사의 말씀을 전하고 싶다.

저자 서문

발달놀이치료의 여정은 수년 전 자폐 스펙트럼 장애를 가진 나의 첫 내담자가 내 사무실로 찾아오면서 시작되었다. 그는 아스퍼거 증후군을 진단받은 초등학생 소년이었다. 그때 당시, 나의 커리어는 놀이치료 접근법에 있어 꽤 통달해 있었지만, 자폐증을 앓는 개인을 치료하는 데 있어서는 지식과 경험이 희박했던 상태였다. 내가 놀이치료 접근법에 있어 성공적이지 못했다는 것은 거짓일 것이다. 사실 나는 성공적인 단계였고 나를 찾아왔던 내담자들이 호전되었지만, 무언가를 놓치고 있는 것이 있다는 것은 절감하고 있었으며, 그것은 바로 무언가를 더 달성할 수 있고 또 달성해야만 한다는 것이었다. 또한 나는 이 아동의 부모에 대한 나의 관여도가 그리 높지 않다는 것도 알고 있었다. 아동의 부모가 자기 자신에 대해 겪고 있을 갈등, 가정 내에서 그리고 또 학교라는 환경에서 그들이 아동에 대해 가질 고민들에 대해 깊이 관여하지 못하고 있었다.

이 아동의 부모는 나에게 큰 영감이 되었다. 나는 즉각적으로 그들에게 감정이입할 수 있었다. 그들의 이야기, 갈등, 두려움을 듣는 즉시 나는 그들에게 도움을 주고 싶다고 생각하였다. 나는 그들에게 더 나은 삶을 만들어 주고 싶었고, 아동, 부모 자신 그리고 가족 전체에게 더 양질의 경험을 주고 싶다는 욕구가 생겼다. 나는 ASD를 가진 아동의 가족들에게 더욱 효과적인 도움을 주기 위해 내 지식의 기반을 더 높이고 싶었다.

그때부터 나는 나만의 개인적인 여정을 시작하여 ASD 분야에 있어서 더 많이 학습하고 연습해 왔고, 관련 가족들에게 효과적이고 힘이 되는 치료를 제공할 수 있도록 현장을 찾아다녔다. 학습 과정에서 나는 응용행동분석(Applied Behavioral Analysis: ABA)에서 플로어타임(Floortime)으로, 사회학에서 중심축 반응 훈련으로, 글루텐 프리 식이요법부터 동물매개치료까지 그리고 나의 내담자들에게 더 다가가고 더 잘 이해하기 위해 다양한 현장을 다니게 되었다. 그리하여 자폐증과 다른 발달장애에 대한 나의 지식은 크게 향상되었다.

나는 내가 학습하기 시작한 치료에 어떤 경향이 있음을 발견했다. 대부분이 내가 이미 알고 또 접했던 다양한 놀이치료 접근법이 반영되어 있거나 그와 유사한 요소를 지니고 있다는 것이었다. 나는 특정한 자폐 치료의 목적이 있다면, 아동과 부모 모두에게 성공 가능성이 높고, 효과적인 치료 방법이 될 만한 놀이치료 접근법을 탄생시킬 수 있다는 것을 깨달았다. 그래서 나는 여러 요소를 결합하여 내가 연구 중이었던 내담자들에 대한 사례연구를 완성시켰다. 나는 내 접근 방식이 자폐증과 기타 발달장애를 가진 아동과 그 가족들에게 매우 긍정적인 결과를 가져다주고 있다는 것을 알게 되었다. 이 접근 방식을 점점 더 발달시키자, 그 접근 방식은 발달놀이치료(Autplay)로 불리게 되었다. 절차와 연구는 계속 개선되고 있고 발달놀이치료는 계속 발달되어 자폐증 및 기타 발달장애에 대한 실용적인 치료 접근법으로 진화하고 있다.

이 책의 목적은 치료 전문가들에게 발달놀이치료에 대한 세부적인 이해를 제시하여 ASD, 기타 신경발달장애 및 발달장애를 가진 아동과 청소년을 연구함에 있어 종합적인 치료 접근법을 제공하는 것이다. 이 설명서는 자폐를 가진 아동과 청소년을 연구하고 치료의 시작부터 끝까지 치료 접근법에 대한 프로토콜을 제공하기 위한 집약적 안내를 제시하는 치료 매뉴얼과도 같다.

이 책은 ASD 및 기타 발달장애에 대한 개요를 제공함으로써 치료 전문가들이 이 복합 질환에 대한 기본 지식을 얻을 수 있도록 할 것이다. 치료 전문가들은 ASD 및 기타 발달장애에 대한 지식을 계속 쌓을 것을 권한다. 이 발달놀이치료 과정은 ASD에 대해 철저한 이해를 가진 치료 전문가들에게 가장 잘 이해될 것이다.

발달놀이치료를 효과적으로 실행에 옮기기 위해서는 치료 전문가들이 그들이 마주하는 다양한 발달 상황에 대해 충분한 지식을 습득하는 것이 가장 중요하다. 이러한 질환들에 대한 완벽한 이해와 지식의 기반은 아동의 기술 발달을 증진시키는 데 효과적일 수 있는 지시적 놀이치료 기술(발달놀이치료의 중점 요소)을 창조하는 데 있어 가장 필수적이라고 할 수 있다. 이 책은 결코 ASD와 모든 발달장애에 대한 완벽한 설명을 제공하지 않는다. 부록에서는 치료 전문가들로 하여금 자폐 및 기타 발달장애에 대한 지식을 증진시키기 위해 읽어야 하는 내용을 권하고 있다.

이 책은 발달놀이치료 탄생에 영향을 준 기존의 치료법과 이론들을 다루면서 발달놀이치료에 영향을 준 요소들을 제시한다. 또한 발달놀이치료 접근법에 대한 자세한 묘사와 더불어, 발달놀이치료의 세 단계, 부모훈련 프로토콜, 발달놀이치료 연구 관련 정보 그리고 특정 기술의 발달에 초점을 맞춘 몇 가지 놀이에 기반한 지시적 개입을 다룬다.

부록에서는 치료 전문가들을 위한 몇 가지 자료를 제공한다. 나아가, 전문가들이 사용할 수 있도록 발달놀이 과정에서 사용되는 많은 목록과 양식을 설명하고 제시한다. 또한 부록에는 ASD에 대한 몇 가지 놀이기반 치료법 및 치료 전문가들과 가족들을 위한 몇 가지 추천 자료에 관한 정보도 열거하였다. 발달놀이치료 설명서는 자폐증을 앓는 아동들을 치료하는 전문가들에게 치료 시작 단계의 자세한 치료 접근법부터 치료 목표의 달성까지 필요한 종합적인 안내서가 될 것이다.

로버트 제이슨 그랜트

차례

제6장 사회적 기술 개입   175

제7장 관계 맺기 개입   221

제 1장

자폐 스펙트럼 장애와 발달장애

1. 자폐 스펙트럼 장애의 개요

이 책은 자폐 스펙트럼 장애(Autism Spectrum Disorder: ASD), 신경발달장애, 발달장애 등에 대해 철저한 심층적 설명을 하지는 않는다. 단지, 치료사가 발달놀이치료를 이해하고 치료를 위한 지시적 놀이기반 개입을 시행하는 것과 관련하여 장애를 보다 더 잘 이해하도록 돕기 위한 간략한 정보를 제공한다. 치료사는 보수 교육이 필요하고, ASD와 기타 발달장애에 대한 지식의 향상을 권장한다. 이를 돕기 위한 참고 자료와 권장 도서 목록이 부록에 제시되어 있다.

미국자폐협회(Autism Society of America, 2014)에 따르면, ASD는 생애 초기 3년 동안 전형적으로 나타나는 복합적 발달장애이다. ASD는 뇌의 정상 기능에 영향을 주는 신경학적 장애의 결과이다. 이 장애는 주로 사회적 상호작용과 의사소통 기술의 영역에서 뇌의 정상 발달에 주로 영향을 준다.

미국질병예방센터(the Centers for Disease Control and Prevention, 2015)는 ASD는 심각한 사회적 의사소통과 행동적 문제를 야기할 수 있는 발달장애라고 제안했다. ASD가 있는 사람들을 타인과 구별하는 표정은 없지만, ASD가 있는 사람들은 대부분의 사람과 다른 방식으로 의사소통하고 상호작용하며, 행동하고 학습한다. ASD가 있는 사람들의 학습, 사고, 문제해결 능력의 범위는 '매우 심각한 수준'부터 '특별한 재능'이 있는 수준까지 다양하다. ASD가 있는 어떤 사람은 그들의 일상적인 삶에 많은 도움이 필요하지만, 어떤 사람은 도움이 훨씬 덜 필요하다. 현재 ASD 진단은 각각의 다양한 예전 진단—자폐증, 전반적 발달장애, 달리 분류되지 않는 전반적 발달장애(PDD-NOS), 아스퍼거 장애—을 모두 포함한다. 그래서 현재는 '자폐 스펙트럼 장애'라고 불린다.

ASD는 『정신질환의 진단 및 통계 편람 5판(DSM-5)』(2014)의 진단인데, 주로 평가자가 무수한 검사, 평가, 관찰을 통해 아동과 청소년의 행동을 측정하는 심리학적 평가 이후에 진단을 내린다. 이 장애는 '스펙트럼 장애'로서, 증상들이 심각한 정도부터 경미한 정도까지 다양하다는 의미이다. 일반적으로 이 용어는 저기능과 고기능, 심한 장애부터 경미한 장애까지 포함하는 분포란 의미로 사용되었다. ASD를 가진 아동과 청소년은 비슷한 문제 영역을 가질 수도 있으나, 그들의 어려움의 심각도와 다른 특징(미숙한 소근육, 정상 지능, 언어 표현의 증가나 감소)의 존재 혹은 부재는 다양하다(Coplan, 2010).

ASD 아동과 청소년은 주로 언어적·비언어적 의사소통, 사회적 상호작용, 정서조절, 놀이기술 등에서 어려움이 있다. 그들은 반복되는 몸의 움직임(손 펄럭이기, 흔들기), 타인에 대한 독특한 반응, 대상에 대한 애착을 나타낼 수 있다. 또한 동일함을 고집할 수 있는데, 이는 개인 일과나 자신이 당면한 환경에서 약간의 변화를 만드는 것에 어려움을 생기게 한다(Williams & Williams, 2011). 더구나, 이러한 아동과 청소년은 감각처리에서 독특한 반응이나 경험에 대한 민감성을 갖는다. 전형적으로 ASD를 가진 사람을 구분 짓는 신체적 특징이나 특성은 없다. ASD 아동과 청소년은 의사소통, 상호작용, 학습적 부분에서 비장애 또래와는 다른 이해 방식으로 의사소통, 상호작용, 행동, 학습을 하는 것 같다.

ASD 아동과 청소년은 말하는 능력과 이해하는 능력이 부족하거나 때때로 화용이나 언어의 사회적 측면의 발달이 결핍될 것이다. 의사소통의 결핍은 천차만별인데, 온전한 이해력을 상실한 표현성 언어장애, 혼재성 수용표현 언어장애, 말하기 능력에서 장애가 있는 구조적 언어장애, 조음장애를 포함한다(Williams & Williams, 2011). 그들의 경우 주로 수용언어능력이 낮고 표현언어능력이 훨씬 높은데, 아동과 함께 일하는 성인의 표현언어기술은 동등하거나 고급이기 때문에, 아동의 수용언어기술이 같은 수준인 것으로 가정한다면 아동은 어려움을 겪을 수 있다.

ASD 아동과 청소년은 보속성(예: 반복적으로 일렬로 물건 세우기 등)을 가지고 있고 대본처럼 말을 반복하거나 아동에게 읽어 주었던 전체 책, 자신이 보았던 TV쇼나 영화를 나열하기도 한다(Greenspan & Wieder, 2006). ASD와 관련된 증상과 조건의 다양한 정도는 자폐 스펙트럼 아동 및 청소년과 일할 때 언급되어야 하고, 각 개별 아동과 청소년은 연령에 따른 적절한 성장에 대한 발달 이정표를 토대로 개별 문제에 대해 철저히 평가되어야 한다.

ASD에 전형적으로 동반하는 어려움은 관계와 관계 형성, 의사소통, 실행기능과 관련되어 있다. ASD는 복합적 발달장애이다. 문제는 그들 자신을 다르게 표현할 수 있고, 다른 조합으로 나타날 수 있다. 같은 진단을 가진 아동이 모두 같은 정도의 문제를 갖는 것은 아니다(Greenspan & Wieder, 2006).

 ASD는 개인의 손상이라는 측면에서 심각한 수준부터 경미한 수준까지 있다. 스펙트럼의 심각한 정도의 끝에 있는 아동은 말을 할 수 없고 좀 더 심각한 발달지연이 있을 수 있다. 스펙트럼의 경미한 정도의 끝에 있는 아동은 일반 학급에서 기능할 수 있고 ASD의 기준을 결국 더 이상 만족시키지 않는 지점까지 도달할 수도 있다. 두 명의 아동이 같은 진단을 받았다고 해도, ASD를 가진 두 사람이 같지는 않을 것이다. 어떤 자폐 스펙트럼 아동은 비언어적이고 낮은 지능지수인 반면, 같은 진단의 다른 아동은 평균 이상의 지능지수를 가질 수도 있으며, 또 다른 아동은 언어적이고 지적으로 조숙할 수도 있다. 더구나, '저기능'과 '고기능'이란 용어는 자폐 스펙트럼에서 아동의 위치를 설명하기 위해 자주 사용된다(Exkorn, 2005). 자폐 스펙트럼을 좀 더 정확히 보는 방법은 각 아동을 개인적으로 보고 각 개인의 발달기술 범주의 최근 지점(위치)에 대한 도표를 만들어 평가하는 것이다. 사실, ASD를 가진 아동과 청소년은 저기능 혹은 고기능의 두 가지 범주 중 하나에 속하지 않기 때문에 그들 개인의 기능과 기술 수준에 따라 그 스펙트럼에 배치한다.

 발달놀이치료는 자폐 스펙트럼 아동에게서 발견되는 핵심 결핍 기준—주로 정서조절, 사회적 상호작용, 놀이기술, 관계 애착 및 연결—에 초점을 두어 고안되었다. 발달놀이치료는 심각한 수준에서 경미한 수준까지의 기능 장애를 가진 아동 및 청소년과 작업하기 위해 고안되었다. ASD 진단 기준은 발달놀이치료에 있어서 매우 중요한데, 아동이 겪을 수 있는 결핍, 가질 수 있는 장애의 수준을 가장 잘 이해하여, 아동의 결핍을 다루기 위한 구체적인 놀이치료 기술의 계획을 세울 수 있기 때문이다.

1) 진단 기준

자폐 스펙트럼 장애를 위한 특별한 진단 기준(299.00)은 『정신질환의 진단 및 통계 편람 5판』(2014; 이하 DSM-5)에서 찾을 수 있다. 평가자는 기준을 분류하고 DSM-5 절차에 따르는 것이 필요한데, ASD로 진단받은 아동과 청소년들이 각 분류에서 표준 기준을 보기 위해 필요한 것이다. 다음은 DSM-5에서 ASD 진단 기준의 간략한 개요이다.

- 사회정서적 상호교환성의 결핍: 비정상적인 사회적 접근 및 주고받는 대화를 나누기 어려운 것(관심사, 감정, 정서의 상호 교환과 반응이 적음)부터 사회적 상호작용을 전혀 시작하지 못하는 것까지의 범위에 걸쳐 있다.
- 사회적 상호작용에 사용되는 비언어적 의사소통 행동의 결핍: 잘 협응되지 않는 언어적·비언어적 의사소통(눈맞춤이나 신체언어의 이상 또는 비언어적 의사소통을 이해하고 사용하는 능력의 결핍)부터 표정이나 제스처가 전혀 없는 것까지 해당한다.
- 보호자가 아닌 사람과 발달연령에 맞는 적절한 관계를 형성, 유지하지 못함: 서로 다른 사회적 상황에 맞게 행동을 조절하기 어려운 것(상상놀이를 공유하기 어렵거나 친구를 만들기 힘든 것으로 나타남)에서부터 또래에 대해 관심 없는 것까지 포함된다.
- 상동화되고 반복적인 움직임, 사물의 사용, 또는 말(예를 들어, 단순한 운동 상동증, 놀잇감을 줄 세우기, 사물을 튕기는 행동, 반향어 또는 개인 특유의 어구 사용 등)
- 같은 상태를 고집함, 일상적으로 반복되는 것에 대한 융통성 없는 집착, 또는 틀에 박힌 언어적·비언어적 행동(예를 들어, 사소한 변화에 대한 극심한 불편감, 하나에서 다른 것으로의 전환을 어려워함, 융통성 없는 사고 패턴, 인사하는 행동이 틀에 박혀 있음, 똑같은 일상 규칙을 반복해야 하는 것, 매일 같은 음식을 먹음)
- 매우 제한적이고 고정된 관심을 갖고 있으며 그 강도나 집중의 대상이 비정상적 (예를 들어, 유별난 사물에 매우 강한 애착을 갖거나 몰두함. 관심사가 매우 한정

적이거나 집요함)

• 감각적인 자극에 대한 지나치게 높거나 낮은 반응성 또는 환경의 감각적 측면에 대한 유별난 관심(예를 들어, 통증이나 온도의 고저에 대한 무반응이 분명히 있음, 특정한 소리나 질감에 대해 특이한 반응을 보임, 지나치게 사물의 냄새를 맡거나 만져 봄, 불빛이나 빙글빙글 도는 물체에 대해 시각적으로 매료됨)

2) 자폐 스펙트럼 장애의 통계

다음은 미국질병예방센터의 통계 자료이다(2015).

• ASD는 미국에서 아동 68명 중 평균 1명이 가지는 것으로 추정된다.
• ASD는 모든 인종, 민족, 사회경제적 집단에서 발생하는 것으로 보고된다.
• ASD는 여아(252명 중 1명)보다 남아(54명 중 1명)에게 5배 정도 흔하다.
• ASD는 특정 유전 혹은 염색체 상태에서 좀 더 발생하는 경향이 있다. 자폐증을 가진 아동의 약 10%는 다운증후군, 취약X증후군, 결절성 경화증, 기타 유전 및 염색체 장애를 가진 것으로 확인된다.
• 일반적으로 ASD는 다른 발달적, 정신과적, 신경학적, 염색체적, 유전적 진단과 함께 발생한다. 하나 이상의 ASD가 아닌 발달적 진단이 병행하는 경우는 83%이다. 하나 이상의 정신의학적 진단이 병행되는 경우는 10%에 해당한다.
• ASD를 가진 약 40%의 아동은 전혀 말을 하지 못한다. ASD가 있는 아동 중 25~30%는 12~18개월 수준의 단어를 알다가 그것을 잊어버린다. ASD 아동 중 일부는 말을 하지만 아동기 후반까지는 말할 수 없다.
• 2006~2008년에 미국의 아동 약 6명 중 1명이 발달장애를 가졌는데, 말과 언어 장애 같은 경미한 장애부터 지적 장애, 뇌성마비, 자폐증 같은 심각한 발달장애까지의 범위를 가진다.
• ASD로 확인된 아동의 약 절반(46%)은 평균에서 평균 이상의 지적 능력을

갖는다.

- ASD 진단을 받은 최초 연령의 중앙값은 4.5~5.5세이지만, ASD를 가진 51~91%의 아동은 3세 이전부터 발달적인 염려가 보고된다.
- 연구 조사에서 2세에 받은 ASD 진단이 타당하고 가치 있고 안정적이라고 나타난다. ASD가 18개월즈음 자주 확인될 수 있다는 증거에도 불구하고 많은 아동은 좀 더 나이가 들 때까지 최종 진단을 받지 않는다.
- 연구들은 ASD를 가진 아동의 많은 부모가 아동의 첫돌 이전에 발달 문제를 알아차린다는 것을 밝혀 왔다. 시각과 청각에 대한 염려는 좀 더 자주 첫돌에 보고되고, 사회적 기술, 의사소통 기술, 소근육 기술의 차이들은 6개월부터 눈에 띈다.
- ASD를 가진 아동은 ASD를 가지지 않은 아동과 비교하여 아동을 돌보는 데 연간 적어도 1,938만 원 이상을 소비한다고 추정된다. 그 비용에는 건강 관리, 교육, ASD 관련 치료, 가족 조정 서비스, 간병인 시간이 포함된다. 좀 더 심각한 ASD를 가진 아동에게는 연간 비용이 2,395만 원 이상으로 늘어난다. 종합하면, ASD가 있는 아동을 돌보는 전체 사회적 비용은 2011년 10조 원 이상이었던 것으로 추정된다.

3) 자폐 스펙트럼 장애의 조기 발견

미국질병예방센터는 부모와 전문가가 ASD의 초기 징후를 이해하고 평가하는 것을 돕기 위한 계획을 착수하였다. 더불어 미국질병예방센터는 부모와 전문가에게 적절한 발달 단계와 행동에 대한 정보 또한 제공한다. ASD의 조기 발견은 발달 기간 중 중요한 시기에 있는 아동을 위해 보호자가 아동에게 서비스를 시작하는 것을 가능하게 한다. ASD의 조기 발견은 주로 아동이 1~2세 사이에 진단되는 것을 뜻하지만, ASD를 가진 많은 아동은 좀 더 나이가 들 때까지 진단받지 않는다. 앞의 통계 부분에서 언급하였듯이, ASD 진단을 받는 평균 연령은 4.5~5.5세이고, 그때는 너무 늦어서 조기 개입 프로그램을 받을 자격이 없다.

아동이 4세 이전에 ASD로 진단받으면, 조기 개입 프로그램을 받을 수 있는 기회가 제공된다. 대부분의 조기 개입 프로그램은 자폐증을 가진 아동을 치료하는 데 매우 성공적이고, 아동이 기술과 발달 영역에서 많은 진전을 이루도록 돕는 다면적 접근을 제공한다. 사실, 프로그램들 간의 편차가 매우 클 수 있음에도 불구하고, 조기 개입 프로그램은 아동이 중요한 기술을 얻게 하는 가장 좋은 방법이란 조사연구가 매우 많다(Corsello, 2005).

  조기 발견은 아동이 ASD나 발달장애로 확인 · 진단받아서 어린 연령에 치료를 시작할 수 있다는 것을 의미한다. 조기 발견과 치료는 아동에게 기술 발달의 진보를 위한 더 나은 기회를 제공해 준다. 조기 개입 프로그램은 미국 대부분의 주에서 일반적이고, 발달 지연의 진전을 이루기 위한 적절한 치료를 아동에게 제공한다. 발달놀이치료는 ASD의 조기 발견을 지지한다. 발달놀이치료 접수면접과 평가 과정은 부모가 ASD를 확인하기 시작하고 차후 조기 개입 프로그램에 대해 가족에게 언급하는 데 유용한 자폐증 검사를 제공할 수 있다.

  발달놀이치료의 범위 안에는, 치료사의 자폐증 검사 실시 능력이 포함된다. 발달놀이 검사는 치료사가 아동을 관찰하고 ASD의 가능성에 대한 추가 평가나 의뢰가 필요한지 확인하기 위해 평가한다. 여기에서 자폐증 검사는 진단적 절차가 아니다. 그것은 추가 평가의 필요성을 검사하기 위한 좀 더 간단한 절차를 제공한다. 자폐증 검사 실시에 있어서 치료사에게 많은 선택지가 있다고 해도, 발달놀이치료에서 검사하는 과정에는 다음의 사항을 강조한다.

- 전체 과정은 2~3시간이 소요되는데, 그것은 한 세팅이나 회기를 교차하여 실시될 수 있다.
- 부모에게 아동에 대해 완성할 세 가지 검사 목록을 제공한다. 부모는 아동을 잘 알고 있는 다른 어른에게도 검사 목록을 줄 수 있다. 즉, 다양한 개인이 아동을 평가하는 검사 목록을 완성할 수 있다.
- 검사 절차 동안 사용되는 세 가지 표준 검사 목록은 자폐 치료 평가 척도(ATEC), 발달놀이 자폐증 척도, 걸음마기 자폐증을 위한 수정된 척도-추후

상담을 위한 개정판(M-CHAT-R/F)이다. 이 세 가지 목록은 부모가 완성하고 치료사가 되돌려 받아 점수를 매기고 검토한다.

- 치료사는 아동을 놀이치료실에서 관찰할 것이다. 이 관찰은 전형적으로 30~45분간 지속된다. 치료사는 부록에 있는 발달놀이 아동 관찰 양식을 활용할 수 있다. 치료사는 그 후 부모와 아동을 함께 놀이치료실에서 관찰한다. 이 관찰은 약 30분간 지속된다. 치료사는 부록에 수록되어 있는 발달놀이 아동/부모 관찰 양식을 활용할 수 있다.
- 검사 목록과 관찰이 끝났을 때, 치료사와 부모는 추가 평가의 필요성에 대해 확인하기 위해 절차와 결과를 논의한다. 중요한 걱정거리가 있다면, 치료사는 가족에게 조기 개입 프로그램이나 심리학적 평가 전체를 언급해야 한다.

4) 자폐 스펙트럼 장애의 초기 특징

국립정신건강연구소(National Institute of Mental Health, 2015)에 따르면 초기 아동기의 자폐 스펙트럼 장애에는 다음의 지표들이 있다.

- 아동은 1세까지 재잘거리거나, 가리키거나, 의미 있는 몸짓을 하지 않는다.
- 아동은 16개월까지 한마디도 말하지 않는다.
- 아동은 2세까지 두 단어 조합으로 말을 하지 않는다.
- 아동은 호명 반응이 없다.
- 언어나 사회적 기술이 결핍되어 있다.
- 아동은 놀잇감을 가지고 어떻게 노는지 알지 못하는 것처럼 보인다.
- 놀잇감이나 다른 물건을 지나치게 줄 세운다.
- 아동은 하나의 특정 놀잇감이나 물건에 애착이 있다.
- 웃지 않는다.
- 때때로 듣는 것에 장애가 있는 것처럼 보인다.

- 아동은 눈맞춤이 빈약하다.

　추가적인 징후로는 아동이 기어가지 않을 때, 지지해 주어도 서지 못할 때, 머리를 흔들거나 손과 팔을 흔드는 것 같은 몸짓을 사용하는 방법을 배우지 않을 때, 무언가를 보고 있는 동안 숨긴 물건을 찾지 못할 때 등이 있다.

5) 자폐 스펙트럼 장애의 기타 특징

- 아동은 다른 사람에게 적절히 반응하지 않는다.
- 아동은 다른 아동을 무시한다.
- 아동은 눈맞춤이 없고 혼자 있기를 원한다.
- 아동은 상상놀이나 가상놀이에 관심이 없어 보인다.
- 아동은 불명확하게 혹은 자신의 세계에서 말한다.
- 아동은 한번 드러내 보였던 기술을 잃는다.
- 아동은 넓은 감정 범위를 보이지 않는다.
- 아동은 타인의 감정을 이해하는 것에 문제가 있다.
- 아동은 자기 자신의 감정을 말하는 것에 어려움이 있다.
- 아동은 극단적인 행동을 보인다(보통 공격적이고, 걱정하고, 슬프고, 수줍어함).
- 아동은 행동을 끊임없이 반복한다.
- 아동은 일과가 바뀔 때 적응하는 것에 힘든 시간을 보낸다.
- 아동은 사회적 상황에서 특이하게 위축되고 활동적이지 않다.
- 아동은 쉽게 산만해지고 활동에 집중하는 것에 문제가 있다.
- 아동은 사람들에게 대답하지 않거나 단지 피상적으로만 대답한다.
- 아동은 현실과 가상의 차이를 말할 수 없다.
- 아동은 다양한 게임과 활동에 폭넓게 참여하지 않는다.
- 아동은 언어를 적절히 또는 정확히 사용하지 않는다.

- 아동은 편협하거나 강박적인 관심을 갖는다.
- 아동은 자기 자신이나 자신의 관심에 대해서만 말할 것이다.
- 아동은 독특한 방식이나 목소리 톤으로 말한다.
- 아동은 신체언어를 이해하는 것에 힘든 시간을 보낸다.

6) 자폐 스펙트럼 장애와 관련된 일반 용어

국립정신건강연구소(2015)와 오티즘 스피크스 재단(Autism Speaks, 2015)에서 만든 일반적 용어와 정의를 다음에 기록하였다.

- 자기자극행동(stimming): 손이나 손가락으로 딱딱 때리기나 틀기 같은 반복적인 몸의 움직임이다. 이는 한 가지 이상의 감각을 자극하는 것이라고 가정한다. 이 용어는 '자기 자극(self-stimulation)'으로 약칭하기도 한다. 반복적 움직임 혹은 상동증은 감각 입력과 관련된 기능이 있다는 가정하에 자기자극행동으로서 자주 언급된다.
- 반향어(echolalia): 아동이 다른 사람이 발성한 소리를 자동적으로 반복하는 것이다. 이것은 다른 사람이 한 움직임을 자동적으로 반복하는 동작 모방과 밀접하게 연관되어 있다. 소아과에서 반향어에 대해 전형적으로 발표한 내용은 다음과 같다. 아동에게 "저녁 먹을래?"라고 물으면, 아동은 똑같이 "저녁 먹을래?"라고 한 다음, 잠깐 멈추고는 "네. 저녁으로 뭘 먹나요?"라고 대답한다. 지연된 반향어에서는 TV 광고, 좋아하는 영화 대사, 부모의 질책을 반복하는 자폐증을 가진 사람들이 하는 것처럼 지연 이후에 구절을 반복한다.
- 정서조절(emotional regulation): 내부와 외부의 감각 입력을 알아차리고 반응하여, 환경적 요구에 따라 감정과 행동을 조절하는 아동의 능력이다.
- 수용언어(receptive language): 언어 이해인데, 의사소통을 위한 듣기와 이해를 의미한다. 이것은 언어적 측면을 받아들이는 것이다. 때때로 읽기는 수

용언어로 언급되기도 하지만, 어떤 경우에는 단지 말하는 의사소통만을 의미하는 용어로 사용된다. 그것은 말하는 것에 집중하는 것을 포함하고 메시지를 이해하는 능력, 메시지를 처리하는 속도, 메시지에 집중하는 것을 포함한다. 또한 문해능력 같은 비유적 언어를 이해하는 것과 연속된 명령을 따르는 능력을 포함한다.

- 표현언어(expressive language): 언어적 행동, 말하기, 타인과 의사소통하기 위한 사고, 생각, 감정을 사용하는 것이다.
- 화용적 화법(pragmatic speech): 의사소통과 사회화를 위해 사용되는 언어이다.
- 강박행동(compulsions): 청소, 점검, 숫자 세기와 관련된 특별한 규칙을 따르는 의도적인 반복 행동이다. 어린 아동에게 있어서, 관심사의 제한적 패턴은 강박행동의 초기 징후일 수 있다.
- 강박사고(obsessions): 집요한 생각, 상상, 바람 등으로 인한 개인의 사고나 감정에 지배되는 것이다. 강박사고는 그것을 무시하거나 직면하려는 노력에도 불구하고 재발하고 지속되는 생각이다.
- 과각성(hyperarousal): 통증 인내, 불안, 과장된 놀람 반응, 불면증, 피로와 같은 결과로 나타나는 증가된 심리학적, 생리학적 긴장 상태이다.
- 저각성(hypoarousal): 신체가 둔화되는 생리학적 상태이다. 이것은 슬픔, 짜증, 긴장감 등의 감정을 포함한다.
- 감각처리(sensory processing): 감각으로부터 오는 메시지를 신경계가 받아들이고 적절한 운동 및 행동 반응으로 바꾸는 방법을 말한다. 처리 문제는 감각 신호가 적절한 반응으로 조직화되지 못할 때 존재하고, 이는 매일의 과업을 수행하는 데 도전이 되며 운동의 서투름, 행동 문제, 불안, 우울, 학교 실패를 나타낼 것이다. 일곱 가지 감각 영역은 시각, 후각, 미각, 청각, 촉각, 전정감각, 고유수용성 감각이다.
- 보속성(perseveration): 반복이나 더 이상 적절하지 못한 행동으로 옮겨 가지 못하고 '갇혀 있는 것'을 의미한다(예: 퍼즐 한 조각을 넣었다 뺐다 하는 것을 반복함).

- 눈맞춤(eye gaze): 타인이 보는 것을 점검하고 보기 위해, 상호작용에서 관심의 신호로서 다른 사람의 얼굴을 보는 것이다. 이것은 정보를 나르거나 교환하기 위해, 또는 단어 사용 없이 감정을 표현하기 위해 사용되는 비언어적 행동이다.

- 마음이론(Theory of Mind: ToM): 자신과 타인을 정신 상태(신념, 의도, 욕구, 가장, 지식)의 결과로 보는 능력이고, 자신과는 다른 타인의 신념, 의도, 욕구를 이해하기 위한 능력이다.

- 공동 관심(joint attention): 대상에 대한 두 개인의 초점을 공유하는 것이다. 이것은 한 개인이 눈맞춤, 가리키기, 혹은 다른 언어적·비언어적 지표에 의해 다른 사람에게 알릴 때 달성된다. 개인이 다른 개인을 응시하고 대상을 가리키면, 개인에게 시선이 되돌아온다.

- 사회적 상호교환성(social reciprocity): 사회적 상호작용이 앞뒤로 흐르는 것이다. 상호교환성이란 용어는 한 사람의 행동이 어떻게 영향을 미치고 다른 사람의 행동에 어떻게 영향을 받는지에 대한 것이다.

- 비정형(atypical): 전형적이지 않고 일반적인 유형을 따르지 않는 불규칙적이고 비정상적인 것을 말한다.

- 비장애(neurotypical): ASD를 갖지 않은 사람들에게 이름 붙인 말이다. 세부적으로 정상인 사람들은 대부분의 사람이 정상으로 인식하는 것과 일치되는 신경학적 발달과 상태를 갖는다.

- 발달지연(developmental delay): 아동이 기대되는 시기에 발달적으로 중요한 단계에 도달하지 못한 것을 의미한다. 이것은 발달 과정 중 지속되는 주된, 혹은 가벼운 지연이다.

- 스펙트럼 장애(spectrum disorder): DSM-IV 범주를 사용한다면 세 가지 장애―자폐증, 아스퍼거 증후군, 달리 분류되지 않는 전반적 발달장애―를 언급하는 용어였으나, 이제는 자폐 스펙트럼 장애에 속하게 되었다.

- 과독증(hyperlexia): 평균 혹은 평균 이상의 지능지수를 가진 아동의 특성이며, 단어 읽기 능력은 본인 연령에서 기대되는 것 이상이다. 이는 단어 인

식 능력이 기대되는 기술 수준보다 훨씬 상위에 속하는 특별한 능력이라고
볼 수 있다.

• 조절장애(dysregulation): 지역사회정신건강센터에서 사용하는 용어이다. 이
  는 정서적 반응에 대한 것인데 조절이 부족하고 관습적으로 수용되는 정서
  적 반응의 범위에서 떨어져 있다. 이는 아동이 감정을 다루거나 조절하는
  능력이 없는 것처럼 보일 수 있는데, 전형적으로 다양한 부정적 행동이 결
  과로 나타난다.

• 개별 교육 프로그램(Individualized Education Program: IEP): 독특한 교육이 필
  요한 아동, 즉 연방 법규에 의해 장애로 규정된 아동을 만나기 위해 고안된
  교육적 계획이다. IEP는 아동이 표적이 되는 교육 목표에 도달하는 것을 도
  와주려고 한다. IEP는 「장애인 교육법(IDEA)」에 의거한다.

7) 자폐 스펙트럼 장애의 원인

ASD의 원인은 알려진 것이 없다. ASD에는 다양한 원인이 있는 것으로 보인
다. 한동안 양육 부족(모에 의해 시행된 양육 기술과 접근)이 ASD의 원인이라고 생
각했었다. 우리는 이것이 사실이 아니란 것을 알고 있다. 양육 부족처럼 유해할
정도로 존재하는 ASD의 원인에 대한 다양한 이론이 있다. 현재 ASD의 원인에
대한 이론은 크게 유전적인 것과 환경적인 것 두 가지로 분류된다.

과학계에서는 ASD를 전형적으로 다양한 염색체와 유전자 손상에 의한 유
전적 장애로 생각해 왔다(National Institute of Neurological Disorders and Stroke,
2015). 보다 일반적 환경을 고려하는 일부 사람은 그 원인에 특정 식품, 전염병,
중금속, 용매, 디젤 연소, 폴리염화바이페닐(PCBs), 프탈레이트(바닥재, 접착제,
비누, 샴푸 등의 결합제로 사용되는 화학 약품), 플라스틱 생산에 사용되는 페놀, 살
충제, 브롬계 난연제, 알코올, 흡연, 불법 마약, 백신 등을 포함한다.

유전과 환경은 모두 ASD의 원인에서 역할을 담당하고 있을 것이다. 주로 우
세한 신념은 유전적 요소와 환경적 요소의 결합이라고 주장한다. ASD의 원인에

대한 많은 생각과 이론이 있음에도 불구하고, 이러한 생각과 이론은 현재까지 원인이라고 고려되는 증거를 모두 지지하지 못한다.

8) 자폐 스펙트럼 장애에 대한 치료적 접근

ASD를 고치는 치료법은 없지만, 많은 사람이 아동과 청소년이 크게 진전되도록 돕는다. ASD 치료에 대한 많은 보고서가 있지만, 일반적으로 교육적, 행동적, 심리학적, 생체의학적 이 네 가지 유형 중 하나에 속한다(Barboa & Obrey, 2014). 제안된 모든 치료가 이 분류 중 하나에 속하는 것은 아니지만, 대안적이고 전체적인 치료가 필요하다고 알려져 있다. 아동을 위해 최선의 치료를 찾고 있는 부모들은 너무 많은 치료 방법에 의해 압도되기 쉽다. 치료사는 부모가 치료를 어떻게 분류하고 어떤 치료를 밀고 나갈지 결정할 때 치료에 대해 면밀히 조사하는 것을 도울 수 있다. 엑스코른(Exkorn, 2005)은 ASD의 잠재적 치료를 평가할 때 몇 가지 질문을 제안하였다.

- 이 치료는 어떤 것이고 무엇을 하는 것인가?
- 이 치료의 강점은 무엇인가?
- 이 치료를 지지할 수 있는 실제 학문적 배경이 있는가?
- 이 치료는 내 아동의 다른 치료들을 보완할 것인가?
- 나는 어떻게 내 아동의 치료를 지지하는 것에 포함되는가?
- 어떻게 내 아동의 진전을 측정할 것인가?
- 치료 비용은 얼마인가?

유망하고 최근에 생긴, 근거기반 범주에 있는 다수의 ASD 치료는 행동적 · 심리학적 · 교육적인 면을 기반하고 있다. 많은 특정 ASD 치료는 그 과정에서 약간씩 겹치는 부분이 있는데 세 가지 범주 중 둘 또는 전부일 수 있다. 세 가지 범주 중 하나에 포함되는 대부분의 치료는 기술기반 요소를 가질 것이다. 이는

ASD를 가진 아동과 청소년의 기술 발달을 증진하도록 도우려는 특별 목표가 있으며, 치료 프로토콜이 끝까지 이를 이끌 것을 의미한다. ASD 아동에게 다중 치료를 하는 것은 특별한 일이 아니다. ASD는 복합적 장애이고, 다양한 영역에서 아동에게 전형적으로 영향을 주고, 여러 명의 특별한 전문가가 함께 일하면서, 각각이 다양한 문제 영역을 다룰 수 있는 종합적 치료 접근을 하는 것은 일반적일 뿐만 아니라 종종 권장된다. 치료사는 언어치료사나 직업치료사 같은 타 분야의 전문가와 협조하여 일하는 것을 알게 될 것이고, 추가 치료를 위해 함께 작업하는 아동들을 연계해야 할 수도 있을 것이다.

발달놀이치료는 교육적·행동적·심리학적 과정의 요소가 결합되어 있고 기술의 발달에 초점을 둔다. 더구나 발달놀이의 기본 토대는 행동이론과 심리학적 이론이고, 자폐 스펙트럼 아동과 청소년에게 효과적인 치료라는 측면에서 강력한 증거를 기반하고 있다. 고안된 발달놀이치료는 다른 자폐 스펙트럼 치료에 포함될 수 있는 상호보완적 접근이며, 발달놀이의 프로토콜은 대부분의 다른 행동적·심리학적·교육적 기반 치료 접근들과 잘 어울린다.

9) 자폐 스펙트럼 장애 아동에게 예상되는 것

- 아동은 사회적 기술이 부족하고 기능 수준에 상관없이 사회적 상황에서 불편감의 수준이 높을 것이다.
- 아동은 그들의 감정을 조절하기가 어려울 것이다.
- 아동은 불안과 싸우고 높은 수준의 조절장애가 있다. 불안은 ASD를 가진 아동에게 전형적으로 가장 어려운 부정적 감정이다.
- 아동은 보통 조절장애의 수준을 경험하지만, 질문은 '얼마나 많이?'이다. 조절능력의 부족, 사회적 기술의 결핍, 새롭거나 기대하지 않은 자극, 감각적 이슈를 포함한 많은 것이 조절장애를 발생하게 할 수 있다.
- 아동은 조절장애를 느낄 때 대부분 원치 않는 행동 에피소드를 만들 것이다. 이것은 전형적으로 아동에게 미리 계획되지 않았거나 통제되지 못하는

것이고 아동이 매우 겁을 먹게 된다.

- 아동은 전이, 자신의 일정이나 일과의 변화, 새로운 사람이나 경험을 다루는 데 문제가 있을 것이다. 저절로 일어나는 어떠한 사건도 불안이나 불편감을 만들어 낼 것이다.

- 아동은 실제보다 능력 있거나 능력이 없어 보일 수 있다.

- 아동은 대소근육의 협응 문제를 갖는다.

- 아동은 일곱 가지 감각 중 한 가지 혹은 다양한 영역에서 감각처리 이슈를 많이 경험할 것이다. 감각적 문제는 확인하는 데 어려움이 있을 수 있고, 치료사에게는 무해한 것으로 보이는 환경적 이슈를 포함할 것이다.

- 아동은 시각적 학습자가 될 것이고 시각적 형태로 제시된 정보를 선호할 것이다.

- 아동은 보통 사실에 의거하고 문자 그대로 생각하는 사람일 것이다. 아동은 추상적이거나 주관적인 사고와 과정 혹은 이러한 식으로 있는 정보를 잘 다루지 못할 것이다.

- 아동은 대부분 조절되지 못하는 상태일 때 특별히 생각하고 느끼는 것에 대해 언어적인 의사소통의 어려움을 경험할 것이다.

- 아동은 표현언어능력이 높을 때조차 대부분 수용언어능력에서 어려움을 겪을 가능성이 높다.

- 아동은 기술능력을 보여 주는 측면에서 비일관적일 것이다. 아동은 어느 날은 매우 어려워 보이는 것을 성취하다가도 다음 날엔 덜 어려운 것으로 보이는 것도 해낼 수 없다.

- 아동은 과각성을 나타낼 수 있고 정확히 반대로 저각성일 수도 있다.

- 아동은 학교에서 따돌림이나 또래 상황에 민감할 것이다.

- 아동은 질문이나 과업에 반응하는 것이 느릴 것이다. 아동은 아동에게 말하거나 물어보는 것을 처리할 추가 시간이 필요하다.

- 아동은 아동 자신이 참여하는 환경을 가장 까다롭고 조절하지 못하는 것처럼 학교에서 이와 같이 경험할 것이다.

2. 발달장애

발달에 영향을 주는 상황을 논의할 때 다음의 용어가 대부분 사용된다. 발달적 이상(developmental disorders), 신경발달장애(nerodevelopmental disorders), 발달장애(developmental disabilities), 이 세 가지가 가장 일반적이고, 이 책의 목적을 위해 세 용어를 교대로 사용할 것이다. ASD는 발달장애의 범주에 포함되는 반면, 발달장애로 간주되는 다른 장애가 있다. 미국질병통제예방센터(2015)에 따르면, 발달장애는 정신적 혹은 신체적 손상으로 인한 심각한 만성적 상태의 다양한 집단이다. 발달장애가 있는 사람들은 언어, 운동, 학습, 자조, 독립적 생활 같은 주된 일상 활동에 문제를 갖는다. 발달장애는 22세까지 발달하는 동안 언제라도 시작되는데 일반적으로 일생을 거쳐 지속된다.

국립보건원 산하 국립아동보건 인간개발연구소(National Institute of Child Health and Human Development, 2014)는 발달장애는 심각하고, 장기간 신체적·정신적 능력에 영향을 주는 문제라고 정의하였다. 그 문제들은 일반적으로 생애를 통해 지속되고 매일 생활에 영향을 줄 수 있다. 종종 치료법이 없으나 정신건강 상담 같은 치료가 증상에 도움이 된다. 증거는 발달장애를 이끄는 사회적·환경적·신체적 이슈를 가리킨다. 발달장애에 기여하는 것으로 보이는 공통 요소는 다음과 같다.

- 뇌손상
- 염색체나 유전자 이상
- 조산
- 임신 시 문제
- 임신 중 약물과 알코올 남용
- 심각한 아동 학대

많은 신경계 장애, 감각처리 장애, 조절장애, 대사발달 장애가 존재한다. 이 책에서는 모든 발달장애를 정의 내리지 않지만, 발달놀이치료에서는 많은 발달장애를 다룬다. 여기에서는 주의력 결핍 과잉행동장애(ADHD), 다운증후군, 취약X증후군, 감각통합 장애, 뇌성마비, 표현성 언어장애, 발작장애, 뚜렛증후군, 학습장애, 다양한 염색체 장애 등을 포함하였다. 다음은 진단 분류(의학적, 작업치료적, 심리학적)에 의해 나누어진 좀 더 일반적인 발달장애의 일부를 간략히 소개한 것이다.

1) 의학적 분류

• 다운증후군: 다운증후군은 21번 염색체를 여분으로 1개 더 가지고 태어난 상태이다. 다운증후군이 있는 사람들은 지적 장애와 같은 신체적 문제를 가질 수 있다. 발달지연과 행동 문제는 자주 다운증후군을 가진 아동들에게서 보고된다. 다운증후군이 없는 아동들보다 좀 더 늦고, 개인의 말과 언어가 느리게 발달하는 데 영향을 주고, 개인의 말을 좀 더 이해하기가 어려운 것에 영향을 준다. 행동 문제에는 주의집중 문제, 강박 행동, 고집, 떼쓰기가 포함될 수 있다. 다운증후군을 가진 사람 중 소수는 ASD를 함께 진단받는데, 의사소통과 사회적 상호작용에 영향을 준다(National Institute of Neurological Disorders and Stroke, 2015).

• 취약X증후군: FMR1 유전자에서 생긴 돌연변이가 취약X증후군의 원인이 된다. 취약X증후군은 학습장애, 인지 손상을 포함한 발달적 문제의 범위를 일으키는 유전적 조건이다. 보통 남성이 여성보다 이 장애에서 심각하게 영향을 받는다.

• 이 병에 걸린 개인은 2세까지 보통 말하기와 언어 발달이 지연된다. 취약X증후군을 가진 대부분의 남성은 경도에서 중등도의 지적 장애를 갖지만, 여성은 1/3 정도가 지적 장애를 갖는다. 이 장애를 가진 남성의 약 15%, 여성의 5% 정도에서 발작이 나타난다(National Institute of Neurological

Disorders and Stroke, 2015).

- 뇌성마비: 뇌성마비란 용어는 많은 신경학적 장애 중 한 가지를 언급하는 것인데, 이는 영아 혹은 초기 아동기에 나타나고, 영구적으로 몸의 움직임과 근육 통합에 영향을 주고 시간이 지나도 악화되지 않는다. 뇌성마비가 근육의 움직임에 영향을 준다고 해도, 근육이나 신경의 문제로 인한 것은 아니다. 그것은 근육 움직임을 조절하는 뇌의 일부분의 비정상성이 원인이 된다. 뇌성마비를 가진 아동의 대부분은 몇 개월 혹은 몇 년간 발견되지 않더라도 그것을 가지고 태어난다. 뇌성마비의 초기 징후는 주로 3세가 되기 전 나타난다. 대부분의 일반적 징후는 근육 통합의 결핍(운동실조, ataxia), 뻣뻣하거나 단단한 근육과 과도한 반사 신경(경직, spasticity), 한 발로 걷거나 다리를 질질 끌기, 발가락으로 걷기, 웅크림 보행, '가위' 보행, 너무 뻣뻣하거나 너무 헐렁한 근육 탄력 등이다(National Institute of Neurological Disorders and Stroke, 2015).

- 발작장애: 발작은 전기 신호를 통해 의사소통하는 뇌 세포가 이상 신호를 보낼 때 발생한다. 대부분의 발작(반복적 발작)은 뇌전증으로 여긴다. 발작은 단지 한 번이거나 정정 가능하다면 뇌전증으로 간주되지 않는다. 뇌전증은 어느 연령에서나 발생할 수 있으나 대부분 나이가 들어서 발생하는 것이 일반적이다. 뇌전증을 가진 많은 아동은 그 상태를 벗어난다. 그러나 경미한 발작이라도 한 번 이상 발생한 경우는 치료를 받아야만 하는데, 운전할 때, 걸을 때, 수영할 때 등에 발작이 발생한다면 해가 될 수 있기 때문이다.

부분 발작은 뇌의 일부를 포함한다.

1. 단순 발작장애: 증상은 근육 또는 팔과 다리의 꼬임, 시야 변화, 현기증, 이상한 맛이나 냄새의 경험을 포함한다. 단순 발작 시, 사람은 의식을 잃지 않는다.

2. 복합 발작장애: 증상은 부분 발작과 유사하지만, 복합 발작 시 사람은 잠

시 동안 의식을 잃는다. 사람은 반복적인 행동(원을 그리며 걷거나 손을 비비는 것 같은)이나 상태에 놓일 수도 있다.

일반적 발작은 뇌의 좀 더 많은 부분이나 전체를 포함한다.

1. 결핍발작(소발작): 증상은 몇 초 동안 먼 곳을 응시하거나 의식을 잠깐 잃는다.
2. 간대성 근경련 발작: 증상은 사지나 몸통의 일부에 경련이 일어나는 발작인데, 전신성 혹은 한 근육에 국한되어 나타날 수 있다.
3. 긴장간 대발작(대발작): 증상은 의식의 소실, 몸의 떨림이나 뻣뻣해짐, 방광 조절 소실을 포함한다. 발작이 시작되기 전 어떤 조짐이나 특이한 느낌을 가질 수도 있다. 발작은 5~20분 지속될 수 있다(National Institute of Neurological Disorders and Stroke, 2015).

2) 작업치료적 분류

감각처리/통합 장애는 감각 신호를 적절한 반응으로 조직화하지 못할 때 나타나는 상황이다. 작업치료의 창시자이자 신경과학자 안나 장 아이레스(Anna Jean Ayres) 박사는 감각처리 장애(Sensory Processing Disorder: SPD)에 대해 감각 정보를 올바로 이해하기 위해 필요한 정보를 받아들이는 뇌의 특정 부분을 막는 신경학적인 '교통체증' 같다고 하였다. SPD가 있는 사람은 감각을 통해 받아들이는 정보를 처리하고 그에 따라 행동하는 것에 어려움을 보인다. 그것은 매일의 수많은 과업을 수행하는 것을 어렵게 한다. 서투른 동작, 행동 문제, 불안, 우울, 학교 실패, 기타 영향은 장애가 효과적으로 다루어지지 않을 때 나타나게 되는 결과이다.

SPD는 단 한 가지의 감각, 예를 들어 촉각, 시각, 움직임에만 영향을 줄 수도 있으나 다양한 감각에 영향을 줄 수도 있다. SPD를 가진 사람은 감각에 과민 반응하는데, 옷, 신체 접촉, 빛, 소리, 음식, 기타 견딜 수 없는 감각 입력을 발견할 수 있을 것이다. 다른 사람들은 고통 또는 매우 뜨겁거나 차가운 자극에 대해 과소 반응을 나타내거나, 반응이 적거나 없을 수도 있다. 근육이나 관절에서 오는 메시지의 감각처리에 문제가 있는 아동의 경우, 자세나 운동 기술에 영향을 받을 수 있다. 이들은 부모에게 걱정거리인 '풋내기'이고 운동장에서 '어설픈 사람'이나 '바보'로 불리는 아동들이다. 그럼에도 불구하고 어떤 아동들은 끊임없이 과부하된 감각에 대한 욕구를 보인다(Sensory Processing Disorder Foundation, 2015).

3) 심리학적 분류

지적 발달장애는 개념적 · 사회적 · 실행적 영역에서 지적 기능과 적응기능 양쪽에서 모두 결함이 나타나는 발달적 시기에 출현하는 장애이다. 다음의 세 가지 기준이 반드시 충족되어야 한다.

1. 지적 발달장애는 추론하기, 문제해결하기, 계획하기, 추상적 사고하기, 판단하기, 학교의 학습 및 경험을 통해 학습 같은 전반적 정신능력에 결함이 있는 것으로 특징된다.
2. 개인의 연령과 사회문화적 배경에 비해 적응기능에서의 결함으로 개인적 독립성과 사회적 책임감에 관한 발달적 표준과 사회문화적 표준에 충족되지 못하는 결과를 야기한다. 지속적인 지원이 없을 경우, 적응 결함으로 인해 가정이나 학교, 일터, 공동체와 같은 복합적인 환경에 걸쳐 의사소통하기, 사회적 참여하기, 독립적인 생활하기와 같은 일상생활 활동에서 하나 또는 그 이상의 기능이 제한된다.
3. 모든 증상은 발달적 시기에 시작된다(American Psychiatric, Association, DSM5.org, 2014).

사회적 화용적 의사소통장애(Social Pragmatic Communication Disorder: SCD)는 낮

은 인지능력으로 설명될 수 없는 언어적이고 비언어적 의사소통 사용에서의 지속적인 어려움으로 특징된다. 증상은 대화에서 부적절한 반응을 하는 문제와 같은 말하기와 쓰기 언어 사용의 습득에서 어려움을 포함한다. 이 장애는 효과적 의사소통, 사회적 관계, 학업 성취, 직업 수행에 한계가 있다. 증상은 초기 발달적 시기에 나타나나, 결함은 말하기, 언어, 의사소통 요구가 제한된 능력을 초과할 때까지 완전히 나타나지 않을 수 있다(American Psychiatrics Association, DSM5.org, 2014).

뚜렛증후군(Tourette's Syndrome: TS)은 반복적이고 정형화되고, 불수의적인 움직임, 틱이라고 불리는 음성으로 특징되는 신경학적 장애이다. TS를 가진 많은 개인은 틱 자체보다도 좀 더 많은 장애를 유발하는 신경행동적 문제를 추가적으로 경험한다. 여기에는 부주의, 과잉행동, 충동성(주의력 결핍 과잉행동장애), 읽기 문제, 쓰기 문제, 산술 문제, 침범적 사고/걱정이나 반복적 행동 같은 강박 증상을 포함한다. 예를 들어, 먼지와 세균에 대한 걱정은 반복적으로 손을 씻는 것과 연관이 되고 나쁜 일이 일어날 것 같은 염려는 수 세기, 반복하기, 정리하기, 배열하기 같은 의식적 행동과 연관된다. TS를 가진 사람들은 우울이나 불안 장애를 동반한다고 보고되고 있고, 또한 TS와 관련하여 직간접적인 생활의 다른 어려움이 있다고도 보고된다(National Institute of Neurological Disorders and Stroke, 2015).

주의력 결핍 과잉행동장애(Attention Defit Hyperactivity Disorder: ADHD)는 과학자들이 많은 연구에서 유전자가 많은 역할을 한다고 제안하고 있음에도 불구하고 ADHD의 원인이 무엇인지 확실하게 이야기할 수 없다. 다른 질병들과 마찬가지로, ADHD 역시 요소들의 결합의 결과일 것이다. 연구자들은 유전자와 더불어 가능한 요소들을 살펴보고, 뇌손상, 영양, 사회 환경이 ADHD에 어떻게 기여하는지를 연구하고 있다. ADHD는 아동기 장애 중 가장 일반적인 것 중 하나이고, 청소년기와 성인기에 걸쳐 지속될 수 있다. 증상은 주의 유지와 주의집중의 어려움, 행동 조절장애, 과잉행동(과활동)을 포함한다. 부주의, 과잉행동, 충동성은 ADHD의 핵심 행동이다.

많은 발달장애에 대한 치료법은 없지만, 발달장애로 인한 현재의 증상을 다루는 방법은 존재한다. 발달놀이치료는 발달장애에서 자주 발생하는 증상을 다루는 것을 돕는 것에 목표가 있다. 발달놀이는 발달장애를 가진 개인을 위해 정서조절, 사회적 기능, 관계 연결 및 행동 문제(발달장애에서 나타나는 모든 일반적 문제) 등의 영역에서 기술 습득을 증가시키는 것에 목표를 둔다(〈표 1-1〉 참조). 발달놀이치료는 또한 독립적 생활 기술의 문제를 평가하고 다루는 것을 돕는다.

〈표 1-1〉 발달놀이치료에서 발달장애의 치료

발달장애	발달놀이치료를 통해 알려진 초기 증상
자폐 스펙트럼 장애, 사회적 화용적 의사소통 장애, 뚜렛증후군, 주의력 결핍 과잉행동 장애, 뇌성마비, 다운증후군, 취약X증후군, 발작장애, 감각처리 장애, 지적 발달장애	정서조절, 사회적 기능, 부주의, 과잉행동, 강박적, 침범적 사고, 반복적 행동, 조절 이상, 불안과 걱정, 낮은 자기-가치, 관계연결, 기술 발달

발달장애가 있는 많은 아동과 청소년은 사회적 기술을 증진하기 위해, 그들의 정서를 조절하는 능력을 기르기 위해, 불안과 조절 장애의 문제를 감소하기 위해 발달놀이치료에 참여하게 된다. 다양한 발달장애가 있는 아동과 일하는 치료사는 각 장애에 대해 구체적으로 교육받아야 하고 다른 행동적, 의학적 치료 개입에 아동이 참여해야 할지에 대한 인식이 있어야 한다. 발달장애를 가진 아동과 일하는 모든 전문가 사이에서 협력적 접근을 만드는 것을 강력히 추천한다.

제 2장

발달놀이치료의
기초

1. 발달놀이치료의 개요

발달놀이치료는 놀이치료 접근 중 자폐 스펙트럼 장애, 기타 신경발달장애, 발달장애를 가지고 있는 아동과 청소년과 함께 작업하기 위해 행동치료를 기본으로 하는 접근이다. 발달놀이는 정신건강 치료적 접근으로 심리학적 이론과 상담이론에 기초하였고, 게다가 ASD와 다른 발달장애가 있는 아동과 청소년을 다루기 위해 증거기반의 행동적 접근을 포함한다. 발달놀이치료는 행동적 방법론과 발달적 방법론의 조합이며 치료 프로토콜을 통해 치료사와 부모 모두를 이끌었다. 발달놀이는 대부분 조기치료 덴버모델(Early Start Denver Model: ESDM), 블록 쌓기(Building Blocks), 사회적 의사소통/정서조절/교환 지원(Social Communication/Emotional Regulation/Transactional Support: SCERTS), 포괄적 자폐 지원 프로그램(Trainning and Education of Autistic and related Communication Handicapped Children: TEACCH) 등 부록에 기술해 둔 대부분의 치료 접근법과 유사하게 ASD 아동이 직면한 무수한 이슈를 다루기 위한 포괄적 접근을 포함한다.

발달놀이치료 접근은 놀이치료와 행동치료의 이론적 배경에 강하게 영향을 받았다. 발달놀이치료가 독특하고 포괄적인 치료모델로서 기능한다고 할지라도, 다양한 놀이치료 접근과 행동치료 방법의 요소는 발달놀이 과정을 통해 확인된다. 발달놀이치료에 기본적으로 영향을 준 부분에 대해서는 이 책에서 간략하게 소개할 것이다. 임상가들에게 ASD 아동과 청소년을 치료하는 데 가장 유익한 접근 방법과 프로토콜에 대한 지식과 인식 증진을 위해 이 교재에서 강조된 영향 영역에 대해 더 많이 배울 것을 권장한다.

2. 놀이치료

놀이치료협회(Association for Play Therapy, 2015)는 놀이치료를 "심리치료의 능력을 사용하는 훈련받은 놀이치료사가 대인관계 과정을 확립하기 위해 이론적 모델을 체계적으로 사용하는 것"으로 정의한다.

오코너(O'Conner, 2000)는 아동의 삶에서 놀이행동의 생물학적·개인내적·대인관계적·사회문화적 기능이 있다고 주장하면서 놀이치료의 정의에 대해 덧붙였다. 즉, 놀이치료는 대인관계 과정을 확립하기 위한 이론모델의 체계적인 사용을 포함하는 치료 양식의 모둠으로 구성된다. 놀이치료에서 훈련된 놀이치료사는 놀이의 치료능력을 사용하는데, 내담자가 심리사회적 어려움을 예방하거나 해결하고 최적의 성장과 발달을 달성하는 데 도움을 주고, 고전적으로 정의된 놀이행동에 참여하기 위한 아동의 능력을 재설립하는 것을 돕는다.

쉐퍼(Schaefer, 2003)는 몇 가지 놀이의 치료적 요소에 대해 보여 주었다. 그는 놀이가 관계 향상, 표현적 의사소통, 역량 증진, 창조적 문제해결, 정화 반응, 역할 놀이, 은유를 통한 학습, 긍정적 정서, 사회화에 도움을 준다고 제안하였다. 아동은 사회적 기술을 배우고, 관계를 발달시키고, 의사소통을 하는 방법과 언어적 또는 비언어적 수단을 통해 그들 자신을 표현하는 방법을 배우고, 치료적 놀이를 통해 문제해결 능력을 발달시킨다.

현재 존재하는 여러 놀이치료 이론과 접근 방식이 있기 때문에 놀이치료는 포괄적인 용어로 생각할 수 있다. 놀이치료 접근법은 치료사가 내담자와의 치료 과정에 관여하는 측면에서 다양하다. 비지시적 접근부터 지시적 접근에 이르기까지 일부 놀이치료 이론은 놀잇감과 소품의 사용에 크게 의존하는 반면, 다른 이론은 놀잇감을 최소한으로 사용한다. 대부분의 놀이치료 접근법은 내담자가 치료 목표를 달성하는 데 도움이 되는 수단으로 놀잇감, 소품, 예술, 음악, 활동 또는 게임을 일부 사용하는 것이 포함된다.

놀이치료 접근은 특별히 전형적으로 갈등적인 사회적·정서적 이슈를 다루어야 하는 자폐 스펙트럼 아동과 청소년들에게 유익하다. 놀이치료는 개인에게 반응적이고 각 아동의 발달적 요구에 따라 독특하게 고안되었는데, 최근 아동치료 문헌에서는 사회적·정서적 어려움을 가진 아동을 다루기 위한 이상적인 방법으로서 놀이를 강조하곤 한다(Bratton, Ray, Rhine, & Jones, 2005; Josefi & Ryan, 2004). ASD로 진단받고, 놀이치료에 참여한 아동이 가상놀이, 애착, 사회적 상호작용, 자기조절, 변화에 대처하기, 정서적 반응, 자율성이 증진되었다고 보고하였다(Josefi & Ryan, 2004).

놀이에 참여한 아동은 인지적 발달(학습, 사고, 계획 등), 사회적 기술(사회적 상호작용, 역할, 반복적인 일과의 연습), 언어(타인에게 말하기, 순서대로 말하기 등), 문제해결(타협, 도움 요청, 어려움의 해결 등), 정서적 발달(정서 다루기, 타인 이해, 공감 등) 등을 포함한 긍정적 효과를 얻는다. 놀이기술이 있는 아동은 또래관계에 포함될 것이고 놀이는 아동의 사회적 기술, 융통성, 핵심 학습기술, 언어를 발달시킴으로써 주요 학습도구가 될 것이다. 놀이는 또한 '제대로 해야 한다'는 압력이 없는 안전한 장소에서 아동이 사건, 상황, 일과를 연습할 기회를 제공해야 한다(Phillips & Beavan, 2010).

세라트와 피터(Sherratt & Peter, 2002)는 놀이 개입과 경험이 특별히 자폐 스펙트럼 아동에게 중요하다고 제안하였다. 그들은 정서와 일반적 사고에 연관된 두뇌의 영역을 활성화하기 위해 자폐 스펙트럼 아동에게 명시적으로 놀이를 가르치는 것이 성공으로 이끌 것이라고 언급했다. 덧붙이자면, 소튼과 콕스(Thornton & Cox, 2005)는 자폐 스펙트럼 아동이 어려움을 겪는 행동을 다루기 위해 아동들과 개별 놀이 회기를 실시하였다. 그들은 관계 발달, 주목 끌기, 차례 지키기, 즐거움, 구조를 포함한 기법을 통합했다. 그들은 연구를 통해 놀이 개입이 구조화된 놀이 개입에 따른 부정적인 행동의 감소와 함께 아동의 행동에 영향을 미친다는 것을 발견했다.

놀이치료와 놀이기반 치료는 특별히 사회적 기술이 부족하고, 의사소통 방법을 거의 갖고 있지 못한 아동과 작업할 때, 특히 자폐 스펙트럼 아동과 작업할 때 적절한 개입이 될 수 있다(Parker & O'Brien, 2011). 놀이기반 개입은 ASD와 다른 신경발달장애를 가진 아동과 청소년을 위한 효과적인 치료로서 좀 더 이익이 되고 좀 더 가치 있는 연구이다. 놀이기반 개입은 치료사에게 개별화된 치료 기회를 제공하고 다른 ASD 치료가 제공하지 못하는 즐겁고 자연스러운 방법으로 아동을 참여하게 한다.

놀이치료 접근은 아동, 청소년, 성인, 가족, 부부, 집단을 위해 성공적으로 시행되어 왔다. 놀이치료는 언어적 의사소통의 사용 없이도 내적 과정과 감정을 전달하는 능력을 제공하고, 그 외에 확인되지 않은 문제를 말하는 것에 도움이 되는 인식 속성을 제공한다. 놀이치료를 통해 판단 없이 창조하고 탐색하는 능력은 내담자에게 안전감을 제공하고 모든 사람에게 존재하는 타고난 욕구인 놀이 욕구를 촉진한다.

틀림없이 많은 놀이치료 이론과 접근은 발달놀이치료의 구축에 어떠한 영향이나 결과를 주었을 것이지만, 발달놀이치료에 가장 영향을 미친 것은 치료놀이, 부모-자녀 놀이치료, 가족놀이치료, 인지행동 놀이치료를 포함한 놀이치료 접근이다. 전체로서 놀이치료가 발달놀이치료의 기초임에도 불구하고, 이 접근은 발달놀이치료를 만드는 데 좀 더 직접적으로 영향을 준 특정 요소와 구성 요소를 갖는다. 다음에는 발달놀이치료에 가장 영향을 미친 네 가지 놀이치료 접근에 대한 추가적 검토를 제시하였다.

치료놀이, 부모-자녀 놀이치료, 가족 놀이치료의 놀이치료 접근은 모두 건강한 관계 연결, 문제해결, 행동 수정, 어느 정도의 기술 발달을 만들어 내기 위해 고안된 가족놀이치료 접근에서 아동과 부모와 함께 작업하는 통합적 치료 접근을 제공한다. 이 놀이치료 접근은 아동과 부모 사이의 관계를 발달시키는 것에 주된 초점을 두면서 아동이 건강하고, 관계를 지속적으로 발달하는 능력에 초점을 둔다. 이 과정을 통해 원치 않는 행동을 감소하고 기술 발달을 증진하는 것 같은 다른 이슈들도 완성될 수 있다. 인지행동 놀이치료(Cognitive Behavioral Play Therapy: CBPT)는 아동이 감정을 이해하고 조절하며, 행동을 변화하고, 새로운 기술을 획득하는 것을 돕기 위해 놀이기반 활동의 인지치료 방법론을 통합한다. 이것은 놀이 활용을 통하여 교육, 역할 모델링, 연습을 제공하는 직접적 접근인

데, 좀 더 재미있고 이완 과정을 위한 치료에 아동이 포함되는 것을 돕는다.

1) 치료놀이

치료놀이는 재미있고 개입적인 단기치료 방법인데, 친밀하고 신체적·개인적·집중적이며 즐거운 방법이다. 이것은 자연스럽고 건강한 부모-영아 관계를 본따서 만들어졌으며, 적극적으로 부모를 참여시킨다. 치료놀이 접근은 아동과 양육자의 관계에서 보이는 근본적인 장애에 초점을 두고 있다. 애착 증진, 자존감, 신뢰, 즐거운 개입, 아동과의 건강한 상호작용을 지속하기 위해 부모에게 힘을 주는 것이 치료의 목표이다(Jernberg & Booth, 2001).

부스와 전버그(Booth & Jernberg, 2010)는 아동과 부모의 욕구를 다루는 치료 계획에서 사용되는 네 가지 차원이 있다고 보고했다. 네 가지 치료놀이의 차원은 구조, 개입, 양육, 도전이다. 각 차원에 대해 다음에서 간략히 설명한다.

- 구조: 부모는 신뢰할 수 있고 안전감과 조절을 제공한다.
- 개입: 부모는 강력한 연결을 만드는 놀이의 경험을 제공한다.
- 양육: 부모는 공감적으로 반응하며 아동에게 안전한 안식처를 제공한다.
- 도전: 부모는 아동이 힘쓰고 위험을 감수하고 탐색하는 것을 격려한다.

치료사는 가족놀이치료 맥락에서 네 가지 차원을 각각 증진시키고 성공하도록 하기 위해 아동과 부모와 함께 작업할 프로토콜을 훈련받는다. 전형적으로 치료사는 아동과 부모를 함께 만나고 치료 목표를 달성하기 위해 고안된 놀이 개입을 보여 주고 시행한다. 치료의 전체 목표는 아동과 부모 사이에 신뢰할 수 있는 정서적 관계를 설립하는 것이다.

발달놀이치료는 관계 발달(연결) 부분에서 치료놀이의 영향을 받았는데, 자연스럽고, 재미있고, 놀이기반 기법을 통해 개입과 연결을 만들기 위해 부모와 아동을 과정에 함께 참여시킴으로서 관계 발달에 도달한다. 중요한 것은 치료놀이가 자폐 스펙트럼 아동의 치료에서 많은 성공을 거둔 확립된 치료법이라는 것이다. 전버그와 부스(Jernberg & Booth, 2001)는 치료놀이가 자폐 아동의 치료에서 특별히 도움이 된다고 제안하였다. 왜냐하면 언어적 반응에 의존하지 않기 때문이다. 더구나, 치료놀이는 인식적 사고, 표현적 사고, 상호 관심, 참여에 대한 전조에 집중하여 관계 및 상호작용에 어려움이 있는 아동들에게 이상적인 치료를 제공한다.

번디 마이로(Bundy-Myrow, 2012)는 치료놀이를 사용하여 ASD 아동을 치료하는 이점에 대해 다음과 같이 말하였다.

치료놀이는 ASD 아동을 위한 다른 치료 접근과 어떤 차이가 있는가? 기본적인 놀이치료실을 반대함으로써 치료놀이 치료사는 감각운동 기반의 놀이에 아동을 개입시키고 자폐적 패턴에 대응한다. 치료적 파트너로서 부모에게 힘을 주기 위해 치료놀이 치료사는 부모에게 시범을 보이고, 발달을 위해 아동의 욕구를 가로막는 독특한 관계 형성을 제공하기 위해 안내한다.

부스와 전버그(Booth & Jernberg, 2010)는 치료놀이가 ASD 아동을 위해 이상적으로 적합하다고 언급하였는데, 치료놀이는 타인과 관계하는 능력과 관계에 참여하는 기초를 설립하는 것에 초점을 둔 재미있고 긍정적인 사회적 상호작용이기 때문이다. 시몬 러셀(Simeone-Russell, 2011)은 집단 치료놀이의 사용이 ASD 아동에게 관계 형성, 상호작용, 의사소통, 언어, 사회적 기술을 발달시키는 데 매우 효과적이란 것을 발견했다고 덧붙였다. ASD 아동과 작업할 때 치료놀이의 전형적 목표는 눈맞춤 증가, 주의력과 순서 지키기의 증가, 전이와 변화에 적응, 부모가 아동을 조용히 안정시키는 방법을 발견하도록 돕기, 의사소통에 자극을 주기 등을 포함한다.

발달놀이치료와 치료놀이는 유사한 특징을 공유한다. 둘 다 치료 과정에 부모를 포함하고 치료사와 함께하는 파트너나 공동의 변화 보조자(agent)로서 부모의 역할을 강조한다. 둘 다 직접적 놀이기반 개입을 통해 상호작용하거나 기술 발달을 어떻게 해야 하는지에 대해 부모를 가르치는 치료 프로토콜을 포함한다. 그리고 관계발달 혹은 연결에 대한 작업을 하고 동시에 주요 촉매로서 놀이치료의 사용이 치료 목표에 도달할 수 있도록 기술 발달에 공을 들인다.

2) 부모-자녀 놀이치료

부모-자녀 놀이치료는 아동을 위해 주요 변화 보조자로서 부모가 치료에 참여하는 전형적인 통합 심리교육 모델이다. 본질적으로 그것은 가족치료의 형태인데 부모-자녀 관계를 향상시키고 아동과 가족의 넓은 범위의 문제를 해결하기 위해 놀이치료 방법을 사용한다(VanFleet, 2012). 부모-자녀 놀이치료에서 치료사는 부모가 집에서 아동중심 놀이치료를 어떻게 해야 할지를 가르친다. 부모는 그 원리와 가정 세팅에서 아동과 함께하는 놀이 시간을 수행하는 것을 배운다.

거니(Guerney, 2003)는 부모-자녀 놀이치료의 기본 모델과 목표를 언급하였는데, 아동의 문제 행동 감소, 부모-자녀 관계 향상, 아동 적응의 최적화, 아동의 유능감과 자기 확신감 증가, 양육 기술 증진을 포함한다. 이 목표들은 과정에서 부모를 포함하고 아동과 함께하는 변화 보조자로 변화하기 위해 부모에게 권한을 부여함으로써 달성된다. 부모-자녀 놀이치료의 전체 목표는 부모-자녀 관계의 증진 및 동시에 다른 영역에서 증진되도록 하는 데 중점을 둔다.

밴플리트(VanFleet, 2014)는 부모-자녀 놀이치료는 여덟 가지 필수 특징으로 이루어진다고 덧붙였다. 이러한 특징은 개별적으로, 혹은 다른 개입에서 더 작은 조합으로 발견될 수 있지만, 부모-자녀 놀이치료를 정의하려면 여덟 가지 개념이 모두 필요하다.

- 아동발달에서 놀이의 중요성은 강조되고, 놀이는 아동을 좀 더 잘 이해하는 데 주요 수단이다.
- 부모는 자신의 자녀를 위한 대행자로 변화하기 위해 권한을 부여받는다.

- 내담자는 관계적이고 개별적이 아니다.
- 공감은 성장과 변화에 필수적이다.
- 전체 가족은 언제나 포함되는 것이 가능하다.
- 심리교육적 훈련 모델은 부모와 함께 사용된다.
- 명백한 지지와 지속 교육은 자녀와 함께하는 놀이 회기 초기에 부모에 대한 라이브 슈퍼비전을 통해 제공된다.
- 이 과정은 진실로 협력적이다.

밴플리트(VanFleet, 1994)은 부모-자녀 놀이치료의 전체 목표를 그들의 주위에 현존하는 문제를 제거하는 것, 부모-자녀 사이의 긍정적 상호작용을 발달시키는 것, 가족 의사소통, 대처, 문제해결 기술을 증진시키는 것이라 하면서, 이는 앞으로의 문제들을 독립적이고 성공적으로 다룰 수 있게 할 것이라고 하였다. 밴플리트(VanFleet, 2014)는 발달놀이치료가 자폐 스펙트럼 장애 아동의 가족에게 몇 가지 잠재적 효과를 줄 수 있다고 덧붙였다. 부모-자녀 놀이치료 과정은 자폐 스펙트럼 아동에게 안전하고 부담 없는 선택을 제공하고, 놀이를 통한 의사소통이 가능하기 때문에 언어적 의사소통 능력이 필요하지 않다. 아마도 가장 큰 가치는 부모에게 권한을 주는 것이고, 자녀를 좀 더 잘 이해하고 의사소통하는 도구를 부모에게 줄 수 있다는 것이다.

부모-자녀 놀이치료가 발달놀이치료에 준 영향은 부모가 자녀와 함께 가정에서 할 수 있는 발달놀이 기법을 배우는 부모-훈련 접근법을 통합하는 방법에서 분명하다. 두 접근 모두에서 부모는 아동을 위한 공동의 변화 보조자가 되는 것을 배운다. 관계 연결과 부모에게 권한 부여하기는 부모-자녀 놀이치료와 발달놀이치료의 주요 특징이다. 발달놀이의 '따라가기' 접근은 특별히 강조되는데 대부분 부모-자녀 놀이치료의 기반이 되는 추적하기, 반영하기, 아동이 이끌도록 하기, 자녀와 함께 가정에서 따라가기 접근하는 것을 부모에게 가르치기, 관계 발달과 연결에 초점을 두기 같은 부모-자녀 놀이기술을 포함한다.

3) 가족놀이치료

가족놀이치료는 부모와 아동을 치료 회기에 함께 포함한다. 놀이치료 기법은 가족치료적 과정의 일부가 되며 전체 가족 구성원이 참여하는 것이 도움이 될 수 있으며 치료 목표에 도달하는 데 도움을 주기 위해 활용된다. 길(Gil, 1994)은 치료사가 아동이 경험한 것에 대한 이해가 향상되는 방법으로, 또한 아동에게 좀 더 깊은 정서 접촉이 가능해지도록 하는 방법으로, 아동의 놀이를 관찰하고, 해독하고 참여하도록 부모를 가르쳐야 한다고 언급하였다.

길(Gil, 2003)은 가족놀이치료에서 가족 구성원이 체계적 변화를 성취하는 체계로서 함께 상담에 참여할 것을 언급하였다. 놀이치료와 언어치료 접근이 적용된다. 치료사는 다양한 놀이치료 과제를 수행하고 모든 가족 구성원이 과제에 참여하도록 초대한다. 놀이치료 과제는 평가를 위해 고안되었고 가족 체계 내의 근본적인 문제를 이해하고 긍정적 변화를 촉진한다. 확인된 내담자는 한 명이 아니라 전체 가족이 내담자이다. 가족놀이치료사는 설정된 치료 목표를 다루고 도달하려는 의도를 가진 채 가족 내에서 일어나는 특별한 문제에 대해 다루는 것을 가족과 함께 수행하기 위해 치료사의 '도구상자' 안에서 여러 가지 지시적인 놀이치료 개입을 할 것이다.

발달놀이치료에 영향을 준 가족놀이치료는 놀이 방법을 통해 아동과 부모가 하는 상호작용이 아동과 전체 가족 체계에 깊이 있고 목적 있는 영향을 줄 수 있다고 이해하는 것이 수반된다. 발달놀이치료의 기본은 가족놀이치료 접근이다. 가족 체계는 틀림없이 자폐 스펙트럼 장애나 다른 발달장애를 가진 아동이 있는 가족보다 더 분명하지 않다. 가족 단위 전체는 특별한 요구가 있는 아동이 갖는 다양한 문제와 요소에 의해 자주 영향을 받고 관여하게 된다. 이런 인식에서 가족과 함께하는 치료 접근이 필수적이고 적절하다. 가장 확고한 자폐 스펙트럼 장애 치료는 전체 가족에 초점을 두고 치료 과정을 통해 적극적으로 부모와 다른 가족 구성원을 통합한다. 이는 전체 가족 체계가 자폐 스펙트럼 장애에 의해 영향을 받는다고 이해하기 때문이다.

특별히 놀이치료 방법에 근간을 둔 관계 발달 접근은, 발달놀이치료 접근을 통해 연관되고 초월한 요소의 영역에 아주 많은 영향을 주었다. 발달놀이치료 접근은 부모 참여의 중요성, 발달놀이치료 과정에서 갖는 부모의 중요한 역할을 강조한다. 부모와 다른 가족 구성원의 가족놀이치료 접근으로서 발달놀이치료의 기능은 관계 연결과 기술 발달을 증진시키기 위해 지시적 놀이치료 개입에 관여하고 배우는 것이다.

4) 인지행동 놀이치료

넬(Knell, 2004)은 인지행동 놀이치료(CBPT)를 놀이치료 패러다임 안에서 인지행동적 개입을 통합하는 치료 접근이라고 개념화하였다. 의사소통의 언어적 · 비언어적 형태뿐 아니라 놀이 활동도 문제를 해결하는 데 사용된다. 넬은 CBPT와 관련된 여섯 가지 구체적 특성을 정의하였다.

- CBPT는 놀이를 통한 치료에 아동을 포함한다.
- CBPT는 아동의 사고, 감정, 환상, 경험에 집중한다.
- CBPT는 좀 더 적응적 사고와 행동을 발달시키도록 전략을 제공한다.
- CBPT는 조정 가능하기보다는 구조화되고, 지시적이며, 목표 지향적이다.
- CBPT는 경험적으로 입증된 기법을 통합한다.
- CBPT는 치료의 경험적 조사를 허용한다.

인지행동 놀이치료에서, 치료사는 발달적으로 적절한 개입을 제시할 수 있는데, 이는 아동이 CBT 방법론을 숙달하는 데 도움이 된다. 다수의 인지행동적 개입은 다수의 문제를 다루는 놀이치료에 통합될 수 있다(Drewes, 2009). CBPT 개입은 아동에게 그들의 사고가 행동에 어떠한 영향을 주는지 이해할 기회와 사고, 행동을 변화시키는 방법을 제공한다. CBPT의 실시에서 강조점은 말하기보다는 아동이 배운 모든 새로운 기술을 연습하고, 놀이치료 회기 밖에 있는 그들의 삶에서 그것을 일반화하도록 허용하는 것이다.

드류즈(Drewes, 2009)는 CBPT가 아동이 참여하고 노출할 수단으로서 놀이 활동을 통합하여 불안(ASD 아동에게 일반적으로 힘든 감정임)을 낮추는 데 도움이 되는 놀라운 기회를 제공한다고 하였다. 이는 아동이 불안을 다루고 감소시키고 좀 더 긍정적이고 재미있는 환경에서 치료 경험하는 것을 돕는다. 더구나, CBPT는 정서조절 장애의 경험이 있는 아동을 돕는 데 이로울 수 있다. 정서조절 장애의 경험이 있는 아동은 (많은 ASD 아동이 경험하는 것처럼) 급작스러운 통제불가 행동의 폭발, 높은 수준의 불안, 주의집중 문제 등을 갖는다. 놀이 활동과 짝을 이룬 다양한 인지적 방법에도 불구하고, 이러한 이슈가 있는 아동은 좀더 숙달감을 획득하여 조절장애에 의해 생겨난 이슈를 덜 경험하게 될 것이다.

기술이나 대안적 행동을 가르치는 놀이의 사용은 CBPT 측면에서 일반적이다. 아동을 교육하는 것은 CBPT 모델에서 일어난다. 예를 들어, 퍼펫을 활용하여 아동이 감정을 표현하고 새로운 기술의 획득을 가르칠 수 있다. CBPT를 통하여 아동은 그들의 감정과 이슈를 다룰 수 있고 감정을 다루기 위한 좀 더 적응적인 방법을 배울 수 있다. 초기에는 치료사가 아동에게 비언어 표현과 언어 표현을 모델링하는 것을 포함하였다. 나중에 아동이 치료사에게 말을 시작한다면, 좀 더 감정이나 이슈를 다루는 것에 보다 직접적인 언어 표현으로 탐색될 수 있다(Knell, 2004).

CBPT는 발달놀이치료에 많은 영향을 주었다. 첫째, 각 회기에 가르칠 특별한 기술에 대해 특별한 안건을 가진 접근이 발달놀이치료의 우세한 요소이다. 둘째, 내담자가 사고와 행동 사이의 연결을 이해하고 행동 변화를 돕고자 하는 목표는 발달놀이치료의 중요한 목표이다. 셋째, 숙달을 위한 반복 연습과 숙제를 통합하는 것은 발달놀이치료의 중요 요소이다. 마지막으로, 다양한 인지행동적 놀이기반 개입은 아동이 숙달감을 얻고 놀이기반 접근을 통해 그들의 행동을 수정하도록 가르칠 수 있으며, 이는 발달놀이치료에서 공유하는 견해이다.

3. 행동치료

행동치료는 어떻게 행동을 변화시켜야 그들이 느끼는 것을 변화시킬 수 있을지에 대한 개별적 이해를 돕는 데 초점을 둔다. 행동치료의 목표는 주로 사람의 긍정적 혹은 사회적 강화 행동을 증진시키는 것에 초점을 둔다. 행동치료는 사람이 하는 것을 주의 깊게 측정하고 긍정적인 경험을 위한 기회를 늘릴 수 있을지를 찾는 구조화된 접근이다. 몇 가지 일반적인 기법에는 자기 모니터링, 행동의 일간 혹은 주간 일정 만들기, 역할놀이, 행동 수정 접근이 포함된다(PsychCentral, 2014).

인지행동치료협회(The Association for Behavioral and Cognitive Therapies, 2014)는 행동치료에 대해 다음과 같이 이야기하였다.

행동적 접근은 다양하지만, 어떠한 사고와 행동이 개인의 환경 내에서 우연히 보상을 얻고, 이 사고와 행동의 빈도가 증진되는 데 어떤 것이 기여하고 있는지에 주로 초점을 둔다. 행동치료는 성인, 청소년, 아동에게 넓은 범위의 심리적 증상에 적용할 수 있다. 행동치료는 각 장애마다 다르게 적용되지만, 공통점은 행동치료사가 내담자에게 새로운 행동을 시도하도록 격려하는 것과 그들이 행동하는 방법을 좌우할 부정적 '보상'을 허용하지 않도록 하는 것이다.

예:

당신이 화장실을 두려워하는 아동이라고 상상해 보자. 두려움과 불안을 피하기 위해, 당신은 결국 모든 화장실을 피하는 것을 선택할 것이고, 옷을 버리는 생각이 시작될 것이다. 당신이 옷에 실수를 하는 것은 신체적으로도, 사회적, 자기-가치감에도 문제를 일으킬 수 있다. 그러나 이러한 결과에도 불구하고 화장실 주변에 가면 생기는 불안이 너무 커서 참을 수가 없다. 행동치료사는 화장실을 피하는 것이 불안과 두려움을 없애는 보상이 되어 왔다고 본다. 행동

치료는 회피와 연관된 '보상'이 '학습되지 않고' 화장실과 연관된 부정적인 연합
이 '학습되지 않도록' 할 때까지 슈퍼비전과 안내를 포함한다.

행동치료를 이해하는 데 두 가지 중요한 변수는 자극(이전의 환경적 사건과 행
동 결과)과 반응(행동)이다. 자극은 관찰될 수 있는 환경에 있는 것이다. 자극은
물체의 색깔처럼 단순할 수도 있지만 좋은 친구는 무엇을 하고 무엇을 말할지와
같은 좀 더 복잡한 것일 수 있다. 아동은 은연중에 생각하겠지만 누구나 관찰 가
능하게 행동한다(Williams & Williams, 2011). 행동치료에서 어떤 행동에 접근할
때 세 가지 중요한 질문이 있는데, '행동 바로 앞에 무엇이 있었는가?' '그 행동은
정확히 무엇인가?' '그 행동에 바로 뒤따르는 것은 무엇인가?'이다. 이것은 선행
사건(antecedent), 행동(behavior), 결과(consequence)의 ABC이다(Coplan, 2010).

아동 대상의 행동치료는 아동의 행동을 변화시키기 위해 잠재적으로 강력한
무대를 제공한다. 어린 아동과 함께하는 다양한 직접적 행동 개입은 창시 이후
로 엄청나게 확대되었다. 어린 아동에게 행동치료 기법은 놀이치료 환경의 놀
이 맥락 안에서 행동적 절차를 단순히 적용하는 것을 자주 포함한다. 아동과 함
께하는 대부분의 행동적 개입은 두 가지 치료 선택지와 두 가지의 조합에 초점
을 두는데, 그것은 부모를 통한 아동 치료, 아동과 함께하는 직접적 작업이다
(Knell, 2004). 아동과 청소년을 위한 행동적 개입에는 불안을 감소시키는 상황
을 통해 역할놀이를 하는 것, 상황에 대한 적절한 반응을 가르치는 것, 설득하
기, 원하는 행동을 증가시키는 강화 행동 혹은 보상, 조절과 불안 감소에 도움을
줄 수 있는 매일의 시각적 일정 만들기 등이 포함된다.

ASD와 다른 발달장애를 가진 아동과 청소년을 위해 가장 일반적이고 증거기
반적인 치료 접근은 틀림없이 행동기반 치료이다. 행동치료, 행동 수정 접근, 응
용행동분석, 인지행동치료, 수많은 기타 행동기반 치료는 ASD 아동에게 문제가
되는 다양한 이슈를 개선하는 것을 성공적으로 보여 주었다. 대부분의 조기개
입 프로그램과 특수 교육 교실은 행동적 접근이나 이론의 유형에 기초한다. 행
동기반 치료 그리고 거기서 확장된 접근은 ASD 아동을 성공적으로 치료해 왔다

(Coplan, 2010).

　　행동치료가 발달놀이치료에 미친 영향은 많은 측면에서 명료하다. 발달놀이치료는 치료사와 부모를 이끄는 직접적인 개입을 통해 행동 변화의 목표를 갖고 아동 행동에 주의를 기울인다. 이 개입은 놀이기반이고 자폐 스펙트럼 장애 아동과 청소년의 기술능력을 증진하도록 돕고자 하는 궁극적 목표가 있다. 또한 발달놀이치료는 원치 않는 행동을 유발할 수 있는 아동의 환경에서 무엇이 발생하는지에 주의를 기울인다. 더구나, 대부분의 놀이기반 개입은 노출, 역할놀이, 모델링, 행동 조성 같은 기술 발달 모방 행동치료 요소를 증진하기 위해 고안되었다. 발달놀이치료는 이러한 측면 중 단지 하나를 다루는 것과 반대로 행동적 방법과 관계적 방법 둘 다에 의해 영향을 받았다. 이렇게 하여 발달놀이치료는 자폐 스펙트럼 장애 아동이 표현한 전체적인 욕구를 다루는 데 도움이 되는 통합적이고 전체적인 접근으로서 기능한다.

제3장

발달놀이치료 접근

1. 발달놀이치료의 개요

발달놀이치료는 자폐 스펙트럼 장애(ASD), 발달장애 또는 기타 신경발달장애가 있는 아동과 청소년을 위한 놀이치료 및 행동치료 접근 방법이다. 발달놀이치료의 기초는 행동치료와 결합된 놀이치료적 접근으로 구성되어 있다. 포괄적모델인 발달놀이치료는 아동과 청소년이 필요한 기술과 능력을 습득할 수 있도록 도와주며, 부모가 자녀의 기술과 능력을 향상시킬 수 있는 방법을 배울 수 있도록 설계되었다.

발달놀이치료는 발달과 행동 영역의 조화를 돕는 접근 방법이다. 발달놀이치료는 아동과 청소년의 발달 문제를 평가하며, 발달 수준, 지연 및 진행 과정에 대해 지속적으로 인식할 수 있게 한다. 동시에 발달놀이치료는 아동과 청소년이 직면하고 있는 행동을 관찰하고, 개선하는 데 도움을 줄 수 있도록 치료사와 부모에게 치료적 접근 기술을 제공한다.

발달놀이치료는 놀이치료 접근과 지시적인 놀이기술을 결합하여 정서조절, 사회적 기술 및 관계 맺기 등 세 가지 주요 목표 영역에서 아동의 발달을 교육한다.

또한 발달놀이 프로토콜은 세 가지 이차 목표인 감각처리, 불안 감소 및 행동변화에 대해서도 다룬다. 아동이 스스로 조절하는 법을 배우고, 환경과 관련되어 요구되는 사회적 기술을 습득하게 되며, 적절하고 의미 있는 관계 맺기를 배우게 되면, 점차 문제 행동이 감소되고, 일상에서 적응적인 삶을 살아갈 수 있게 된다.

ASD나 발달장애를 갖고 있는 아동과 청소년은 대부분 정서조절, 사회적 기술 및 관계 맺기에 대한 어려움을 가지고 있다. 이러한 요소는 상호적으로 밀접하게 연결되어 있어 결핍과 향상에 있어 서로에게 영향을 준다(즉, 아동이 한 영역에서 결핍이 관찰되는 경우 다른 영역에도 결핍이 있을 수 있게 되며, 반대로 한 영역이 향상되면 다른 영역에서도 향상된다). 예를 들어, 아동의 정서조절 능력과 사회적 기술이 향상됨에 따라 다른 사람과 관계를 맺는 능력에도 긍정적인 영향을 미치게 된다.

발달놀이치료에는 부모가 자녀와 함께 가정에서 다양한 놀이치료 기법을 사용할 수 있도록 부모훈련에 대한 구성 요소가 포함되어 있다. 부모는 자녀의 기술이 향상되고 발달하는 데 도울 수 있는 공동 변화 보조자가 될 수 있다. 발달놀이치료에서 부모훈련은 가정에서 부모가 발달놀이 기법을 수행하는 방법을 알 수 있게 한다. 부모는 그 절차와 기법을 배우게 되고 자녀의 특정 기술과 능력 수준을 높이기 위해 가정에서 기법을 구현하는 방법을 보여 준다.

확실하게도, 발달놀이치료는 치료 과정에서 아동과 부모 모두를 포함하는 가족놀이치료 기법으로서의 기능도 한다. 아동의 자연스러운 언어인 놀이치료 기법을 기반으로 활용하면 부모는 재미있게 소통하며 그 과정에서 기술을 가르치고 능력을 향상시키며 자녀와 연결된다. 그리고 가능하다면, 발달놀이치료는 치료 과정을 통해 형제자매 및 대가족을 포함하여 온 가족이 참여할 수도 있다.

발달놀이치료는 기술 개발에 도움이 되는 놀이기반 중재 및 기술에 의존하고 있다. 놀이가 발달놀이치료의 중요한 초점이라는 점을 감안할 때, 일반적으로 ASD 아동이 어떤 놀이를 하는지를 평가하는 것도 중요하다. 신경발달장애 아동과의 유사점 및 차이점은 무엇인가? 발달놀이치료의 초기 과정에서 내담아동의 놀이 활동을 통해 무엇을 기대할 수 있는가? 〈표 3-1〉은 0세부터 10세까지의 아동을 대상으로 하여 전형적인 놀이 발달과 비전형적인 놀이 발달을 비교하고 있다.

일반적으로, ASD를 가진 아동들은 놀이에서 흔히 볼 수 있는 자발적이고 유연하며 상상력 있고 사회성 있는 특징이 부족하다. 그래서 자발적으로 놀잇감을 가지고 놀며, 역할놀이나 상상놀이에 참여하고, 은유를 이해하고, 집단 놀이에 성공적으로 참여하는 것이 불가능하다. ASD 아동은 기능적으로 조작하거나 상징적으로 놀이하기보다는 각각 분리된 방식으로 하나의 초점에 맞춰 놀이하는 경우가 많다. 크로스(Cross, 2010)는 ASD 아동과 청소년의 제한된 놀이의 특성을 다섯 가지로 설명하였다.

1. 반복적인 놀이

2. 놀이방 주위를 지속적으로 배회함

3. 놀이 중에 보이는 지속적인 불안

4. 놀이 중에 보이는 지속적인 단절감 또는 불친절함

5. 함께 놀이하는 사람에 대한 지속적인 거부

    ASD 아동은 놀이실이나 다른 놀이 환경에 들어가게 되면, 전통적으로나 사회적으로 바라볼 때 '올바른' 방식으로 놀이에 참여하지 않는 경우가 많다. ASD 아동은 놀이 초반에는 매우 주저하며, 주변에 있는 것에 익숙해지기까지 오랜 시간이 소요될 수 있지만, 결국 어떤 방식으로든 놀이에 참여하게 된다. 일부 아동은 자신을 주변으로부터 고립시키고, 놀잇감을 기능적으로만 가지고 놀면서 타인이나 주변 사물에 주의를 기울이지 않기도 한다. 또 어떤 아동은 일반적인 놀잇감으로 분류되지 않은 물건을 발견한 뒤, 그 물건을 조작하며 '놀이 활동'을 하고 주변에 놓여 있는 대중적인 놀잇감을 무시하기도 한다.

〈표 3-1〉 비장애 아동과 장애 아동의 놀이 발달(출생~만 10세)

나이	비장애 아동의 놀이 발달	장애 아동의 놀이 발달
0~24개월	• 아동은 소리를 듣고, 모빌을 보는 등 감각을 통해 세상을 탐험하려 한다.	• 아동은 탐험하지 않으며, 보이는 것과 들리는 것에 반응하지 않는다. • 옹알이와 미소로 소통하지 않는다
10개월	• 부모와 까꿍놀이 등을 통해 사회적 상호작용이 시작된다.	• 아동은 눈맞춤 등의 기본적인 상호작용 놀이를 하지 않는다.
만 1~2세	• 성인이 하는 행동을 따라 아동은 모방할 수 있다. 엄마의 전화를 흉내 낼 수 있으며, 블록 쌓기, 바닥에 차 굴리기 등 기능적인 놀이가 등장한다.	• 아동은 말을 하지 않으며, 주변의 주의를 끌지 않으며, 놀이를 하지 않으며, 놀잇감을 가지고 놀지 않는다. 양육자와 함께 놀지 않는다.
만 2~3세	• 나란히 줄 지어 놓는 병렬놀이가 나타난다. • 놀이를 하며 친구와 친밀감을 형성하게 된다.	• 또래들과 놀지 않으며, 또래와의 놀이에 흥미를 보이지 않는다.

	• 모래상자에서 친근한 또래들 근처에서 논다. 이것은 또래와의 언어적 소통이 작게 이루어지는 것을 시작으로 또래를 보고 모방하며, 또래에게 보여 주고 피드백을 받는 등 점차적으로 발달하게 된다. • 상징놀이가 등장한다. 하늘을 날아다니는 비행기 놀이, 조리대에서 팬으로 요리하는 놀이, 음식을 먹는 놀이, 사람이나 동물 인형을 사용하여 걷고 이야기하는 놀이 등 놀잇감을 통하여 실제 삶에서 일어나는 일처럼 놀이한다.	• 모방을 기반한 놀이를 하지 않으며, 역할놀이나 가장놀이를 하지 않는다. • 놀잇감을 가지고 지속적으로 놀이하는 것이 부족하거나 양육자와 함께 게임놀이를 하지 못한다.
만 3세	• 또래들이나 다른 사람들이 더 많이 참여하여 놀 수 있게 된다(기차 세트, 집 짓기, 레고 조립, 꽃이나 집, 얼굴과 같은 것 만들기 등). • 아동은 대부분 다른 또래들과 함께 협력하여 놀이한다. 기능적인 놀이나 상징놀이를 하되, 아직은 타인과 공유하거나 협력하는 놀이에 어려움이 있다. 친숙한 역할에 대한 역할놀이가 등장한다(예: 교사, 의사, 버스 운전사 등).	• 지속적으로 또래들과 놀지 않으며, 놀이에 흥미를 보이지 않는다. 놀잇감을 사용하여 놀이를 할 때에는 같은 놀잇감을 반복적으로 사용하여 놀이한다. • 역할놀이나 상징놀이는 나타나지 않는다. 같은 놀잇감만 사용하거나 반복적인 주제로 놀이한다.
만 4세	• 역할놀이와 상징놀이는 점점 발달하게 되며, 다른 아동들과 협력하는 방법을 배우기 시작한다. • 가장놀이에서 또래를 포함시키며, 아동이 직접 경험한 인물이나 책을 통해 접한 역할과 관련된 경향을 보인다. • 자신의 마음이라는 영역이 발달하게 되며, 타인이 자신과 다른 생각, 감정, 지식을 가지고 있음을 인지하게 된다. • 사물을 실제 보이는 것과 다르게 명명하여 조작할 수 있는 능력이 발달하게 되는데, 예를 들어 연필을 하늘을 나는 비행기로 명명하여 놀이하게 된다. • 자신과 타인의 욕구와 사고에 차이가 있음을 인식하게 되며, 이에 따라 협상기술이 등장하게 된다.	• 여전히 아동에게 상징놀이와 역할놀이가 잘 나타나지 않는다. • 또래들과 노는 것에 관심이 없고, 협동적인 방식으로 또래와 놀지 않는다. • 자신의 마음이라는 영역이 나타나지 않는다. • 아동은 특정 놀잇감, 아이템에 집중하게 되며, 특정 놀잇감, 아이템에 대해 다소 집착하거나, 강박적일 수 있다. 놀이 상황에서는 같은 놀잇감을 가지고 놀거나 같은 시나리오를 반복하여 놀이한다.

만 5~6세	• 아동은 다른 여러 또래와 복잡한 놀이 계획에 참여할 수 있게 된다. 놀이를 개발하고 수행하기 위해 또래들과 협력하고 협상하는 것을 포함하여 모든 유형의 놀이가 가능하다.	• 아동의 놀이 발달은 초기 발달 수준에서 증가하지 않는다. • 아동은 놀이에 대한 흥미와 활동 영역이 협소하다. 또래와 놀이하는 것에 흥미를 보이지 않는다.
만 7~10세	• 아동은 실제로 존재하지 않는 것들을 포함하여, 그 이상의 상상력을 동원하여 놀이를 계속 발전시킨다.	• 아동은 앞에서 언급된 비정형 놀이의 특성처럼 전반적으로 뚜렷하게 놀이의 어려움을 보인다.

ASD 아동은 자유롭게 놀 수 있는 환경이 주어졌을 때 반복적인 행동을 하거나 계속적으로 같은 놀이를 하려는 경향이 있다. 일부 아동은 가장놀이를 하기 위해 시나리오를 제작하고 직접 참여하는 것 같지만, 더 자세히 살펴보면, 놀이의 형태는 매우 경직되어 있고 반복되며, 오랜 기간 동안 같은 시나리오가 계속적으로 되풀이된다(Kaduson, 2008). 가끔 ASD 아동들 가운데 시나리오에 따라 상징놀이나 가장놀이를 하며 놀잇감을 가지고 논다. 이는 상징놀이처럼 보이지만 대부분의 아동은 단순히 영화나 TV에서 보았던 내용이나 장면을 다시 재연하는 경우가 많다. 일반적으로 아동은 놀이를 변화시키지 않고, 한 장면을 반복해서 재연한다. 이러한 것을 일반적인 상징놀이나 가장놀이로 혼동해서는 안 된다. 상징놀이 또는 가장놀이는 일반적으로 아동이 여러 놀잇감을 사용하여 여러 가지 다양한 시나리오를 수행하는 것으로 나타난다. 이러한 시나리오는 자주 변경되고 전체 장면으로 표현된다. 일반적인 아동은 상징놀이나 가장놀이에서 단순히 영화나 TV에서 본 장면을 재연하는 것이 아니라 스스로 재구성하게 되는 것이다.

ASD 아동은 또래와의 사회적 놀이에 참여하는 데 어려움을 보이는 경향이 있고, 종종 또래들과의 놀이에서 고립되며, 또래집단에 소속되기가 힘들다. 이와 관련하여 ASD 아동들이 또래관계를 원하고 또래놀이에 참여하게 되더라도, 놀이를 지속하는 데 필요한 사회적 의사소통 능력이 부족하다는 견해도 있다. ASD 아동은 비전형적으로 놀게 되며, 놀잇감으로 분류되지 않는 물건을 가지고 놀이 활동에 참여하기도 한다.

마이클(8세, ASD 진단)은 ASD 아동에게 있어 놀이의 가변성을 설명하는 적절한 예시이며, 그는 ASD, 지적 발달장애 및 여러 복합적인 문제를 진단받고 발달놀이치료에 참여하였다. 마이클은 언어능력이 있었지만 말을 아주 잘하지는 않았으며, 그가 말했을 때 다른 사람이 이해하기 어려웠던 말이 약 75% 정도였다. 치료사는 발달놀이치료 '따라가기 접근'(이 장의 뒷부분에서 더 자세히 설명됨)을 사용하여 마이클과 함께 활동을 시작하였다. 마이클은 놀이방에서 놀잇감이나 활동에 참여하지 않았고, 치료사와 교류하지 않았으며 놀이방을 돌아다니는 것으로 첫 회기를 보냈다. 마이클이 있는 놀이치료실에는 다양한 사무용품을 보관하는 면담실도 있었다. 마이클은 세 번째 회기에 면담실을 발견하였으며, 면담실 내부에는 진공청소기가 있었다.

마이클은 진공청소기를 바로 알아차렸고, 치료실 바닥과 면담실의 모든 것을 진공청소기로 청소하려고 하였다. 진공청소기는 몇 차례에 걸쳐 그의 '놀잇감'이 되었고, 마이클은 종종 웃으며 진공청소기를 통해 순수한 즐거움을 보였다. 치료사는 진공청소기를 사용하여 기술 개발 작업을 통합하기 시작했다. 치료사는 마이클과 진공청소기를 사용한 게임놀이를 통해, 문제해결과 대처기술을 습득하게 하고, 진공청소기 놀이를 함께 공유함으로써 눈맞춤과 언어 표현을 향상시킬 수 있게 하였다.

면담실의 진공청소기에 대한 마이클의 관심은 집으로까지 옮겨졌다. 치료사는 마이클의 부모에게 진공청소기를 활용하여 다양한 기술을 익히는 방법을 가르쳤고, 마이클의 부모님은 집에서 진공청소기를 사용하여 마이클과 함께 놀이하며, 목표 설정한 기술 향상을 위해 함께 노력하였다. 마이클은 치료사와 가정에서 '청소기 놀이'를 함으로써 치료 목표에 진전을 보이기 시작했다.

치료사는 대부분 아동의 놀이 수준이나 놀이능력을 알지 못하기 때문에 그것을 파악하기 위한 적절한 놀이 평가가 필수적으로 필요하다. ASD 아동이 놀이기술이 없다고 가정하는 것은 옳지 않으며, 일부 ASD 아동에게 전통적인 놀이로 보이지는 않지만, 다른 방식으로 물건을 사용하여 놀이하는 모습이 나타날 수 있다. 또한 몇몇 고기능을 가진 ASD 아동은 일반 또래들과 동일한 놀이기술을 가지고 있으며, 가장놀이나 상상놀이가 가능한 아동들도 있다.

또한 ASD 장애 및 기타 발달장애가 있는 아동과 청소년은 대부분 자신의 연령과 다른 발달 수준을 가질 수 있다. 아동의 기술 수준을 향상시키는 데 도움이 되는 발달놀이치료의 지시적 놀이치료 기법을 결정할 때, 아동의 실제 연령과 발달 연령이 다를 수 있음을 기억해야 한다. 이 아동이나 청소년들이 기술을 이해하는 데 어려움을 겪고 있거나 활동에 참여하지 못해 불안을 나타내는 경우, 불안을 완화시키고 참여를 증가시킬 수 있도록 하는 것이 중요하다(Delaney, 2010).

발달놀이치료의 지시적 놀이치료는, 특히 아동과 만날 때 아동의 놀이 수준을 통해 만날 수 있도록 고안되었다. 발달놀이치료의 지시적 놀이치료는 놀이기술, 사회적 기술, 정서적 기술과 같은 아동에게 필요한 기술과 능력을 향상시키는 데 도움이 된다. 발달놀이치료는 ASD 아동에게 부족한 놀이기술을 고려하였고, ASD 아동이 놀이에 참여하고 배울 수 있도록 지시적이며 구체적인 방식으로 놀이를 도입시킨다. 치료 초기에 아동과 청소년을 철저히 평가하여 자신의 기술적인 결함을 파악하고, 치료사가 치료 목표를 설정하여 아동에게 필요한 기술과 문제해결을 위한 구체적인 중재 방법들을 사용하게 된다.

치료사는 상담 시 아동에게 어떤 기술을 사용하면서 아동과 함께 다양한 방법을 사용할 수 있다는 것을 기억해야 한다. 이것은 치료사가 아동과 함께 상담하면서 결정하는데, 아동이 기술을 이해하는 데 어려움을 보일 경우, 더 많은 관계자를 참여시킬 수 있고, 다양한 기술과 교육적 역할을 수행하면서 기술을 습득할 수 있게 한다. 아동이 특정 영역에서 발달이 지연되지 않을 경우, 치료사는 지시를 덜하게 되며, 아동이 스스로 놀이 활동에 참여할 수 있게 한다. 치료사는 아동이 참여할 수 있게 하는 것도 중요하지만, 항상 아동의 성장을 모색하고, 스스로 더 많은 것을 도전할 수 있게 해야 한다.

치료사는 발달놀이치료 기반으로 쓰인 『발달장애 아동을 위한 놀이기반 개입(Play-Based Interventions for Autism and Developmental Disabilities)』 책을 참고

하면 도움이 될 것이다. 이 책에는 75가지가 넘는 지시적 놀이기반 개입과 자폐스펙트럼 장애 및 기타 발달장애 아동을 위한 개입의 지침서가 포함되어 있다. 책의 대부분이 ASD에 국한되어 있지는 않지만, 일부 개입은 ASD와 관련되어 있으므로, ASD 아동과 청소년들을 위해 사용할 수 있다. ASD 아동과 청소년을 위한 지시적 놀이치료 기법에서 기억해야 할 주요 사항은 다음과 같다.

- 기법은 지시적이고 구조화되어야 한다: 이는 치료사가 어떤 기법을 구현할 것인지를 지시하고 기법이 구현될 때 그 과정에서 기법이 활성화됨을 의미한다.
- 기법은 교육적 요소가 있어야 하며 치료사는 자주 교육 역할을 수행하게 된다: 교육 역할의 수준은 아동에게 얼마나 많은 도움이 필요한지에 따라 치료사가 조정하게 된다.
- 기법은 기본적으로 은유적인 것을 하지 않는다: 장애가 적은 일부 아동과 청소년은 은유적인 것을 이해할 수 있지만, ASD 아동과 청소년은 대부분 이해할 수 없는 경우가 많다.
- 기법은 추상적이거나 상징적인 것을 포함하지 않아야 한다: 대부분의 ASD 아동과 청소년은 상징이나 추상적인 표현을 쉽게 이해하지 못하며, 구체적인 접근 방법을 통해 더 많이 습득할 수 있다.
- 이상적으로는 기술을 쉽게 단순화하거나 더 복잡하게 만들 수 있어야 한다: 이런 방식을 통해 모든 아동과 청소년이 각자의 기술 수준에 따라 기법을 적용할 수 있게 된다.
- 가정에서 부모가 쉽게 배울 수 있고 부모가 구현할 수 있는 기법을 만들어야 한다: 부모는 가정에서 기법을 구현하기 위해 여러 놀잇감, 소품 또는 매체를 구매할 필요가 없어야 한다.
- 기법이 구현되는 것이 항상 원활하지는 않다: 지시적 놀이치료 기법의 구성 요소는 기술 향상에 필요한 기법을 소개하는 것이며, 때로는 치료사가 기존에 알고 있는 올바른 방법에 대해 변경할 필요가 있을 경우에는 기술을 설

명하거나 적용을 중단해야 한다.

- 기법은 다양한 방면에서 기법을 만들기 위한 영감을 얻을 수 있다: 치료사는 개인적으로 아동과 청소년에게 가장 유용한 기술을 만들고 구현할 수 있어야 한다.
- 치료사는 기법을 구현할 때 유연해야 한다: 치료사는 필요한 경우 구조화된 활동을 포기하고 아동에게 맞는 기법을 구현할 수 있어야 한다.
- 치료사는 보상과 인센티브를 사용하여 아동이 기법에 잘 참여하고 완성할 수 있도록 도와야 한다: 보상 및 인센티브는 사용하기 전에 항상 아동의 부모와 논의해야 한다.

발달놀이치료는 3세에서 18세 사이의 아동에게 가장 효과적이다. 나이가 더 어리거나 더 심각한 장애가 있는 아동에게는 이 책의 뒷부분에서 설명하는 '따라가기 접근'을 적용해 볼 수 있다. 지시적 놀이치료 기법을 활용하여 발달놀이치료 회기를 수행할 때 따라야 할 주요한 프로토콜은 다음과 같다.

- 아동 또는 청소년이 면접실 또는 놀이치료실에 입장하여 회기를 시작할 때 일상생활과 관련된 사항을 개발하라: 또한 회기마다 동일하게 물건들을 유지해야 한다. 이는 ASD 아동이 예측 가능한 것에 대해 더 긍정적으로 반응할 것이기 때문이다.
- 일부 ASD 아동과 청소년은 강한 감각에 문제가 있을 수 있다. 치료사는 이러한 사항을 평가하고 그에 따라 활동을 조정하라: 예를 들어, 조명 관리, 소음 관리, 아동이 앉기를 원하는 장소에 대한 유연함 또는 향초처럼 특정한 냄새 관리 등을 포함한다.
- 지시적 놀이치료 기법을 도입할 때에는 해당 기법에 대한 프로토콜을 이해하기 쉽게 간단한 단계로 분류하라: 아동 또는 청소년이 기법을 이해하기 어려워하거나 수행하기 힘들 경우, 치료사는 다음 단계를 지시하기 전에 한 번에 하나씩 수행할 수 있도록 단계를 세분화할 수 있다.

- 필요한 경우, 치료사는 아동 또는 청소년에게 목표한 행동이나 창작물에 대해 모델링으로 보여 주어라: 때로 아동들은 자신에게 요구되는 것을 시각적으로 표현되는 것을 원한다. ASD 아동들은 일반적으로 수용 가능한 언어 영역에서 많은 어려움을 겪는다. 따라서 ASD 아동들에게 개입에 대한 기법들이 언어로만 제공되는 경우 그것을 이해하는 데 어려울 수 있다.
- 아동이나 청소년과 함께 놀이에 참여할 준비를 하라: 치료사는 아동을 돕는 데 적극적으로 참여하거나 아동과 함께 놀이를 하면서 치료적 개입을 실행하게 된다.
- 기법 중반과 후반에 아동과 청소년에게 피드백을 줄 수 있으며, 특히 아동이나 청소년이 기법을 습득했을 경우 성취한 것에 대해 격려하고 지지하라.
- 회기에 따라 기법이 진행되는 동안 관찰자는 기법이 아동에게 잘 맞는지, 치료 목표를 달성하는 데 도움이 되는지 여부를 평가하라: 아동이 어려움을 겪고 있는지 확인해야 하며, 어려움을 겪고 있는 경우, 도울 수 있는 방법들을 모색해야 한다.
- 아동이나 청소년에게 활용한 기법이 흥미로웠는지 또는 그 기법으로부터 무엇을 배웠는지 질문하라: 아동과 함께 실제 생활에서 적용할 수 있도록 도와야 한다.
- 회기가 끝난 후 일정 시간 동안 회기가 어떻게 진행되었는지, 기법이 해당 아동이나 청소년에게 적절했는지에 대해 평가하라.
- 형식보다 재미가 더 중요하다: 아동들은 안전하고 편안하게 개입에 참여하는 동안 재미도 느낄 수 있어야 한다. ASD 아동은 자신의 부족한 기술을 느끼고 이를 해결하려 할 때 불안감을 경험한다.
- 때로 측정하기 어렵거나 과소 평가되는 기술은 치료사의 놀이적인 직감이나 태도이다: 이는 많은 기술이 결함을 해결하는 것과 관련되어 있거나 일부 기술은 크게 의도를 가지고 있지 않기 때문에, 치료사의 놀이적인 태도는 아동의 경험을 더 흥미롭고 즐겁게 하기 위해 필수적이다.
- 기술을 최상의 수준으로 만드는 것은 아동과 가족의 관계이다: 이 책은 전문가

들에게 도전이 되는 관계 맺기에 어려움을 겪고 있는 아동의 사례들과, 그럼에도 불구하고 그 아동들에게 치료 전반에 걸쳐 관계 발달을 향상시키기 위해 참여한 치료사의 모든 종류의 기술로 채워져 있다.

한번 놀이 기법이 소개되면, 그 기법은 그 시점부터 아동의 인식의 일부가 된다. 치료사, 부모 및 아동은 연속적으로 여러 회기에 대해 동일한 기법을 연습할 수 있다. 기법은 한 회기에서 완료하고, 이후 치료 목표와 평가 목적에 도움이 되는 경우 다음 회기에서 다시 반복하여 완료할 수 있다. 많은 기법은 아동이 일생 동안 사용할 대처 방법 및 조율적 수단으로 사용될 수 있다. 아동과 부모는 적절한 횟수만큼 기법을 사용하고 적용하는 것이 바람직하며, 부모는 아동에게 도움이 될 것이라 판단할 경우, 다양한 아이디어와 개입을 위한 '도구상자'를 축적할 수 있다.

1) 놀잇감, 게임 및 매체

놀잇감, 게임 및 표현을 위한 미술매체는 대부분 발달놀이치료에서 사용된다 (발달놀이치료에서 권장하는 놀잇감 및 매체 목록은 부록에 나와 있다). 발달놀이치료에서 ASD 아동과 청소년에게 매체를 사용할 때 고려할 점은 다음과 같다.

첫째, 비장애 아동이나 청소년에게 인기 있는 전형적인 놀잇감이나 대중적인 놀잇감은 ASD 아동과 청소년에게 무시될 수 있다. 둘째, 너무 많은 놀잇감이나 비구조화된 매체는 ASD 아동 또는 청소년에게 조절장애를 나타나게 할 수 있다. 셋째, 아동 또는 청소년은 하나 또는 두 개의 특정 놀잇감에 중점을 두어 회기마다 반복해서 놀고 싶어 할 수 있다. 넷째, 전화기 놀잇감이나 주방놀이, 공, 모래 등과 같이 실제 생활과 관련된 놀잇감은 ASD 아동과 청소년에게 더 인기가 있을 수 있다. 마지막으로, 치료사들은 지시사항에 맞는 놀잇감과 매체를 선택할 시, 아동의 특정 기술 수준이나 신체능력에 주의를 기울이고 아동이 선택한 게임이 아동의 수준과 일치하는지 확인해야 한다.

많은 ASD 아동과 청소년은 보드게임, 카드게임, 운동기반 게임 또는 소품기반 게임 등에 더 흥미를 느끼고 즐거워한다. 발달놀이치료의 개입은 게임놀이를 기반으로 한 형식을 포함하고 있다. 표현을 위한 매체는 모래 및 기타 감각 매체, 페인팅 및 그리기와 같은 다양한 미술 매체를 포함한다. 표현 매체와 관련하여 고려해야 할 주요 사항은 아동의 감각에 대한 민감함의 정도이다. 일부 ASD 아동은 모래나 점토 느낌에 대해 혐오감을 느낄 수 있으며, 페인트 냄새에 강한 부정적인 반응을 보일 수 있지만, 일부 ASD 아동은 이러한 매체에 아무런 문제없이 오히려 안정감과 편안함을 느낄 수 있다. 따라서 치료사는 매체를 선택할 때 아동과 청소년의 감각적 특성에 주의를 기울여야 한다.

발달놀이치료 상담은 지시적 놀이치료 기술로 구성되며, 이는 치료사가 지시한 놀잇감, 게임 또는 표현 매체들을 포함한다. 일반적으로 치료사는 대부분 놀이를 중심으로 회기를 구성한다(이 장의 뒷부분에서 설명하는 '따라가기 접근'은 예외이다). 지시적 놀이치료를 진행하기 위해서는 목적에 맞는 놀잇감 또는 매체가 필수적이다. 치료사들은 ASD 아동들이 놀이치료실에서 자유롭게 놀이하는 것을 원한다는 것을 숙지해야 하며, 이러한 점이 상담 시 아동들에게 반영되어야 한다. 치료사들은 상담 과정에서 아동이 자유롭게 놀이할 수 있게 하며 동시에 지시적 놀이치료 기법을 적용하게 된다. 참고로 놀잇감 및 표현 매체의 전체 목록은 부록에서 더 찾을 수 있다.

2) 놀이치료실

발달놀이치료 상담은 놀이치료실, 치료사 사무실, 학교 상담실, 특수교육 교실 등 거의 모든 환경에서 진행될 수 있다. 대부분의 상담에는 미리 선택된 놀이 기법이 포함되므로, 치료사는 필요한 매체와 놀잇감을 수집하여 모든 공간에서 준비할 수 있어야 한다. 일반적으로 놀이치료실에는 여러 놀잇감 및 매체가 있으므로, 치료사가 상담 과정 중에 개입을 변경하거나 조정해야 하는 경우, 쉽게 전환할 수 있도록 필요한 매체 또는 놀잇감을 가지고 있을 가능성이 높다. 일부 아동이나 청소년은 놀이치료실에 들어가거나 치료사의 면접실에 머무르는 것을 선호할 수 있으며, 아동이나 청소년이 특정 선호를 보인다면, 그 선호에 우선적으로 맞춰야 한다. 아동의 선호도가 없다면, 놀이치료실은 성장과 발전을 위해 아동의 놀이기술을 지속적으로 평가할 수 있는 좋은 환경과 기회를 제공한다. 치료사는 일부 ASD 아동에게 놀이치료실이 너무 산만하거나 압도적일 수 있다는 것을 유의해야 한다. 이러한 경우, 치료사는 면접실에서 회기를 진행하거나 보다 덜 자극적인 환경을 조성해야 한다.

발달놀이치료에서 놀이치료실은 치료사가 아동 관찰 및 부모-자녀 관찰을 진행할 때 치료의 사정 및 평가 단계(이 책의 뒷부분에서 더 자세히 논의됨)에서 사용될 수 있다. 또한 사정 및 평가 단계에서 아동에게는 출입이 가능한 장소, 면접실 및 놀이치료실을 견학할 수 있게 한다. 이 견학 과정은 아동이 공간에 익숙해질 수 있도록 도와주며, 아동은 자신의 취향에 따라 놀이치료실 공간을 선택할 수 있다는 것을 알게 해 준다. 사정 및 평가 단계가 완료된 후에는 모든 환경에서 상담을 위해 치료 개입에 필요한 놀잇감 및 매체들을 사용할 수 있게 된다.

3) 발달놀이치료 과정의 기본

- 발달놀이치료는 ASD, 발달장애 및 기타 신경발달장애 아동을 위한 놀이치료 및 행동치료 접근이다.
- 발달놀이치료는 사회적 기능, 정서조절 및 관계 발달에 심각한 또는 경미한 수준의 장애를 가진 3~18세 아동에게 가장 적합하다.
- 발달놀이치료는 초기 시점에서 기술 능력과 결함을 파악하기 위해 철저한 평가를 수행한다.
- 치료를 위한 주요 목표는 사회적 기술, 정서조절 및 관계 맺기 영역의 기술 향상에 있다.
- 지시적 놀이치료 개입은 기술 발달을 향상시키기 위해 사용된다.
- 개입은 ASD 아동이 겪을 수 있는 학습 및 감각 문제와 관련하여 설계되고

구현된다.

- 발달놀이치료에는 일반적으로 놀이치료실뿐 아니라 놀잇감, 보드게임 및 매체들이 사용된다.
- 가정에서도 부모가 자녀와 함께 지시적 놀이치료 기법을 실시할 수 있도록 개입 방법들을 지도받는다.

발달놀이치료는 일반적으로 ASD 및 기타 발달장애 아동과 청소년에게 영향을 주는 주요 영역들을 다루게 되며, 포괄적인 치료 기법을 제공함으로써 치료사에게 도움을 주게 된다. 발달놀이치료는 훈련을 통해 치료사가 ASD에 대한 지식을 습득하고 ASD 아동과 청소년을 위한 다양한 치료 목표를 달성할 수 있게 한다. 또한 발달놀이치료는 치료사가 부모에게 자녀한테 필요한 기술을 습득하게 하고 자신감과 지식을 줌으로써 실질적인 도움을 주도록 한다.

발달놀이치료는 ASD 및 기타 발달장애에 대한 적응 가능하고 호환 가능한 치료 방법이다. 발달놀이치료는 다른 치료들과 함께 수행될 수 있으며, 종종 ASD 아동과 청소년들의 기술 개발을 돕는 협력적 개입의 한 부분으로 활용되기도 한다. 발달놀이치료는 정서조절 능력, 사회적 기술 개발, 관계 맺기 및 부모 교육 등의 네 가지 구성에 중심을 둔다. 발달놀이치료는 사정 및 평가, 지시적 놀이치료 개입 그리고 종결까지 총 세 가지 치료 단계로 진행된다. 그리고 각 구성에 따른 세부적 요소가 추가적으로 제시된다.

2. 발달놀이치료의 주요 목표

1) 정서조절 능력

아동 또는 청소년에게 정서조절 능력이 부족한 경우, 정서와 정서적 상황을 다루는 데 어려움이 있다. 아동은 지나치게 감정적으로 행동하거나, 정서를 전혀 나타내지 않거나, 적절한 정서 표현이 부족하거나, 정서를 이해하거나 구별하지 못하거나, 다른 사람의 정서를 인식하지 못하거나, 자신의 정서를 관리하거나 통제하지 못하게 된다. 아동들이 정서를 조절할 수 없게 되면, 타인과 원만하게 의사소통하는 것이 어려워진다.

　ASD 및 기타 발달장애 아동과 청소년은 종종 정서조절 능력의 부족으로 인해 어려움을 겪는다. 그들에게 긍정적인 감정과 부정적인 감정 모두 잘 관리하고 조절하는 것은 어려운 일이며, 종종 정서를 조절하기 위한 적절한 능력이나 훈련 없이, 조절이 어려워지는 상황에 놓이게 되면 부정적인 행동을 하게 된다. 정서조절이 어려울 때 나타나는 특성으로는 물건이나 손가락을 입으로 빨거나 씹기, 위안이 되는 물건을 꼭 쥐거나 떼어 놓기, 발끝으로 걷거나 앞뒤로 흔들기, 손으로 까닥이기, 윙윙거리며 임의의 소음을 내기, 공격적이거나 비순응적인 또는 철회하기, 스트레스 상황을 벗어나기 위해 자해행동을 하기, 특정 주제나 관심 분야에 대한 집착하기, 규칙 또는 정해진 일정들을 준수하려는 엄격한 행동들이 있다.

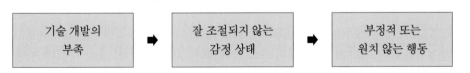

| 기술 개발의
부족 | ➡ | 잘 조절되지 않는
감정 상태 | ➡ | 부정적 또는
원치 않는 행동 |

[그림 3-1] 사회적, 정서적, 행동적 과정

　발달놀이치료에서는 ASD 아동과 청소년이 가진 부족한 정서조절의 여섯 가지 범주로 감정 식별, 감정 이해 및 표현, 감정 및 상황 인식, 다른 사람의 감정 인식, 감정적 경험 공유 및 감정 관리에 대해 설명하고 있다. 각 카테고리는 동시에 또는 점진적으로 작업할 수 있으며, 여섯 가지 정서조절 능력의 범주는 다음과 같다.

• 감정 식별은 아동이 감정을 식별하고, 감정을 정확하게 분류하고, 연령에 따라 몇 가지 감정을 언급할 수 있는 능력이다.

- 감정 이해 및 표현은 아동이 좌절이나 분노와 같은 경험할 수 있는 특정 감정을 이해하고, 언어적 의사소통을 통해 느끼고 있는 자신의 감정을 다른 사람에게 적절히 표현할 수 있는 능력이다.
- 감정 및 상황 인식은 특정 감정이 특정 상황에 해당함을 아동이 인식할 수 있는 능력을 말한다. 예를 들어, 어떤 여성이 장례식에 참석하면 슬픔을 느끼게 될 것이다.
- 다른 사람의 감정 인식은 부모가 슬프거나, 화를 내거나, 학교에 있는 친구가 외로움을 느끼는 경우를 인식하는 것과 같이 다른 사람의 감정과 감정 표현을 인식하는 능력이다.
- 감정적 경험 공유는 상호 활동에 참여하는 동안 다른 사람과 감정을 공유하는 데 아동의 상호 참여 능력이다.
- 감정 관리는 감정을 식별하고 적절한 방식으로 표현할 수 있는 능력, 자기 감정을 조절하기 위해 부정적인 감정을 다루는 방법의 이해 등 아동의 전반적인 감정 관리 능력이다.

쿠이퍼스(Kuypers, 2011)는 자기조절이란 인지 여부에 관계없이 모든 사람이 지속적으로 노력하게 되는 것이라고 말하였다. 모든 사람은 때로 자신의 한계를 시험하게 되는 힘든 환경에 직면하게 된다. 아동들은 규제가 감소했다는 것을 인식하게 되면, 기분이 좋아지고 더 나은 장소로 가기 위해 무언가를 하게 된다. 그러나 ASD 아동과 청소년은 이러한 과정이 자연스럽게 발생하지 않는다. 그들에게 자기조절은 가르치고 연습해야 하는 기술이다.

발달놀이치료는 정서조절에 중점을 둔 놀이기반 개입으로 아동과 청소년에게 개별화되어 특정 아동이 개선되어야 할 문제를 해결할 수 있게 한다. 놀이기반 개입은 자연스럽고 재미있으며, 아동들에게 더 매력적이다. 치료사와 부모 및 다른 가족 구성원들과 함께 여러 놀이기반 개입을 여러 차례 실행할 수 있다. 또한 놀이기반 개입은 아동 또는 청소년에게 필요한 정서조절 단계나 기술을 성공적으로 도달할 때까지 시행할 수 있다. 사정 및 평가 단계에서 발달놀이치료 정서조절 능력 목록 및 치료사 관찰을 통해 아동의 정서조절 능력을 평가하게 된다. 아동의 단계와 부족한 목록이 평가되면, 강화 또는 발달해야 하는 정서조절 단계에 적합한 지시적 놀이치료 기술을 결정한다.

아동의 정서조절 능력은 어느 정서조절 목록에서 다룰지를 결정하게 된다. 이것은 ASD 아동마다 크게 다를 수 있다. 사정 및 평가 단계에서 정서조절 능력을 철저히 평가하는 것은 중요하다. 적절한 평가는 아동이 어떤 범위에서 정서조절을 해야 하는지 파악하는 데 도움을 주며, 치료사가 아동에게 부족한 영역을 다루는 데 사용될 지시적 놀이치료 기법을 선택하게 한다. 더 많은 영역에 장애가 있는 아동은, 먼저 감정을 식별할 수 없으면 다른 범주를 습득할 수 없으므로, 감정을 식별하는 것으로 시작할 수 있다. 이에 따라 ASD 아동들은 감정을 식별하거나 이해하고 표현하는 데 중점을 둔 개입으로 시작하게 된다.

2) 사회적 기술 개발

'사회적 기술'이라는 용어는 실제로 단순한 용어에서 더 복잡한 기술까지 광범위하고 다양한 기술을 포괄하는 용어로 기능한다. 사회적 기술은 눈맞춤 배우기, 언제 안전하지 않은 상황인지 알기, 공공장소에서 말하기까지 포함한다.

사회적 기술은 개인이 특정 환경에서 다른 사람들과 성공적으로 상호작용할 수 있도록 하는 대인관계적 행동이다. 개인이 적절한 사회적 기술을 가지고 있는가는 타인에 의해 결정된다. 이것은 특히 ASD 또는 기타 발달장애 아동과 청소년에게 해당된다. 사회적 기술을 습득한 후에도 이것에 대해 완전히 이해하거나 인식하지 못할 수 있기 때문이다.

ASD 및 기타 신경 발달장애를 가진 아동과 청소년은 사회적 기술과 기능에 관련된 다양한 장애를 가지고 있다. 많은 이가 연령에 맞는 친구관계를 발전시키지 못하고 사회생활에 필요한 규칙을 이해하는 데 어려움을 겪는다. 라우시와 헤플린(Laushey & Heflin, 2000)은 사회적 행동장애가 ASD 아동들에게 기본적인 특성이며, 사회적 결함이 ASD의 주요 특징이 되어야 한다고 제안하였다.

도슨, 맥파틀랜드, 오조니프(Dawson, McPartland, & Ozonoff, 2002)는 ASD로 진단된 대부분의 사람은 사회적 상호교환, 특히 상호교환성인 사회적 만남에 필요한 전반적인 상호작용에 어려움을 겪고 있다고 말하였다. 또한 ASD 아동과 청소년은 친구의 개념이 매우 제한적이고, 또래를 거부하는 경향이 있으며, 사회적 격려에 필요한 신체언어를 구현하는 데 어려움을 겪는다. 또한 ASD 아동과 청소년은 사회적 기술을 갖지 못하는 상황에 처하게 되면, 큰 불안감을 느낄 수 있으며, 이는 보통 부정적이거나 의도치 않은 행동으로 이어지게 된다. 아동은 익숙하지 않은 상황이나 탐색할 수 있는 기술이 부족한 상황에 대한 생각만으로도 불안감이 커지고 이에 따라 의도치 않은 행동이 발생할 수 있다.

스틸먼(Stillman, 2007)은 사회적 상호작용 및 기능의 목록을 제시하였으며, ASD 아동과 청소년은 이 영역에서 다음과 같은 장애를 나타내는 경향이 있다.

- 아동의 일상생활에서 양육자 및 기타 중요한 사람들에게 애착을 표현하거나 나타낸다.
- 친구 사귀기에 관심 없는 것처럼 보이며, 실제 삶에서도 친구 만드는 방법을 모른다.
- 매우 부끄러워하거나 철회하는 것이 나타난다.
- 반어법, 풍자 및 기타 형태의 인간에 대한 이해와 인식이 부족하다.
- 다른 사람들에게 감정을 표현할 수 없거나 감정을 인식하지 못한다.
- 한 주제에 대해 너무 많이 이야기하는 경향을 보인다.
- 공개적으로 또는 다른 사람들과 무작위로 대화한다.
- 셔츠를 씹거나 손을 까닥거리는 등의 사회적 상황에서 자극적인 행동을 수행한다.
- 실제 관계가 아니라 컴퓨터를 통해 다른 사람들과 교류하는 데 더 관심이 있고, 컴퓨터나 비디오 게임을 하는 데 대부분의 시간을 보내고 싶어 한다.
- 자기 나이의 아동들보다 어른들과 대화하기를 원하고 더 잘한다.

디엔스트만(Dienstmann, 2008)은 사회적 기술을 가르쳐야 한다고 주장했다. 사회적 기술이 발달하지 않은 아동에게 이것이 마술처럼 나타난다는 생각은 잘못된 오해이다. 연구들은 증거기반 치료 방법으로 사회적 기술 훈련을 지지하고 있다. 사회적 기술은 기술이라는 것을 기억하는 것이 중요하다. 모든 사람은 어떤 시점에서부터 지속적으로 학습되고 있다. 아동이 현재 사회적 기능과 관련하여 어떤 시점에 있든지 추가적인 사회적 기술을 습득할 수 있다. 발달놀이치료는 ASD 아동과 청소년들이 가정환경에서 부모를 통해 사회적 기술을 더욱 발전시킬 수 있다고 본다. 사회적 기술을 훈련할 수 있는 기회는 일상생활에서 매일 발생하며, 부모는 일상 상황을 활용하여 사회적 기술을 훈련하는 데 필요한 일관성과 반복을 제공할 수 있게 된다.

발달놀이치료는 현재 시점에서 사회적 기술이 부족한 ASD 아동과 청소년에게 사회적 기술과 기능을 교육한다. 아동은, 먼저 현재 어떤 사회적 기술을 보유하고 있으며 어떤 기술이 부족한지를 평가한다. 평가는 부모 또는 양육자가 발달놀이치료 사회적 기술 목록을 완료한 뒤 치료사의 관찰을 통해 이루어진다. 개인의 사회적 기술 결함이 평가되면, 지시적 놀이치료 기법이 개선되어야 할 각 부분에 적용된다. 내담아동은 치료사의 면담실 또는 놀이치료실에서 수행되는 몇 가지 지시적 놀이치료 기법을 통해 사회적 기술을 배운다. 이후 지시적 놀이치료에서 습득한 사회적 기술은 가정에서 부모가 자녀와 함께 연습하도록 가르친다.

3) 관계 맺기(관계성 발달)

ASD 및 기타 신경 발달장애 아동은 관계를 맺는 감각을 가지고 있지만, 갑작스럽게 양육자와 분리되고 새로운 사람으로 대체되면 제대로 작동이 되지 않을 수 있다. 즉, 아동들은 의미 있는 방식으로 관계를 맺고, 이를 표현하는 데 어려움이 있어 사회적으로 일반적인 수용 방식으로 관계 맺는 것에 힘들어 한다.

코플랜(Coplan, 2010)은 ASD 및 기타 신경 발달장애 아동이 출생 시부터 영아기에 눈맞춤의 경험 부족, 유아기에 상호작용 놀이의 어려움, 학령기에 타인의 관점에서 사물을 볼 수 있는 능력 부족 등 명백한 상호교환성의 부족을 보인다고 말하였다.

린더맨과 부스(Lindaman & Booth, 2010)는 ASD 아동이 대인관계에 참여하거나 연결하는 데 나타나는 몇 가지 어려움을 다음과 같이 설명하고 있다.

- 감각 및 운동 협응과 관련된 어려움으로 인해 관계에 대한 동기를 설정하기 어렵다.
- 다른 사람의 행동을 모방하고 예측하는 능력이 떨어진다.
- 언어적 · 비언어적 의사소통의 어려움과 감정, 생각 및 바람을 식별하기 어렵다.
- 정보를 다르게 수신하거나 처리하기 어렵다.
- 부모가 자녀를 적절하게 조율하고 이해하고 반응하는 데 어려움을 겪으면서 아동의 행동은 더 철회될 수 있다.

ASD 또는 기타 발달장애 아동에게 관계 맺기의 결핍과 진정한 관계의 의미를 느낄 수 있게 하는 것은 부모들에게 가장 큰 숙제 중 하나일 수 있다. 자녀와 부모 사이에 일어나는 일은 결코 과소평가될 수 없으며, 부모는 자신과 자녀 사이에서 관계를 느끼고, 그 관계를 통해 자녀는 출발하게 된다. 아동들은 건강하고 적절한 방법으로 관계 맺는 것을 배워야 한다. 레이(Ray, 2011)는 아동들이 타인과 친밀감을 가질 때 그들에게 따뜻함을 보이게 되며, 편안한 어른에게 도움을 구하고 가까운 관계에서 즐거움을 나타낸다고 말하였다.

이 책에서 설명하는 관계 맺기 및 관계성 발달 개입은 아동과 양육자 간의 관계성을 높이기 위해 고안되었다. 즉, 아동과 다른 중요한 관계 간의 관계성 발달을 증가시키고, 아동과 청소년에게 다른 사람을 참여시켜 관계 맺기에 성공하는 방법을 가르친다. 그리고 아동과 청소년이 더 큰 관계 맺기와 관계성 발달 기술을 습득할 수 있도록 재미있고 자연스러운 놀이기반의 분위기를 제공하게 된다.

이 책의 관계 맺기 및 관계성 발달 개입은 단순한 것에서 복잡한 것까지 다양하게 구성되어 있다. 치료사는 활동하는 아동의 기능 수준과 연령을 고려해야 하며, 아동의 수준에 맞는 개입을 선택해야 한다. 기능 수준이 낮은 아동은 가장 기본적인 관계 맺기 개입으로도 어려움을 겪을 수 있으므로, 가장 낮은 수준으로 시작하게 할 수 있다. 아동의 수준을 다루고, 아동과 함께 발전하는 것이 중요하며, 아동 또는 청소년이 불편해하거나 수준을 벗어난 관계 맺기 개입에 참여하게 될 경우, 그들은 '자포자기' 행동을 하게 되며, 향후 관계 맺기 개입에 참여하는 데 더 힘들어할 수 있다.

ASD 및 기타 신경 발달장애 아동과 청소년은 일반적으로 타인과 더 큰 관계에 대한 욕구를 나타내거나, 그들이 편안하다고 느끼는 수준의 더 깊은 관계 경험을 요구하는 것처럼 보이기도 한다. 결과적으로, 이러한 문제를 가진 아동들은 대부분의 사람이 원하는 수준의 관계 맺기 및 관계성을 경험하지 못하고 있고, 원하는 수준의 관계 맺기를 달성하는 데 기술 수준이나 능력이 부족하다.

치료사와 부모는 의미 있는 관계 맺기를 경험하게 하고, 이를 유지하는 데 필요한 아동의 기술 수준과 능력을 향상시키도록 고안된 놀이기반 개입을 실천함으로써 아동과 청소년이 관계성을 발달시킬 수 있도록 돕는다. 아동과 청소년은 자신만의 관계 맺기 기술과 관계에 대한 편안함의 수준에 따라, 각자 다른 목표를 갖게 된다. 비전형적이든 신경발달적이든 모든 사람이 관계성 발달에 있어 동일한 욕구와 기술 수준을 가질 필요는 없다. 각 아동과 청소년이 관계능력에 필요한 일반적인 기능 목표 설정과 다른 사람들과 더 나은 관계를 맺거나 관계성 발달을 위한 수준을 결정하는 데 주관적일 수 있다.

발달놀이치료 관계 맺기는 부모와 자녀가 함께 관계 맺기 및 관계성 발달을 촉진할 수 있는 지시적 놀이치료 기법을 만드는 데 중점을 둔다. 이 기법들은 부모와 자녀 모두에게 재미있으며, 아동들이 관계 맺기와 관계성 발달 기술을 배울 수 있도록 구성되었다.

관계 맺기 구성 요소와 관련하여 부모가 정서조절 및 사회적 기술과 관련된 지시적 놀이치료 기술을 구현할 때 관계 맺기 작업이 진행된다는 점에 유의해야한다. 관계 맺기 목록을 구체적으로 다루지 않더라도 부모가 이 영역에서 작업할 때, 일부 관계 맺기 작업이 자연스럽게 생성된다. 따라서 관계 맺기는 실제로전체 발달놀이치료 과정에서 다루어지고 개발되고 있다.

3. 발달놀이치료의 이차 목표

발달놀이치료의 프로토콜은 세 가지 주요 목표뿐 아니라 불안 감소, 감각처리, 행동 변화를 포함한 세 가지의 이차 목표를 가지고 있다. 파커와 오브라이언(Parker & O'Brien, 2011)의 일부 연구에 따르면, ASD 아동과 청소년은 우울증과불안이 높은 것으로 나타났다. ASD 및 기타 발달장애 아동과 청소년은 종종 불안감이 심해지면, 조절장애와 의도치 않는 행동을 하게 된다. 많은 불안은 기술발달의 부족으로 인해 발생한다. 종종 이 아동과 청소년은 사회적 상황을 다루는 데 충분한 기술이나 자신의 감정을 관리하는 데 필요한 기술이 부족하다. 적절하고 구체적인 놀이기반 개입이 시행될 때, 아동과 청소년은 다양한 환경에서필요한 기술을 배우고 이를 통해 스스로 정서를 조절할 수 있게 된다.

감각처리는 시각, 청각, 촉각, 미각, 후각, 전정 및 고유 수용 자극 등 아동이지속적으로 감각을 통해 수신하는 모든 자극을 포함한다(Obrey & Barboa, 2014). ASD 아동과 청소년은 종종 감각처리 문제로 어려움을 겪는다. ASD 아동과 청소년은 특히 일곱 가지 감각 중 하나 이상의 감각에 극도로 자극적인 반응을 나타낼 수 있다. 또한 감각자극을 처리하는 데 필요한 극도의 민감성과 어려움은행동 붕괴를 쉽게 초래할 수 있다. 크로스(Cross, 2010)는 일곱 가지 통합 감각을고려하여 계획된 놀이 경험을 통해 아동들이 놀이와 학습에 대한 어려움을 극복할 뿐 아니라 그들의 능력을 향상시키고 한계를 능가할 수 있다고 말하였다.

본(Vaughan, 2014)은 모든 행동이 메시지라고 말하였고, 그것은 아동이 생각하고 느끼는 것에 대한 그림을 그리고 세상에서 정보를 어떻게 처리하고 있는지를 반영한다고 하였다. ASD 아동과 청소년들은 일반적으로 조절장애를 가지고 있으며, 의도치 않은 행동을 보인다. 이들의 경우, 조절장애는 무수한 기술 결함과 환경 조건에 의해 영향을 받을 수 있다. 밀러와 스미스(Miller & Smith, 2014)는 전환 및 취급의 어려움, 감각처리 문제, 사회적 요구와 기대에 대처할 수 없거나, 감정 상태를 조절할 수 없는 등 다양한 조건으로 인해 조절장애가 발생할 수 있다고 말한다. ASD 아동 중, 특히 조절되지 않는 상태에서 발생하는 대부분의 의도치 않은 행동은 비자발적이며, 사회적 및 의사소통 기술의 부족에서 나타났다고 본다.

발달놀이치료는 구성된 발달놀이치료 프로토콜을 통해 불안 감소, 감각처리 및 행동 변화의 이차 목표 영역을 해결한다. 특정 정서조절 요소가 있는 지시적 개입은 아동이 정서적 상태를 조절하고 감소시키는 데 도움이 된다. 사회적 기술의 개입은 아동이 다양한 사회적 상황에 대한 기술을 습득할 수 있도록 도와줄 뿐만 아니라, 이러한 기술을 보유하면 불안을 줄이고 조절이 어려운 상태를 피할 수 있도록 아동을 도와준다. 많은 발달놀이치료의 관계 맺기 및 정서조절 개입은 감각처리 요소가 통합되어 있다. 세 가지 주요 목표 영역에서 기술이 향상되면 불안 감소 및 감각처리 능력이 생겨 의도치 않은 행동이 개선된다.

4. 발달놀이치료의 치료 단계

1) 접수 및 평가 단계

발달놀이치료의 접수 및 평가 단계는 일반적으로 4회기 동안 지속된다(부록에서 치료사를 위한 접수 및 평가 핸드북이 제공된다).

1회기는 접수를 위한 부모와의 회기이다. 일반적으로 아동은 이 회기에 참여하지 않으며, 치료사는 필요한 모든 서류를 작성하고 문제 파악 및 가족 배경에 관한 정보를 얻기 위해 부모와 만나게 된다. 치료사는 치료 과정과 발달놀이치료의 개입 방식을 설명한다. 치료사는 부모에게 발달놀이 정서조절 목록, 발달놀이 사회적 기술 목록, 발달놀이 관계 맺기 목록 및 발달놀이 목록 평가를 제공한다. 치료사는 필요시 부모에게 추가 목록을 제공할 수 있다. 유용한 추가 목록은 무료로 제공되며 www.autism.com에서 온라인으로 인쇄하여 채점할 수 있는 자폐증 치료 평가 척도(ATEC)가 포함된다.

2회기는 치료사가 아동와 일대일로 참여한다. 치료사는 아동과 만나 관계를 설정하고 아동이 치료를 익숙하고 편안하게 느끼도록 돕는다. 치료사는 동시에 비공식적으로 아동을 관찰 및 평가한다. 일반적으로 이 과정은 놀이치료실에서 이루어진다. 치료사는 발달놀이 아동 관찰 양식을 사용하여 아동의 기술과 기능 수준을 개념화한다. 치료사와 아동은 일반적으로 약 45분 동안 전체 회기의 관찰 시간에 참여한다. 치료사는 발달놀이 아동 관찰 양식에 대한 질문을 작성하는 것뿐만 아니라 관계 맺기 및 관계성 발달에 중점을 두어야 한다.

3회기는 부모와 아동 모두를 포함한다. 치료사는 놀이치료실에서 아동과 부모를 함께 관찰하며, 기관의 상황에 따라 치료사는 모니터 또는 양방향 거울(특수거울)을 통해 관찰한다. 이렇게 관찰할 수 없을 경우, 치료사는 놀이치료실의 한 구석에 머물면서 관찰을 시도할 수 있다. 아동과 부모의 관찰은 약 25분 동안 지속되며, 치료사는 남은 시간 동안 부모와 만나 관찰 내용을 검토하고 질문에 답변할 수 있다. 아동이 대기실에 머무를 수 없는 경우, 치료사는 부모와 치료사가 만나는 동안 아동을 돌볼 수 있는 장소를 3회기 전에 부모와 상의해야 하며, 치료사는 발달놀이 아동/부모 관찰 양식을 작성하여 아동의 기술과 기능 수준을 개념화한다.

관찰에는 자녀의 부모 모두 또는 자녀의 한부모를 모두 포함시킬 수 있다. 부모는 관찰에 대해 염려할 수 있기 때문에, 치료사는 부모가 편안하게 느끼고 평소에도 집에서 하는 일을 자유롭게 할 수 있으며, 아동을 안전하게 지키는 것 외에는 제한이 없다고 설명해야 한다. 관찰은 약 25분 동안 지속되며, 남은 시간은 재조사하고 관찰을 논의하는 데 소비될 것임을 부모에게 설명한다.

부모는 3회기에 의해 치료사로부터 받은 모든 목록을 작성하고 제출해야 한다. 3회기와 4회기 사이에서 치료사는 부모가 작성한 목록과 관찰 양식을 검토해야 한다. 치료사는 발달놀이치료 치료 계획 프로파일을 작성하여 어떤 대상 영역과 특정 기술을 다루어야 하는지 선택해야 한다. 그 후 치료사는 목표 영역 및 선택된 특정 기술 작업에 사용할 지시적 치료 기법을 선택하게 된다.

4회기는 상반기 동안 아동과 치료사가 관계를 계속 구축하고 아동이 친숙해지고 편안하게 느끼도록 돕는다. 회기의 후반부에서는 치료 계획을 검토하고 치료의 지시적 놀이치료 단계를 설정하기 위해 부모와 논의하게 된다. 치료사는 치료 과정, 치료 구성 요소와 어떤 특정 기법을 다룰 것인지, 어떻게 치료를 진행할 것인지를 설명해야 한다. 부모님과 대화하게 되며, 치료사는 부모가 치료 계획에 동의하는지 확인한다.

4회기가 진행되는 동안 치료사는 부모와 자녀 사이에서 교차 회기가 어떻게 진행될지를 부모와 함께 정해야 한다. 치료사와의 회기 시간은 자녀와 부모 사이에서 번갈아 나타난다. 이것은 여러 가지 방법으로 일어날 수 있는데, 가장 일반적인 방법은 일주일 한 주는 부모와 만나고 다음 주는 아동과 만나는 것이다. 일주일에 두 번 만날 수 있다면 한 번은 아동과 함께하고 다른 한 번은 부모와 함께할 수 있다. 또 다른 방법은 회기 시간을 나누어서 매주 부모와 아동을 만나는 것이다. 이를 설명하고 논의할 주기를 결정해야 한다.

2) 지시적 놀이치료 단계

접수 및 평가 단계에서 기본적인 지시적 놀이치료에 대한 설정이 끝났다면, 지시적 놀이치료 단계가 시작된다. 5회기에서는 치료사가 부모상담 시간에, 아동과 함께 놀이하면서 가르치게 될 기술에 대해 설명한다. 치료사는 이를 가정에서 어떻게 구현할 것인지에 대해 논의하며, 아동상담이 끝난 후 부모에게 자녀와 함께할 일에 대해 프로토콜을 제공한다. 치료사는 아동과 회기를 갖고, 부모는 치료사가 아동과 회기를 갖고 회기에서 아동과 함께 기술을 설명하고 연습할 때까지 집에서 이 기술을 실제로 구현하지 않는다.

6회기는 아동과의 회기이다. 아동은 지시적 놀이치료 기법을 배우고 기술은 회기에서 연습하게 된다. 치료사는 아동에게 부모님이 앞으로 2주 동안 가정에서 기법을 사용할 것이라고 설명한다. 회기가 끝나면 치료사는 부모에게 그들이 가정에서 이 기술을 구현할 것이며, 이를 치료사가 알고 있음을 상기시킨다. 부모와 아동이 함께하는 회기와 놀이치료 기법을 가르치는 회기를 번갈아 반복하는 것은 지시적 놀이치료 단계의 주요 사이클이다. 이는 치료 목표가 달성될 때까지 계속된다. 가능한 한, 치료사가 상담 중인 아동과 함께 가정에서 지시적 치료 기법을 수행하는 방법을 부모에게 가르쳐야 한다. 놀이 활동 특성상, 가정 환경에서 할 수 없어 치료사가 아동과만 진행하는 지시적 놀이치료 기법이 있을 수 있지만, 그것은 소수이다. 놀이치료 기법의 대부분을 부모에게 교육해야 하며, 이는 가정으로 옮겨져야 한다.

지시적 놀이치료의 개입 기간은 다양하다. 지시적 놀이치료 개입 단계에서 소요되는 시간은 자녀가 시작하는 기능 및 기술 수준과 부모가 참여하는 수준에 따라 달라진다. 기술 수준이 높을수록, 부모 참여가 많을수록, 지시적 놀이치료 개입 단계가 더 빨리 진행된다. 지시적 놀이치료 개입에 대해 정해진 회기의 수가 없음을 부모에게 미리 알리는 것이 중요하다. 단일사례 연구설계에 참여한 아동들은 6개월 후 정서조절 능력, 사회적 기술 발달 및 관계 맺기의 세 가지 발달 놀이 구성에서 현저한 개선을 보였다. 이것은 지시적 놀이치료 개입의 종결을 나타내는 것이 아니라 치료 목표에 대한 개선 및 진행을 보여 준다.

치료사는 치료 목표를 달성하고 추가적 치료 목표의 필요성을 평가하기 위해, 평가 진행을 구현하고 주기적으로 재평가해야 한다. 한 가지 방법은 부모가 1회기에서 업데이트된 목록을 완성하고 초기 목록과 현재 목록의 수준을 비교하는 것이다. 개선이 이루어지고 치료 목표가 달성되고 있다면, 부모 회기를 한 달에 한 번으로 줄이고 아동과 더 많은 회기 시간을 갖는 것이 적절할 수 있다. 부모가 대부분의 기술을 배우고 집에서 기술을 적극적이고 정확하게 구현하는 경우, 치료가 종결될 때까지 부모와의 회기 시간을 한 달에 한 번으로 제한할 수 있지만, 치료가 끝날 때까지 부모와의 시간은 일정 수준을 유지해야 한다. 치료사는 매 회기마다 아동과 부모를 함께 만나거나, 회기를 절반으로 나누어 전반은 아동과, 후반은 부모와 만나는 것도 가능하다.

3) 종결 단계

발달놀이치료 계획을 가이드로 사용하여 치료사와 부모는 치료 목표가 언제 달성되었는지를 평가한다. 이 시점에서 종결 단계가 시작된다. 종결 단계는 일반적으로 세 개의 회기로 구성된다.

종결 단계의 1회기는 부모와 함께 치료 계획을 검토하고, 치료 목표가 적절하게 달성되었으며, 다른 치료 목표가 없는지 평가한다. 초반에는 지시가 진행되는 동안 치료사와 부모가 새로운 목표가 추가된 것을 검토하고, 목표를 달성한 부분과 달성해야 할 새로운 목표가 없음을 확인하기 위해 치료사와 부모가 만나게 될 때 종결 단계가 시작된다. 치료사는 부모가 배운 내용과 이를 유지하는 방법을 검토하게 된다. 치료사는 부모에게 습득한 기술과 지속적으로 기술을 유지하는 것이 중요함을 강조해야 한다.

종결 단계의 2회기는 아동과의 회기이며, 치료사는 아동에게 회기가 끝나고 아동과 함께 배운 것을 검토할 것이라고 설명한다. 치료사는 아동이 얻은 기술을 계속 사용할 수 있도록 권장하고, 다음 회기가 마지막 회기가 될 것이며, 졸업 파티에 부모님을 포함시킬 것임을 아동에게 설명한다.

종결 단계의 3회기는 마지막 회기이며, 부모와 아동 및 아동이 초대하고자 하는 다른 가족 구성원을 포함시킨다. 이 회기는 아동을 위한 졸업 파티이며, 강조점은 긍정적이고 재미있어야 한다는 데 있다. 또한 아동이 얼마나 많은 것을 성취했으며 현재 치료를 졸업한 것에 중점을 두어야 한다. 일반적으로 파티는 치료사 면담실, 놀이치료실 또는 파티 장식 및 풍선으로 장식된 공간에서 열리게 되며, 졸업케이크가 제공되고, 작은 졸업선물, 추가 음식 등이 포함될 수 있다. 졸업 파티에는 적절한 작별 인사가 진행되며, 문의사항이 있거나 아동이 치료를 재개해야 하는 경우에는 언제든지 치료사에게 문의할 수 있음을 알린다.

5. 부모훈련

발달놀이치료는 부모훈련을 통해 가정에서 부모가 지시적 놀이치료 기법을 수행할 수 있도록 하게 한다. 부모는 기법에 대한 절차와 기법을 배우고 아동의 기술과 능력 수준을 높이기 위해 가정에서 기법을 구현하는 방법을 보여 준다. 3회기 또는 4회기에서, 치료사는 부모와 아동 사이에서 회기를 번갈아 시작한다. 이것은 부모와 일주일을 만나고 다음 주에 아동과 만나거나, 일주일에 부모와 자녀를 함께 두 번 만남으로써 이루어지기도 한다. 경우에 따라 부모와 자녀가 같은 회기에 함께 참여하여 동시에 개입을 배울 수도 있다. 기술 개입을 교육할 때 아동과 함께 참여하기에 적합하지 않은 주제가 있을 수 있으므로, 부모와 자녀를 함께 참여시키는 것은 신중하게 고려해야 한다. 일정은 예약 및 비용과 같은 여러 요소에 따라 달라질 수 있지만, 부모를 적절히 훈련시키기 위해서는 부모 모두든 한부모든 반드시 참여해야 한다.

부모 회기 동안, 치료사는 가정에서 상황이 어떻게 진행되는지 검토하고 부모가 실행한 기술에 대하여 수시로 점검해야 한다. 또한 치료사는 가정에서 시작하는 새로운 기술과 새로운 과제를 부모와 상의해야 한다. 부모 회기 동안, 치료사는 자녀를 양육하는 과정에 대해 부모와 대화하는 것이 일반적이다. 종종 치료사는 발달장애 아동을 양육하는 데 있어 어려움이나 고민에 대해 부모의 말을 듣고 상담하게 된다. 이것은 필요한 요소일 수는 있지만 정규 회기에서 이루어져서는 안 된다. 부모 회기는 부모가 아동과 함께 집에서 해야 할 기술과 과제를 다루는 것이 중요하다. 부모가 혜택을 받거나 자신의 부부관계나 개인 상담이 필요한 것처럼 보일 경우 그에 맞는 개입을 따로 의뢰해야 한다.

발달놀이치료에서 부모의 참여와 관련한 궁극적인 목표는 부모가 치료사와 공동 변화 보조자가 되도록 하는 것이다. 부모는 설정된 치료 목표를 실행할 수 있는 방식으로 자녀와 함께하도록 격려와 지원 및 권한을 부여받아야 한다. 치료사는 부모와 함께 가정에서 자녀와 함께 지시적 놀이치료 기법을 수행하도록 훈련한다. 이러한 기술은 일반적으로 치료사가 정서조절 능력, 사회적 기술 발달 및 관계 맺기와 같은 세 가지 구성 요소를 발달시키는 데 도움이 되는 기술을 선택한다(부모가 기술 선택에 참여할 수 있음). 치료사는 치료 목표가 달성될 때까지 가정에서 기술을 구현하는 데 대해 부모와 계속 만나고 부모를 훈련시킨다. 일정 시간이 지나면 부모와의 만남을 한 달에 한 번으로 줄이는 것이 적절할 수 있지만, 치료가 종결될 때까지 부모와의 만남은 일정 수준으로 계속 진행되어야 한다.

가족의 개입은 치료사가 회기에서 아동과 함께하는 일을 모방하는 것이다. 치료사가 아동과의 회기에서 나와 내 감정에 개입하는 경우, 부모는 가정에서 이러한 개입을 수행하는 방법을 배우고 상담 과정 기간에 가정에서 개입을 완료할 수 있을 것이라는 격려를 받는다. 개입을 부모에게 가르치고 집으로 보낼 때에는 부모와 자녀에게 특정 교육을 제공하는 것이 가장 도움이 된다. 구체적인 예로 "다음 회기 전까지 나와 내 감정 개입을 세 번 완료하거나, 다음 회기 전까지 하루에 한 번 완료하세요." 등을 제시할 수 있다. 이러한 세부 시간을 제공하는 것은 부모가 더 잘 따라갈 수 있는 지침을 제공하고, 가정에서 더 효율적으로 개입을 완료할 수 있게 된다.

발달놀이치료에서는 부모교육 및 부모훈련 과정에서 많은 유연성을 제공한다. 두 명의 부모가 참여하는 경우 부모 모두 동시에 교육을 받거나, 부모교육에 한부모만 참여할 수 있다. '부모'라는 용어는 공식적으로 사용되지만, 부모 외에 누구든 부모훈련에 참여하게 된다. 이는 아동을 위한 기본적인 양육자로, 부모, 한부모, 조부모, 거주형 생활시설 관리자 또는 주로 자녀를 양육하는 사람일 수 있다. 또한 다른 가족이나 아동의 삶에 개입하는 다른 사람들을 참여시키는 것이 중요하다. 예를 들어, 아동에게 더 나이가 많은 형제자매가 있는 경우, 형제자매가 부모훈련 시간에 들어와 아동과 함께 가정에서 개입을 시행하는 방법을 가르칠 수 있다. 여기에는 조부모, 이모/고모, 삼촌 또는 아동과 적극적으로 소통하는 가족도 함께할 수도 있다.

단, 다른 가족 구성원을 참여시키기 전에 부모와 상의하고 적절성을 평가해야 한다. 다른 가족 구성원은 개입을 가르칠 수 있고 아동과 함께 일할 수 있으며 적절한 사람이어야 한다. 만약 다른 가족 구성원이 아동과 잘 어울리지 않는 것으로 보이면 해당 가족 구성원을 교육 과정에 통합해서는 안 된다. 적절하고 가능한 경우, 치료사는 다른 가족 구성원을 포함시켜 부모를 위한 추가 지원을 제공하고, 부모의 이행 책임을 완화시키며, 자녀가 다양한 사람과 기술 개발 작업을 일반화할 수 있도록 도와주어야 한다.

학교에서 일하거나 부모에게 접근할 수 없는 다른 환경에서 일하는 치료사에게는 아동과 함께 일하는 다른 전문가를 고용하는 것이 적절한 대안일 수 있다. 그 예로, 장애인 전문가, 교사 또는 인턴이 있을 수 있다. 목표로 한 명 이상의 사람을 포함시켜 아동이 치료사와 상담 시간 사이에 개입을 여러 번 연습할 수 있도록 하는 것이다. 이상적으로는 부모의 참여가 있을 수 있지만, 부모의 참여가 가능하지 않은 경우엔 다른 전문가를 고용하여 개입의 반복적인 실천이 이루어질 수 있도록 하는 것이 적절하다. 또한 유익한 전통적인 육아 기술을 부모훈련 회기에 포함시키는 것도 좋다. 예를 들어, 사랑과 논리, 마술, 자녀와 의사소통, 또는 자폐 스펙트럼 장애 또는 기타 발달장애 아동을 양육하는 데 도움이 되는 요소들이 포함될 수 있다. 많은 인기 있는 육아 프로그램은 신경발달장애 아동을 중심으로 구성되어 있으며, ASD 또는 기타 발달장애 아동에게는 도움이 되지 않는 내용이 있을 수 있다. 치료사는 ASD 아동과 다른 발달장애 아동을 양육하는 데 도움이 될 부분을 적용하기 위해 양육과 관련된 내용도 잘 이해하고 있어야 한다.

부모훈련 회기는 일정 수준의 행동수정 접근법을 다룬다. 이는 부모에게 자녀를 위한 주간 시간표를 작성하는 방법, 일관성 있게 적절한 결과를 결정하는 방법, 보상 시스템을 적용하는 방법 등이 포함된다. 발달놀이 상황행동 사정은 치료사, 부모 또는 아동의 행동을 관찰하는 타인에 의해 진행된다. 이 목록은 특정 행동을 유발하는 원인과 부정적인 행동을 줄이는 내용을 파악하는 데 도움이 될 수 있다.

치료사는 발달놀이에서 의도하지 않은 행동 목록을 사용하여 가정과 학교에서 어떤 유형의 행동 문제가 발생하는지 구별할 수 있다. 이를 통해 치료사는 원하지 않는 행동을 줄이기 위해 부모와 공유할 행동 변화 전략 또는 양육 방식을 식별할 수 있다. 행동 기법 전략, 특히 아동과 관련된 행동 전략을 모르는 치료사는 행동 기법에 더 익숙해지기 위해 독서, 추가 교육에 참여하거나 전문성 개발을 지속적으로 해야 한다.

1) 부모훈련 회기에 대한 치료사의 점검사항

- 가정에서 놀이치료 기법이 어떻게 진행되고 있는지 부모와 함께 검토하라. 부모는 얼마나 자주 기법을 실행했는가? 일은 순조롭게 진행되는가? 문제가 발생했는가? 관찰된 결과는 무엇인가? 아동이 참여하고 개입 방법을 통해 습득된 것이 있는가?
- 가정과 학교에서 보이는 아동의 행동을 수시로 점검하라.
- 부모가 할 수 있는 발달놀이, 가정에서의 행동, 양육 전략 또는 학교 문제와 관련된 모든 주제 또는 질문을 포함시켜라.
- 경우에 따라, 특정 양육 전략 또는 행동수정 기법을 가르쳐라.
- 다음 회기 전에 아동과 관련한 새로운 개입 방법을 부모에게 가르쳐라. 부모는 아동이 배우는 대로 배우고 있으므로, 치료사는 회기에서 아동이 새로운 개입 방법을 완료하면 가정에서도 시행할 수 있도록 동일한 개입 방법을 가르쳐야 한다.

2) 가정에서 실시하는 개입에 대한 고려사항

가정에서 실시하는 놀이치료 개입 방법은 발달놀이치료 과정의 중요한 부분이다. 그러나 집은 놀이치료실과 같지 않을 수 있기 때문에 가정에서 개입 방법을 구현하는 데 어려움이 있을 수 있다. 따라서 치료사는 개입에 대한 여러 가지 방해 요소를 함께 해결하고 최선을 선택할 수 있도록 부모와 상의해야 한다. 따라서 치료사는 부모가 집에서 개입 방법을 정확하게 이행하고 있는지 확인해야 하며, 집에서 개입이 실행되지 않을 경우, 치료사는 왜 이런 일이 발생했는지를 파악하여 부모가 가정에서 성공적으로 실행할 수 있도록 도와야 한다. 이를 위해 치료사는 개입 방법에 대해 구두로 제시할 뿐 아니라 직접적으로 부모에게 개입을 훈련시켜야 한다. 가정에서 실시하는 개입은 치료사가 아동에게 하는 상담 개입과 비교했을 때 상대적으로 더 잘 받아들이게 하거나 개입을 실행하기 어렵다. 따라서 부모 회기 중에 이를 평가하고 점검하게 된다. 이런 일이 생기는 경우, 부모는 가정에서 개입할 때 언제, 어디서, 어떻게 할 것인지를 치료사와 같은 방법으로 실시할 수 있도록 훈련해야 한다.

가정에서 발생할 수 있는 또 다른 어려움은 산만함과 혼란스러움이다. 가정의 상황은 치료사의 면담실이나 놀이치료실보다 덜 통제될 수 있다. 또한 집에서는 다른 자녀들이나 가족들이 있을 수 있다. 부모는 온전히 아동에게 개입하는 데 집중하거나, 이를 실행할 수 있는 공간과 시간을 찾기 어려운 경우가 많다. 이를 위해 치료사는 부모와 함께 해결하고 방해가 되는 것을 찾거나 방해가 가장 적을 수 있는 최선의 방법을 찾을 수 있도록 부모와 함께 노력해야 한다. 치료사는 부모가 훈련받은 개입 방법을 수정하여 실행할 수 있음을 인지하고 있어야 한다. 이는 제한된 시간 문제와 훈련 시 개입에 대해 완전히 이해하지 못하거나, 프로토콜을 기억하지 못하거나, 기타 여러 이유로 인해 발생할 수 있다. 치료사들은 이러한 문제를 해결하고 부모가 집에서 개입을 정확하게 실행하고 있는지 확인해야 한다. 가정에서 개입이 실행되지 않는 경우, 치료사들은 왜 이러한 일이 발생하는지 알아내야 하고 부모가 가정에서 성공적으로 실행할 수 있도록 최선을 다해 도와야 한다. 부모에게 개입을 훈련할 때, 치료사는 개입을 구두로 제시하고(개입에 대해 자세히 설명하거나 부모가 지시사항을 기록하게 함), 부모와 개입을 실제로 연습해야 한다.

이러한 사항이 잘 시행되었을 때, 가정에서도 올바른 개입이 구현될 수 있다. 때로 부모는 치료사가 면담실에서 아동과 함께 있는 것을 보는 것보다, 집에서 놀이 개입에 참여하는 데 더 어렵다고 느낀다. 이는 부모 회기 동안 개입에 대한 정보를 획득하고, 가정에서 적용해야 할 규칙들과 전략을 실행하는 모든 측면에서 부모와 함께 논의되어야 할 중요한 피드백 내용이 될 수 있다. 치료사는 아동에게 이 문제를 다루고 더 공식적으로 아동에게 부모가 집에서 부모와 함께 참여할 것이며, 다음 회기로 돌아와서 어떤 매체를 가지고 집에서 부모와 함께할지에 대해 말한다. 부모는 집에서 다양한 놀이 개입을 실행하는 데 필요한 매체를 준비하는 데 어려움을 겪을 수 있다. 부모가 필요한 매체를 준비하는 데 어려움을 겪고 있다면, 치료사는 필요한 매체를 거의 또는 전혀 필요로 하지 않는 개입을 제공하거나, 부모에게 필요한 매체를 얻기 위한 아이디어를 제공해야 한다.

　발달놀이 훈련에서 발생하는 일반적 문제는 부모가 개입에 참여하지 않을 때의 상황이다. 여러 상황에 의해, 치료사는 가정에서 개입 실행에 참여하지 않는 부모를 만나게 된다. 부모의 참여 부족은 여러 가지 이유로 나타날 수 있다. 부모가 너무 바쁠 경우, 부모는 좋은 자원을 가지고 있지만, 너무 바쁜 일상으로 인해 개입 일정을 잡기가 어려울 수 있다. 또는 개입이 도움이 되지 않을 것이라 생각하거나 다른 여러 이유가 발생했다면, 치료사는 부모의 참여 부족을 일으키는 원인을 찾아 문제를 해결하려 노력해야 한다.

　많은 노력에도 불구하고 부모의 참여가 부족할 경우일지라도 치료사들은 계속해서 아동과 함께 개입하며, 가능한 한 많은 도움을 주기 위해 노력해야 한다. 치료사는 부모 대신 아동과 함께 개입할 수 있는 인턴이나 다른 전문가를 고용하거나 하는 방법으로 매주 여러 차례의 회기를 가질 수도 있다. 부모의 참여는 발달놀이치료를 온전히 구현하는 데 중요한 부분이지만 여러 가지 이유로 부모 참여가 없을 수 있다. 아동은 자신의 필요를 더 잘 충족시킬 수 있는 다른 유형의 전문 치료사들을 통해서도 도움받을 수 있다.

3) 부모의 참여가 부족할 때에 대한 프로토콜

- 공감, 격려 및 지원을 제공하라. 부모를 존중하고 치료사와 공동 변화 대행로 설정하라.

- 참여 부족을 유발할 수 있는 사항들을 점검하고 해결하라. 참여 부족을 일으키는 문제를 해결하기 위해 부모와 협력하라.
- 부모 참여를 포함하여 자폐증을 위한 최선의 치료 방법에 대해 부모를 교육하라.
- 부모에게 권한을 부여하고 부모에게 자녀와 함께 일하고 도울 수 있는 평생 도구를 제공하는 것의 중요성에 대해 교육하라.
- 부모의 참여가 없으면 발달놀이치료 과정이 치료 목표에 도달하는 데 훨씬 느려질 것임을 교육하라.
- 다른 가족 구성원이 치료에 참여하고 가정에서 아동과 함께 활동할 가능성에 대해 부모와 상의하라.

자폐 스펙트럼 장애 또는 기타 발달장애 아동의 부모는 종종 자기관리를 위한 휴식이나 기회가 거의 또는 전혀 없는 상태에 놓여 있다. 동시에 높은 수준의 집중과 돌봄이 필요한 일상생활에 처해 있게 된다. 일부 연구에 따르면, ASD 자녀를 둔 부모의 스트레스와 불안 수준은 외상 후 스트레스 장애(PTSD)를 가진 사람의 수준과 거의 같다고 말한다. 부모훈련 중에서 일반적인 면담은 부모와 함께 자기관리에 대해 이야기를 하는 것이다. 일부 부모들은 자기관리의 이점과 필요성을 이해하고, 이미 자신의 생활에서 정기적인 자기관리를 하고 있다. 그러나 다른 부모들(안타깝게도 다수의 부모)은 자기관리의 모습과 자기관리를 삶에 적용하는 방법을 이해하지 못하고 있다. 발달놀이에서 부모의 자기관리 목록은 부모를 위한 자기관리 자원과 방법을 찾는 데 유용하게 사용될 수 있다. 치료사는 부모가 자기관리 문제를 해결하고, 현재 자기관리 자원과 방법들을 실행하고 있는지 확인하고, 그렇지 않은 경우 부모와 함께 자기관리 자원과 전략을 세워야 한다.

6. 따라가기 접근(기능 및 기술 장애가 심각한 아동의 경우)

지시적 놀이치료 기법은 발달놀이치료 과정의 핵심이다. 대부분의 지시적 놀이치료 기법을 사용할 때는 아동의 연령과 기능 수준에 따라 더 단순하거나 복잡하게 조정할 수 있다. 단순함에서 복잡함으로의 조정은 아동과 청소년이 기술 수준을 향상시키는 데 기술 내용의 질적인 차이는 없다.

ASD 경향이 있는 아동과 청소년들은 중증 장애에서 경미한 장애까지 기능과 기술을 스펙트럼으로 나뉜다. 중증 장애가 있거나 기능 수준이 낮은 아동 및 청소년들은 지시적 놀이치료 기법에 적응하고 참여하는 데 어려움을 겪을 수 있다. 이들을 위한 기술은 더 단순화되어 있는 '따라가기(Follow Me Approach) 접근'이 적절할 수 있다.

따라가기 접근은 지시적 놀이치료 기법에 초점을 맞추어, 참여할 수 있는 기능 수준을 가진 아동들에게도 함께 사용할 수 있다. 접수 및 평가 단계에서 관찰 및 평가를 통해 아동이 따라가기 접근이 필요한 수준에 있게 되면 치료사에게는 더 명확하게 나타난다. 이 경우 따라가기 접근은 더 많은 지시적 개입이 실행되기 전까지 각 회기마다 구현되는 주요 기술이다. 부모들은 집에서 따라가기 접근 놀이 시간을 수행하는 방법을 배우고, 따라가기 접근을 실행하는 동안 치료사는 지속적으로 더 많은 지시적 기법을 구현하는 방향으로 진행하게 된다.

1) 따라가기 접근이란 무엇인가

따라가기 접근은 관계성 발달, 기술 발달에 초점을 맞추고 있으며, 지시에 집중하지 못하고 완료하지 못하는 수준에서 치료사와 부모의 지시 기법에 아동이 완전히 참여할 수 있도록 하게 한다.

치료사와 아동은 전형적인 놀이치료실에 참여하게 되고, 아동은 치료사로부터 지시를 받지 않게 된다.

치료사는 아동을 따라 치료실 주의로 아동과 함께 움직이며 활동 종류에 관계없이 아동과 교류한다. 치료사는 아동이 활동을 주도할 수 있게 하면서도 항상 아동이 하는 활동에 관여한다. 아동이 행동 전환이 있으면 치료사도 전환되며, 치료사는 눈맞춤, 언어 표현 또는 다른 것을 통해 아동과 연결할 수 있는 기회를 지속적으로 찾는다. 아동이 한 놀잇감이나 활동에서 다른 놀잇감이나 다른 활동으로 전환함에 따라 치료사는 아동과 함께 전환된다. 회기 전체에서 치료사는 아동의 행동을 반영하고 추적하며, 아동의 안정감을 찾을 수 있도록 하게 한다. 따라가기 접근에서는 아동과 신체 공간을 공유할 뿐 아니라 아동과 주의, 감정 및 이해를 공유하는 것이 중요하다. 일부 ASD 아동은 처음에 따라가기 접근을 불편해하고 치료사를 자신을 방해하는 사람으로 생각하여, 자신이 하고 있는 일에 관여하려는 행동에 대해 동요될 수 있다. 이럴 경우, 치료사는 참여를 중단하고 단순히 반영하거나 추적하는 진술을 통해 아동과 함께 있음을 표현한다. 아동이 편안하다고 느끼면 치료사는 아동이 참여하는 것을 시작할 수 있다. 따라가기 접근에 참여하는 아동의 일반적인 회기 시간은 약 25분이며, 나머지 시간은 부모와 함께 진행된다.

　　부모가 따라가기 접근을 배울 때에는, 치료사는 회기에서 아동과 함께 따라가기 접근을 수행하는 것을 보게 하는 것이 도움이 된다. 부모는 치료사가 아동과 함께하는 따라가기 접근 회기를 관찰하게 되며, 부모가 집에서 실행할 때에는 매일 약 25분 동안 따라가기 놀이 시간을 갖도록 하게 한다. 이것은 이상적인 시나리오로서, 부모와 치료사는 가정에서 할 수 있는 시간과 횟수를 유연하게 조정해야 한다. 놀이 시간을 결정할 때는 아동의 참여 능력을 고려해야 한다. 치료사는 부모와 함께 진행하는 동안 따라가기 접근이 어떻게 가정에서 실행되는지 부모와 함께 점검하고 부모가 가질 수 있는 의문이나 문제들을 해결한다. 치료사는 아동과 회기를 진행하는 동안, 따라가기 접근을 시행하면서도 직접적인 놀이치료 기술을 도입할 기회를 지속적으로 모색해야 한다. 이는 아동이 어떠한 지시적 놀이치료 기법에 참여할 수 있는지를 확인하고 점검하기 위한 시간이다. 아동이 잘 반응하게 되었을 때에는 치료사가 계속해서 더 많은 지시적 놀이치료 기법을 도입할 수 있다. 그러나 아이가 잘 반응하지 않을 때에는 따라가기 접근을 계속 진행하며, 직접적인 지시적 놀이치료 기법을 도입할 기회를 지속적으로 찾는다.

　치료사들은 아동이 지시적 놀이치료 기법에 참여할 수 있을 정도로 아동의 기능 수준이 향상되는 시점을 지속적으로 탐색하고 있어야 한다. 아동은 따라가기 접근에 무기한적으로 머물러서는 안 된다. 따라가기 접근은 아동이 보다 직접적인 놀이치료 기법에 참여하도록 하는 접근법이다. 일반적으로 아동이 따라가기 접근을 시행할 수 있는 기능 수준에 있는 경우, 아동은 발달놀이치료 외에 다른 치료적 개입이 필요할 수 있다. 이러한 치료에는 작업치료, 언어치료, 응용행동분석 개입이 포함될 수 있다.

2) 따라가기 접근 방식

　이 기술은 아동의 발달 및 기능 수준이 지시적 치료 기법에 적용할 수 없을 때 주로 사용된다. 치료사는 아동에게 놀이치료실을 소개함으로써 시작한다. 치료사는 아동에게 "이것은 놀이공간이며, 네가 여기에서 좋아하는 것을 할 수 있고, 난 너와 함께 있을 거야."라고 설명한다. 규칙이나 제한의 설정은 없으며, 아동은 놀이치료실을 돌아다니며 좋아하는 것을 가지고 놀거나 참여할 수 있다.

　아동은 원하는 대로 한 놀잇감에서 다른 놀잇감으로 전환할 수 있다. 아동이 주도하고, 치료사는 아동을 따르고 아동이 무엇을 하든지 참여하도록 노력한다. 아동이 놀고 있을 때, 치료사는 다음을 시도하게 된다.

- 추적하기 및 반영하기
- 질문하기
- 아동의 놀이 활동에 참여하려고 노력함
- 기술 발달, 특히 눈맞춤, 상호적 놀이, 치료사를 인식하기, 질문하고 대답하기와 같은 조율 기술의 향상을 찾음

- 치료사 주도의 지시적 게임 또는 활동에 아동을 참여시킬 기회를 찾음
- 추적하기 및 반영하기를 통해 아동과의 관계를 발전시키고 자녀와 함께하며 제한을 설정하기

추적하기 및 반영하기는 아동의 존재를 알리고, 더 나은 관계성 발달을 가능하게 하기 위해 간헐적으로 수행되어야 한다. 추적하기는 아동이 하는 일에 대한 간단한 진술적 표현이다. 추적하기의 일부 예시는 "모래 놀이가 끝났고, 이제는 인형을 가지고 놀아." 또는 "정말 힘들게 부수고 있어." 등이 포함한다. 치료사는 자신이 인식한 느낌이 아동에게서 오는 것임을 확인하기 위해 반영적 진술을 하게 된다. 아동의 반영하기의 일부 예시는 "거품을 불면 기분이 좋아져." 또는 "차가 움직일 때 마음에 들지 않아." 등이 있다.

치료사는 정기적으로 아동에게 질문을 해야 한다. 질문의 예시는 "집에 형이 있니?" "블록을 가지고 놀고 싶니?" 또는 "그건 무슨 색이야?" 등이 있다. 너무 많은 질문은 오히려 아동의 반응을 얻지 못하게 된다. 많은 아동이 자신에게 한 질문을 무시할 수도 있다. 치료사는 아동이 언제 질문에 대답하기 시작하는지 그리고 얼마나 자주 질문에 대답하는지 식별하기 위해 질문을 시도한다. 아동이 규칙적으로 그리고 완전하게 질문에 대답하는 것은 아동이 치료사에게 더 많은 관심을 기울이고 있고, 더 많은 지시적 기술을 수행할 수 있는 방향으로 성장하였음을 나타낸다.

따라가기 회기 동안, 치료사는 아동이 무엇을 하든 간에 아동과 교류하려고 한다. 아동은 자신이 놀고 싶은 것을 주도적으로 선택하며, 치료사는 아동을 따르고 아동이 하는 일에 참여한다. 치료사는 회기 내내 계속적으로 개입을 시도해야 한다. 아동이 치료사에 반응하고 참여하는 경우, 치료사는 아동이 더 이상 관심을 갖지 않을 때까지 모든 개입을 시도해야 한다. 아동이 만약 치료사가 참여하려는 행동에 대해 자극 또는 조절에 어려움을 보일 경우, 치료사는 참여를 중단하고 아동과 멀어지도록 노력하며, 약 5분 정도 추적하기 및 반영하기를 멈췄다가 다시 시도해야 한다. 이를 통해 치료사는 아동과 함께 참여하도록 노력

한다.

치료사는 아동의 편안한 수준에 민감해야 한다. 아동이 치료사의 참여에 불편함을 느끼면 일부 회기에서는 대부분의 진술을 추적하고 반영하기를 할 수 있다. 치료사는 아동이 조절되지 않고 더 불안해질 때까지 아동의 행동에 관여하거나 참여하려 시도해서는 안 된다. 상담 시 아동과의 관계에 대한 예시는 다음과 같다.

- 아동이 놀이 접시를 가지고 놀기 시작한다. 치료사는 아동 옆에 앉아 그릇을 가져가 치료사의 머리에 대고 아동에게 말한다. "나의 웃기는 그릇 모자를 봐." 치료사는 아동이 치료사를 바라보도록 했고, 치료사 머리에 있는 그릇에 집중하도록 했다. 치료사는 사발 또는 접시를 가지고 그것을 아동의 머리에 대고 "머리 위의 그릇을 봐."라고 말하며, 치료사는 아동에게 치료사의 머리에 그릇이나 접시를 올려놓는 활동에 참여할 수 있는지 확인하고, 요청할 수 있다.
- 아동이 양동이에 모래를 붓고 노는 것을 시작한다. 치료사는 아동 옆으로 이동하여 같은 양동이에 모래를 붓는다. 이후 치료사는 아동의 팔이나 손에 모래를 붓고, 아동의 손을 모래에 묻히는 행동을 시도할 수 있다. 다음으로는 아동이 치료사의 손에 모래를 붓도록 하게 한다.
- 아동이 바닥에서 차를 굴리면서 놀기 시작한다. 치료사는 아동 옆에 앉아서 아동과 함께 차를 굴린다. 아동은 치료사로부터 자동차를 빼앗고, 치료사를 밀어낸다. 이것은 치료사가 하는 일에 아동이 편안함을 느끼지 못하거나, 아동이 제대로 조절되지 않는 경우이다. 치료사는 아동으로부터 멀어지고, 정기적으로 아동을 추적하고 반영한다. 약 5분 후 치료사는 다시 아동과 교류하기 위해 노력하게 된다.

치료사는 수시로 기술 습득의 진보를 찾아야 한다. 따라가기 접근을 시작하기 전, 치료사는 부모와 함께 따라가기 접근을 함께할 수 있는 몇 가지 기본 기법을 파악하고 숙지해야 한다. 일반적인 예로는 눈을 마주치거나, 질문에 답하거나, 언어로 표현하거나, 치료를 시작하거나, 치료사를 참여시키거나, 공동의 작업에 주의를 기울이거나, 질문을 하는 것 등이 있다. 기법이 자주 나타나고 반응함에 따라 아동의 기술 습득 수준을 파악할 수 있다. 이러한 기법들을 잘 습득한다는 것은 아동이 더 많은 지시적 기법에 참여할 수 있다는 또 다른 신호이기도 하다.

따라가기 접근의 궁극적 목표는 아동이 기술 향상에 중점을 두어 보다 더 많은 지시적 기법에 함께 참여할 수 있는 수준으로 성장하게 하는 것이다. 치료사는 정기적으로 아동이 치료사와 함께 보다 지시적인 게임이나 놀이 활동에 참여하고 있는지 관찰해야 한다. 아동이 훈련을 통해 이러한 것들을 시작하게 되면 치료사는 게임이나 활동을 발전시키고, 아동의 참여 수준을 높일 수 있다.

3) 따라가기 접근을 구현하기 위한 프로토콜

치료사는 따라가기 접근을 구현하기 위해 다음의 지침을 따라야 한다.

- 아동을 따르라: 아동이 주도하고 치료사는 비유적 의미로 그리고 문자 그대로 아동을 따른다. 치료사는 아동이 놀이치료실 주위를 돌아다니면서 원하는 것을 가지고 놀게 한다. 치료사는 아동과 함께 움직이고, 아동이 앉고, 아동이 전환함에 따라 같이 전환한다.
- 추적하라: 치료사는 '너는 모래상자에서 놀고 있어' '너는 총을 쏘았어' 또는 '모든 놀잇감을 둘러보고 있어'와 같은 설명을 통해 추적하기를 한다.
- 반영하라: 치료사는 '너를 화나게 해' 또는 '페인트가 더 이상 없다는 것이 슬퍼' 등의 감정을 나타내는 진술을 한다.
- 질문하라: 치료사는 아동과 관련된 질문을 하도록 노력해야 한다. 예를 들어, 아동이 농구를 한다면, 치료사는 '집에 농구공이 있니?'라고 물을 수 있다.
- 아동의 참여를 시도하라: 치료사는 아동을 참여시키거나 아동이 하고 있는

일에 함께 놀기 위해 노력해야 한다. 예를 들어, 아동이 모래상자에서 놀고 있는 경우, 치료사는 모래를 퍼내고 아동의 손에 쏟아붓거나 모래를 퍼내어 양동이에 넣을 수 있다. 또한 아동이 공을 가지고 노는 경우, 치료사는 공을 집어들고 아동에게 굴리거나 던질 수 있다.

- 아동에게 간단한 지시적 놀이를 소개하라: 치료사는 정기적으로 간단한 지시적 놀이 또는 게임을 도입하여 아동이 치료사를 따르는지 확인해야 한다. 이는 아동이 더 많은 지시적 놀이 개입에 참여할 수 있는지의 진전 여부를 평가하기 위한 '테스트' 과정이다.

- 조절장애를 모니터하라: 치료사는 특히 아동과의 관계에 있어 아동의 편안함 수준에 민감해야 한다. 치료사가 시도하려는 것에 대해 아동이 불편해하거나 조절이 어려울 경우 치료사는 일정 기간 동안 시도를 중단해야 한다.

- 목표를 명심하라: 치료사는 관계성 발달을 위해 노력하고 치료사와 함께 있는 아동의 안정감을 높여야 한다. 치료사는 치료사에게 반응하거나 연결되는 아동의 징후를 찾아야 한다. 이것은 언어 표현 또는 함께 놀거나 눈을 마주치는 것일 수도 있다. 치료사는 궁극적으로 아동이 치료사와 함께 더 많은 지시적 치료 기법에 참여할 준비가 되어 있다는 신호를 찾아야 한다. 이것은 언어 표현 또는 함께 놀이하거나 눈을 맞추는 것으로 나타날 수 있다. 치료사는 절대 억지로 참여 또는 연결을 시도해서는 안 된다. 아동이 관심을 보이지 않을 경우, 치료사는 잠시 동안 추적하기 및 반영하기를 하며, 다시 연결을 시도해야 한다. 치료사는 궁극적으로 아동이 더 많은 지시적 기법에 참여할 수 있는 신호를 끊임없이 찾아야 한다.

4) 따라가기 접근에서 지시적 기법으로의 연결

따라가기 접근은 아동이 더 많은 지시적 활동에 자유롭게 참여할 수 있도록 이끌어 가며, 이에 따라 치료사는 치료 과정의 연결 과정으로 아동을 이동시켜야 한다. 연결은 따라가기 접근에서 지시적 기법으로 자연스럽게 넘어가는 중간 단계이다. 따라서 연결은 기술 향상에 중점을 두고 있으며, 치료사와 아동 사이에 간단하고, 재미있고, 흥미로운 몇 가지 게임으로 구성된다. 각 게임에는 간단한 수준의 교육과 치료사와의 협력이 필요하다.

연결은 약 15~20분 동안 지속되는 여러 게임과 활동으로 구성되어 있다. 활동은 짧고 간결해야 하며, 연결적인 요소를 포함하고 있어야 한다. 활동은 아동의 반응이 거의 없거나 반응이 전혀 없는 상태에서 천천히 시작하므로, 치료사는 활동을 계속하고 아동의 참여는 점차적으로 증가된다. 치료사는 아동이 선택할 수 있는 연결 게임을 여러 개 준비해야 한다. 치료사와 아동은 한 활동을 30초 동안 하거나 또는 다른 활동을 5분 동안 할 수도 있다. 이것은 아동의 관심에 따라 달라질 수 있다. 연결 게임을 시작할 때 시간은 15~20분보다 적을 수 있다. 아동은 5분 동안 치료사의 활동에 참여할 수도 있고, 치료사는 연결 시간을 15~20분까지 설정할 수 있다.

연결의 예시로 아동은 치료사와 더 많은 지시적 놀이에 참여할 준비가 되었음을 보여 주게 되고, 치료사는 연결을 소개하며 풍선 던지기를 설명한다. 아동은 풍선을 한 번 쳐 보고, 스스로 추가적인 풍선 치기 행동을 한다. 다음 회기에서 치료사는 다시 풍선 던지기 게임을 시도하고, 아동은 풍선을 세 번 친다. 아동은 다음 회기에서 풍선을 열 번 친 후 무관심해진다. 이에 치료사는 풍선 던지기 게임을 실시한 후, 비눗방울 만들기와 터뜨리기로 두 가지 연결 게임을 소개한다. 아동은 치료사가 비눗방울을 만들고 약 5분간 비눗방울을 터뜨리는 놀이에 참여한다. 연결을 소개하는 7회기까지 아동은 치료사와 함께 약 15분 동안 연결 게임에 참여한다.

연결 게임을 치료 게임으로 지정할 필요는 없다. 치료사는 연결을 소개할 때 다양한 선택지를 사용할 수 있다. 첫 번째 목표는 아동이 치료사 또는 부모와 함께 간단한 게임에 참여하도록 하는 것이다. 간단한 게임에서도 지시, 조율 및 합의가 필요하다. 이와 같은 연결을 위한 게임으로는 풍선을 앞뒤로 치는 것, 로션 게임, 엄지 레슬링, 패티 케이크 게임과 같은 손 게임, 먹이 게임, 공 던지기, 공 굴리기 또는 발로 공 차기, 숨바꼭질, 잡기 놀이, 거울 게임, 비눗방울 불기, 플레이 도우 게임, 오리나 거위처럼 움직이는 게임 등이 있다.

따라가기 접근은 더 많은 지시적 개입으로 이동하기 위한 접근 방법이다. 그렇기 때문에 치료사는 따라가기 접근을 통해 더 많은 지시적 개입으로 이동할 가능성을 점검해야 한다. 아동이 더 많은 지시적 기법에 반응함으로써 간단한 놀이 활동(연결)의 과정을 거치면서 더 많은 기술이나 특정 치료 개입으로 이동하게 된다. 아동이 연결 게임에 15~20분 동안 정기적으로 참여하게 되면, 치료사는 특정 기술 개발에 중점을 둔 더 많은 지시적 개입을 구현할 수 있다.

5) 부모를 위한 따라가기 접근 프로토콜

부모는 자녀와 함께 가정에서 따라가기 접근을 어떻게 하고 따라야 하는지를 배워야 한다. 치료사는 부모가 개입 기법을 올바르게 이해하였는지 확인하기 위해 아동과 약 2~3회기의 따라가기 접근 회기를 수행하는 것이 좋다. 치료사는 부모와 함께 20~25분의 따라가기 회기를 하게 되고, 나머지 시간을 사용하여 부모와 함께 훈련한다. 이때 따라가기와 관련하여 부모가 갖고 있는 문의사항에 대해 답변한다.

치료사는 부모와 함께 가정에서 아동이 따라가기 놀이를 구현하는 방법을 가르친다. 치료사는 부모에게 따라가기 접근의 핵심 기능을 교육하며, 여기에는 아동의 주도를 따르고, 추적하고 반영하며, 질문하고, 아동과 관계 맺기를 시도하는 것이 포함된다. 부모는 침실이나 아동의 놀이방이 아닌 집안의 특정 구역에서 따라가기 놀이 활동을 갖도록 결정해야 한다. 또한 부모는 따라가기 놀이를 하는 동안 사용할 놀잇감을 수집하고, 놀잇감은 상자에 넣어서 따로 보관해야 한다. 자폐 스펙트럼 장애 아동들은 자신의 놀잇감이나 자신의 방이 자신만의 영토가 되어 버리기 때문에 자신의 방에 있는 동안 또는 자신의 놀잇감으로 부모가 놀이하는 동안 부모가 놀이에 참여하거나 개입을 시작하려 하는 것을 환영하지 않는다. ASD 아동은 자신의 물건과 자신의 공간을 고려하는 것에 대해 '소유권'을 갖는 경향이 있기 때문이다.

많은 부모가 집의 다른 영역에서 따라가기 놀이 활동을 하고 따라가기 놀이 시간에만 사용되는 놀잇감을 모으는 것이 도움이 된다고 말한다. 일부 아동은 자신의 놀잇감으로 자신의 방에서 활동하는 시간이 가장 편안하다고 받아들일 수 있다. 때로는 부모들이 따라가기 놀이를 위해 집단의 다른 공간으로 아동의 놀잇감을 이동시키기 위해 부모가 아동과 함께 움직이는 경우도 있다. 이런 경우에는 부모가 따라가기 접근의 핵심 기능을 적용시킬 수 있다면 약간의 변형은 허용될 수 있다. 수집해야 할 놀잇감 및 기타 매체 목록은 부록에 있다. 이 목록을 복사하여 부모에게 제공할 수 있으며, 치료사는 부모에게 목록에 있는 모든 놀잇감을 구입할 필요가 없음을 설명해야 한다. 이 목록은 참고용이며 부모는 자신의 자녀에게 가장 매력적이고 흥미로운 놀잇감을 선택할 수 있다.

6) 따라가기 접근을 위한 부모교육 시 고려사항

- 가정환경은 사무실 환경보다 더 많은 문제를 야기할 수 있다. 부모의 질문에 대비하고 부모가 가정의 어려움을 극복하고 따라가기 놀이를 성공할 수 있는 방법을 찾도록 도와줘야 한다. 가정에서 놀이 시간은 상담실처럼 제대로 구현되어 있지 않을 수 있지만 매우 효과적이다.

- 가정에서 노는 시간이 100% 효과적일 필요가 없음을 부모에게 알리는 것이 중요하다. 부모가 접근 방법을 이해하는 데 자신감을 가지려면 시간과 연습이 필요하기 때문이다. 부모는 매일 따라가기 놀이 시간을 갖지 못할 수도 있으며, 최대한 많은 놀이 시간 동안 노력하도록 격려해야 한다.

- 따라가기 접근 활동 시간은 가정에서 조정할 수 있다. 일부 아동의 경우 따라가기 놀이 시간이 최대 25분을 목표로 하루 10분 동안 진행될 수 있다. 일부 부모들은 하루에 두 번 5~10분 정도 따라가기 놀이 시간을 갖기도 한다. 부모가 따라가기 놀이 방식의 핵심 기능을 적용하는 한 약간의 변형은 허용된다.

- 양쪽 부모 모두 따라가기 놀이에 참여할 수 있지만, 부모가 따로 아동과 함

께 별도의 따라가기 놀이 활동에 참여하는 것이 좋다. 같은 방에 있는 여러 사람이 ASD 아동에게 추적하기를 할 경우 아동은 쉽게 압도될 수 있다. 부모는 별도의 시간을 가져야 한다. 이것은 한쪽 부모가 매일 놀이에 참여해야 한다는 책임감에 압도되지 않게 하기 때문에 부모에게 유익할 수 있다.

- 다른 가족 구성원이 따라가기 접근을 실행하는 데 참여할 수 있다. 치료사는 아동과 함께 따라가기 놀이를 하려는 가족을 만나면, 가족들이 접근 방법을 이해할 수 있도록 하는 것이 가장 좋다. 다른 가족 구성원을 참여시킬 경우, 몇 가지 중요한 사항이 있다. 먼저, 부모를 지원해야 한다. ASD 아동의 부모는 일반적으로 많은 일을 담당하고 있으며, 다른 가족 구성원이 일부 활동을 지원하는 것은 부모에게 많은 도움이 될 수 있다. 또한 아동의 관계 맺기 및 관계성 발달을 일반화하는 데 도움이 된다. 아동은 한 사람이 아닌 여러 사람과 함께 활동함으로써 더 많은 유익을 얻게 된다.

- 많은 부모가 따라가기 놀이를 시작하면서, 하루 종일 아동과 소통하고 상호작용하며 새로운 방법을 일반화하기 시작한다. 부모는 자녀와 상호작용하고, 이해하기 위해 새로운 방법을 찾고, 자녀와의 관계 발달을 향상시키고자 하는 경향이 있기 때문에 이러한 일반화는 드문 일이 아니다.

- 부모 안내는 부록에 제공되어 있다. 이 안내에는 가정에서 놀이를 하는 동안 무엇을 해야 하는지에 대한 간략한 내용이 기재되어 있다.

7) 따라가기 접근의 제한 설정

따라가기 접근 회기 중에 제한 설정은 최소한으로 유지해야 한다. 놀이치료실에서 치료사 혹은 가정에서 부모가 제한 설정을 해야 하는 경우는 아동이나 다른 사람에게 위험하게 하는 상황이거나, 아동이 재산을 파괴할 수 있는 상황이다. 이러한 상황이 발생하면, 제한 설정 모델의 3단계를 따라야 한다.

- 재지시: 아동이 제한된 영역을 넘어서는 경우, 치료사 또는 부모는 재지시

를 해야 한다. 이는 아동이 다른 활동이나 놀잇감, 또는 다른 물건으로 재
지시하여 제한 설정의 주의를 전환하도록 시도하게 한다.

- 대안 설정: 아동이 제한된 영역을 넘어서는 경우, 치료사 또는 부모는 아동
에게 재지시를 하거나 대안 설정을 시도할 수 있다. 대안 설정이란, 말 그
대로 새로운 일이나 다른 일로 일어나는 일을 대안 설정하는 것이다. 예를
들어, 아동이 놀잇감 트럭을 바닥에 내리치면 트럭이 부숴질 수 있으므로,
치료사 또는 부모는 고무공과 같은 다른 물건을 빨리 선택하여 아동의 자
유로운 손에 넣어 준다. 대안 설정은 아동에게 실질적이고 수용 가능한 대
안을 제공하며 재지시와 마찬가지로 대체 전략을 사용할 때 제한 설정이
유지될 수 있다.

- 제거: 아동이 제한된 영역을 넘어서는 과정에서 재지시와 대체를 먼저 수행
해야 하며, 이러한 과정이 작동되지 않을 경우에는 제거가 최종적으로 시
행된다. 제거의 첫 번째 단계는 아동에게 행동을 계속할 경우, 방에서 제거
될 수 있음을 언어로 설명한다. 언어적 설명으로 동작이 멈추지 않으면 제
거가 실제로 적용된다. 제거는 아동을 다른 장소로 안내하는 것으로써, 아
동이 진정되는 동안 혼자 있거나 최소한의 감독을 받게 된다. 극단적인 제
거는 신체적으로 아동을 보다 안전한 장소로 데려가는 것이다. 신체적 제
거가 필요할 경우, 부모가 아동을 신체적으로 제거하는 사람이 되어야 한
다. 이는 아동의 행동으로 인해 아동이나 타인이 위험에 처한 극단적인 경
우에 이루어지며, 모든 사람을 안전하게 지키기 위한 조치이다.

제4장

문헌연구 및 사례연구

1. 문헌연구

파커와 오브라이언(Parker & O'Brien, 2011)에 따르면, 놀이치료를 통해 주목할 정도로 행동 변화가 이루어진다는 점은 오랜 시간 동안 많은 사례연구의 문헌을 통해 알 수 있다고 하였다. 놀이치료에서 다루어지는 이슈는 학습장애, 언어장애, 불안 문제, 아동학대, 외상 문제, 가족 문제 및 자폐증 등 다양하다.

여러 단일 사례연구에 따르면 6개월 동안 일주일에 한 번 발달놀이치료를 하는 아동과 청소년은 발달놀이치료의 세 가지 사전 평가 영역인 정서조절 능력, 사회적 기술 향상 및 관계성(관계성 발달) 모두에서 기술 향상을 보여 주었다. 부모 평정 척도는 또한 6개월 동안 주 1회 발달놀이치료를 받은 아동과 청소년을 위해 정서조절 능력, 사회적 기술, 관계 향상에 도움을 주었다. 또한 부모는 자폐와 관련된 더 많은 지식과 자녀양육 기술이 향상되었다고 느끼게 되었고, 자녀들의 자폐증 문제와 관련된 스트레스가 감소하였다.

단일 사례연구가 계속 수행되어 자폐 아동들이 치료 효과를 볼 수 있다는 점을 지속적으로 보여 준다면, 발달놀이치료는 보다 통제된 연구를 통해 그 효과성을 입증할 수 있을 것이다. 다양한 사례에 대한 더 많은 연구는 발달놀이치료를 과학적으로 검증하고, ASD 및 기타 발달장애를 가진 아동과 청소년에 대한 증거기반 치료의 접근법으로서 효과적이라는 점을 보여 준다.

NPDC(National Professional Development Center) 및 NSP(National Standards Project)는 출생부터 22세까지 ASD를 가진 개인을 대상으로 한 증거기반 치료의 문헌을 검토하였다. 두 기관에서 엄격한 기준을 적용하여 2007년까지의 문헌을 모두 검토했는데, 이 문헌들은 치료의 효과성에 대한 증거들을 포함하고 있었다. 2014년에 NPDC는 이러한 검토를 좀 더 확장하여 수정했는데, 이 매체를 근거로 총 27개의 증거기반 치료에 대한 결과를 도출하였다.

발달놀이치료는 자폐 아동과 청소년 치료를 위한 증거기반 접근법으로서 다음과 같은 몇 가지 접근 방식을 통합한다. 발달놀이치료 과정에는 인지행동 개입, 모델링, 자연주의적 개입, 부모 실행 개입, 자극, 강화, 대본(scripting), 자기관리, 사회적 내러티브(social narrative), 사회적 기술 훈련, 시각 지원 등이 포함된다. 다양한 놀이기반 치료와 놀이치료 접근 등과 함께 발달놀이치료는 여러 가지 증거기반 치료 접근을 통합하면서 ASD 및 기타 발달장애에 대한 유망하고 새로운 치료 방법인 것으로 나타났다. 그러므로 향후 발달놀이치료에 대한 좀 더 확장된 무작위 연구와 통제된 연구가 이루어져 추가 연구 성과가 나타날 수 있길 기대한다.

2. 사례연구

지금까지 ASD 아동 및 청소년, 기타 신경발달장애 및 발달장애를 가진 아동과 청소년을 대상으로 실시한 발달놀이치료를 바탕으로 수많은 임상 사례연구가 이루어져 보고되었다. 각 사례연구와 임상 결과는 핵심 영역 목표 기술 결함을 발달놀이치료로 상당히 개선시켰다는 점을 보고하고 있다. 이 책에서는 다음의 네 가지 사례연구를 요약해서 제시하였다.

브라이언

배경

8세 남아인 브라이언은 자폐증 진단을 받고 발달놀이치료를 받기 시작했다. 브라이언은 언어능력의 제한으로 인해서 기능이 낮은 것으로 진단되었다. 브라이언은 거의 언어로 표현하지 못했다. 브라이언이 가끔 말을 할 때, 대체로 다른 사람들이 그 말을 반복해 주었고, 그 소리를 듣고 브라이언은 노래로 표현하거나 중얼거렸다. 이전에 실시했던 심리평가인 웩슬러 비언어능력 척도 검사

(Wechsler Nonverbal Scale of Ability)의 결과에서 브라이언의 종합 지능 점수는 63점이었다.

　치료를 시작하기 전에 브라이언의 기술능력과 결함을 추가로 확인하기 위해 발달놀이 접수 평가 단계에서 브라이언의 어머니는 자폐증 치료 평가 척도(Autism Treatment Evaluation Checklist)와 발달놀이 사회적 기술 목록(AutPlay Social Skills Inventory)을 완성시켰다. 치료사는 정해진 절차대로 발달놀이치료 관찰 양식을 사용하여 아동 관찰과 부모/아동 관찰을 실시하였다. 부모 보고식 목록과, 치료사의 관찰을 통해 발달놀이치료의 따라가기 접근(AutPlay Follow Me Approach)을 통해 브라이언과 그의 어머니와 함께 시작하기 위해 적절한 치료적 개입 방법이라고 결정했다. 따라가기 접근은 브라이언의 낮은 기능과 참여 능력의 결함 및 언어 기술의 결손을 향상시킬 수 있는 적절한 치료 방법이 될 것이다. 확인된 기술의 결함을 해결하기 위한 치료 목표는 다음과 같이 설정되었다(〈표 4-1〉 참조).

〈표 4-1〉 발달놀이치료 시행 전 부모 평정 척도(브라이언)

자폐증 치료 평가 척도	발달놀이 사회적 기술 척도
• 의미 있는 질문하기 = 불가능함 • 혼자 있기를 좋아함 = 매우 그러함 • 타인과의 눈맞춤 피하기 = 매우 그러함 • 놀잇감을 가지고 적절하게 놓기 = 그렇지 않음	• 타인과 눈맞춤하기 = 1 • 타인과 놀이하기 = 1 • 타인과 공유하기 = 1 • 타인에게 자기를 소개하기 = 1 　1~5점 척도(1 = 전혀 발달하지 않음, 5 = 매우 발달함)

접근 방식의 구현

　1~3회기까지는 치료 목표를 설정하기 위해 고안된 접수 및 평가 절차에 중점을 두었다. 4회기는 첫 번째 따라가기 접근이었다. 치료사는 놀이실에서 브라이언을 만나 25분간 따라가기 접근을 실시하였다. 브라이언의 어머니는 다른 방에서 모니터를 통해 실시 과정을 관찰하였다. 그 후의 회기는 브라이언의 어

머니가 관찰하고 배운 따라가기 접근을 집에서 브라이언과 함께 어떻게 실시할 것인가를 배우는 시간이었다.

5회기부터 7회기까지는 4회기와 동일한 형식이었다. 치료사는 25분간 따라가기 접근을 진행하고 남은 시간에는 브라이언의 어머니가 집에서 따라가기 접근을 어떻게 실시할 것인가를 가르치는 데 시간을 할애했다. 8회기에서도 치료사는 계속 브라이언과 25분간 따라가기 접근 회기를 진행하고 남은 시간에는 브라이언의 어머니와 논의를 하였다. 이 시점에서, 브라이언과 어머니는 집에서 따라가기 접근을 시작하기로 하였다. 브라이언의 어머니는 집에서 따라가기 접근을 다섯 번하였고, 브라이언이 더 이상 집중하지 않까지 10여 분 동안 실시해 볼 수 있었다고 하였다.

9회기부터 브라이언은 치료사와 더 많이 상호작용하기 시작했다. 회기 내에서 브라이언은 눈을 맞추고, 질문하고, 치료사의 질문에 약 40% 정도 대답하기 시작했으며, 치료사와의 놀이에 잠시 참여하기도 하였다. 브라이언의 어머니는 집에서도 놀이를 하는 동안 같은 진전을 보였다고 보고하였다. 10회기에서 15회기 동안 치료사와의 회기뿐 아니라 집에서 어머니와 함께하는 놀이에서도 브라이언은 이 부분에서 더 많이 향상된 모습을 보였다.

16회기에서 치료사는 브라이언의 어머니에게 간단하게 실시하는 방법을 가르치고, 보다 지시적인 개입 접근 방식으로 브라이언이 움직이도록 하는 지시적 관계 맺기 게임을 가르치기 시작하였다. 브라이언의 어머니는 브라이언과 풍선을 앞뒤로 쳐서 주고받는 놀이로 시작하여, 자신이 솜공을 숨기고 브라이언이 그것을 찾도록 하는 놀이를 하였다. 17회기에서 브라이언의 어머니는 브라이언이 풍선을 먼저 치고는 다른 쪽으로 걸어갔다고 보고하였다. 치료를 받기 위해 다시 왔을 때, 회기 내에서 브라이언은 평균적으로 풍선을 앞뒤로 일곱 번 정도 치는 모습을 보였다. 17회기에서 브라이언의 어머니는 브라이언이 풍선을 한 번씩 치고 다른 곳으로 가기 시작했다고 보고했다. 그다음 치료를 받으러 올 때까지, 브라이언은 엄마와 함께 평균 일곱 번 정도 풍선 주고받기를 할 수 있었다. 브라이언의 어머니는 브라이언이 천천히 풍선 숨기기 게임에도 참여하기 시작했다고 보고했는데, 놀이 시간마다 계속 놀이를 하도록 노력하면 관심을 잃기 전까지 대략 5~7분 동안은 놀이에 참여한다고 하였다.

브라이언의 어머니는 18회기에서 23회기까지 브라이언과 관계 맺기 위한 게임을 계속했고, 브라이언은 계속해서 이 게임에 협력하였다. 치료사는 또한 치료 회기 동안에 같은 관계 맺기 게임을 소개했고 브라이언은 치료사와 함께하며 개선되는 모습을 보여 주었다. 브라이언의 어머니는 6개월 동안 23회기를 참여했는데, 여기서 치료 목표가 달성되었는지 평가하기 위한 사후평가가 진행되었다.

성과

6개월 동안 브라이언과 엄마는 23회기를 진행했다. 브라이언의 어머니는 약 15주 동안 집에서 약 4~5회 따라가기 놀이를 했고, 각 놀이 시간은 10~30분간 진행했다. 그리고 23회기가 되는 시점에 사후평가가 진행되었다. 브라이언의 어머니는 평가가 진행되는 동안 이전에 작성했었던 척도를 완성하였다. 자폐증 치료 평가 척도와 발달놀이 사회적 기술 목록은 브라이언의 어머니가 작성하였고, 브라이언은 처음에 설정되었던 치료 목표의 모든 영역에서 개선된 것으로 나타났다. 치료사는 치료 목표가 달성되었음을 확인하고 아동 관찰과 부모/아동 관찰을 다시 실시하였다. 치료 목표의 달성은 〈표 4-2〉를 통해서 확인할 수 있다.

6개월간의 발달놀이치료 개입 후 브라이언의 원래 목표였던 기술 부족은 각

〈표 4-2〉 발달놀이치료 6개월 후 부모 평정 척도(브라이언)

자폐증 치료 평가 척도	발달놀이 사회적 기술 척도
• 의미 있는 질문하기 = 약간 가능함 • 혼자 있기를 좋아함 = 약간 그러함 • 타인과의 눈맞춤 피하기 = 그렇지 않음 • 놀잇감을 가지고 적절하게 놓기 = 매우 그러함	• 타인과 눈맞춤하기 = 4 • 타인과 놀이하기 = 3 • 타인과 공유하기 = 3 • 타인에게 자기를 소개하기 = 3 　1~5점 척도(1 = 전혀 발달하지 않음, 5 = 매우 발달함)

각 상당한 개선을 보였다. 치료사는 6개월의 치료 기간 동안 습득한 아동의 기술 향상에 주목했다. 평가 결과는 각각의 기술이 향상되었음을 보여 주었을 뿐만 아니라 치료 결과 및 자녀와의 관계 향상에 대한 부모의 높은 만족감도 나타내었다. 브라이언의 어머니는 그 결과뿐만 아니라 브라이언과의 관계 맺기가 더 잘된 것이 느껴진다며, "처음으로, 나는 브라이언과 재미있게 상호작용하는 놀이 시간을 경험하고 있는 중"이라고 보고하였다.

이던

배경

7세 남아인 이던은 자폐증, ADHD, 다운증후군 등을 진단받아 발달놀이치료를 시작했다. 이던은 낮은 수준에서 중간 수준의 기능으로 진단되었다. 이던은 적절한 언어 발달의 잠재력을 가지고 있는 것처럼 보여 언어가 가능할 것으로 보였지만 반향어가 나타났다. 아동용 웩슬러 지능검사(Wechsler Intelligence Scale for Children)를 이용한 이전의 심리평가에서 이던의 종합 지능은 56점이었다. 평가 당시 이던은 검사에 제한적으로 응했고 이는 평가 결과에 영향을 미쳤다. 이던의 자폐증과 주의력 결핍으로 인해 IQ는 나타난 점수보다 더 높을 가능성이 있다.

이던이 발달놀이 평가를 받는 동안 이던의 기술 능력과 결함을 정확하게 알아보기 위해 이던의 아버지가 치료 전 실시하는 자폐증 치료 평가 척도, 발달놀이 사회적 기술 목록, 발달놀이 정서조절 목록을 작성하였다. 치료사는 정해진 양식대로 아동을 관찰하는 절차를 진행하고 발달놀이 관찰 양식을 사용하여 부모와 아동을 관찰하였다. 부모가 완성한 검사 결과와 치료사 관찰을 통해, 이던과 아버지는 정해진 발달놀이치료 과정을 시작하였고 부족한 사회적 기술로 확인된 것들을 치료 목표로 정하였다(〈표 4-3〉 참조).

〈표 4-3〉 발달놀이치료 시행 전 부모 평정 척도(이던)

자폐증 치료 평가 척도	발달놀이 사회적 기술 목록	발달놀이 정서조절 목록
• 원하는 것을 설명하기 = 불가능함 • 의미 있는 질문하기 = 불가능함 • 눈맞춤 없음 = 매우 그러함	• 타인과 눈맞춤하기 = 1 • 분노 조절/좌절 = 1 • 요구하기 = 1 1~5점 척도(1 = 전혀 발달하지 않음, 5 = 발달함)	• 내 아동은 최소한 10개의 감정을 구별할 수 있다 = 1 • 내 아동은 좌절감을 느낄 때 말로 설명할 수 있다 = 1 1~5점 척도(1 = 전혀 발달하지 않음, 5 = 발달함)

접근 방식의 구현

1~3회기까지는 치료 목표를 설정하기 위해 고안된 접수 및 평가 절차에 중점을 두었다. 지시적 놀이 개입 단계를 실시하는 동안 이던의 회기와 이던 아버지가 하는 회기를 번갈아 가면서 실시했다. 4회기는 아버지가 하는 회기이며, 치료사와 이던의 아버지는 치료 목표를 검토하고 이던과 함께할 첫 번째 개입 회기에 대해 논의했다. 정서조절 목표를 달성하기 위해서 나와 내 감정(Me and My Feeling) 개입(제5장 설명 참고)을 실시하기로 했다. 치료 개입 방법을 이던의 아버지에게 설명했고, 이던의 아버지는 다음 회기 전에 이던과 이 개입을 네 번 연습해 오도록 안내받았다. 이던의 아버지는 치료사가 이던과 회기를 시작하기 전까지는 이 치료의 개입 방법을 시작하지 말라고 안내받았었고, 그래서 치료사는 이던과의 치료 개입을 검토할 수 있었다.

5회기는 이던과 치료사가 하는 회기이며, 치료사는 나와 내 감정 개입을 설명하고 이던과 함께 실시했다. 이던은 다음 회기 전까지 집에서 아버지와 함께 네 번 실시해 오도록 안내받았다. 5회기가 끝날 때 치료사는 다시 한번 이던의 아버지에게 집에서 나와 내 감정 개입을 네 번 해 와야 한다는 점을 상기시켰고, 다음 회기에 그 개입의 결과를 가져오도록 했다.

6회기는 부모 회기이며, 이 회기에서 치료사는 이던과 아버지가 집에서 했던 개입에 대해 검토하였다. 이던과 아버지는 나와 내 감정 개입을 네 번 했고, 잘 진행되고 있었다. 이던의 아버지는 이 개입을 하는 데 문제가 없다고 보고했고, 이던이 자신의 감정을 더 잘 이해할 수 있게 되었다고 하였다. 그는 다음 시간에 치료사와 다시 만나기 전까지 나와 내 감정 개입에서 세 가지 개입을 추가적으로 완료하도록 안내받았다. 또한 어떠한 점을 고려해야 하는지에 대해서도 이야기를 나누었다. 내 감정 얼굴 그리기(Draw My Feeling Face) 개입(제5장)은 정서조절 및 사회적 기술 관련 목표를 위한 개입으로써 다음 회기에 실시하기로 계획되었다. 이던의 아버지는 이 개입을 어떻게 할지 생각했고 이던의 다음 회기 후 집에서 이를 어떻게 실행하고 완료할지에 대한 안내를 받았다.

7회기부터 20회기까지는 같은 형식을 따랐다. 치료 목표를 해결하기 위해 몇 가지 지시적 놀이 개입이 선택되었고 이던의 아버지는 집에서 각각의 개입을 실시하는 방법을 배웠다. 부모 회기는 이던의 아버지에게 전반적인 상황과 가정에서의 개입이 어떻게 진행되고 있는지에 대한 피드백을 주는 것에 초점을 맞추었고, 아동 회기는 이던을 치료하는 치료사에게 초점을 맞추었다. 16회기에 이던은 집에서 하는 개입과 치료사와의 회기에서 모든 반향어를 중단했다. 반향어를 없애는 것은 직접적인 치료 목표는 아니었지만, 그럼에도 불구하고 이는 이던의 근본적인 문제에 대한 치료적 개입에서 영향을 받았을 것이다.

21회기에서 치료사의 관찰에 의하면, 이던은 치료 목표에 대한 큰 성과를 보이고 있었다. 이던의 아버지와는 몇 번의 회기를 더 한 후에 이던의 초기 치료 목표에 대해서 재평가할 것에 대한 논의를 하였다. 24회기에서 이던의 아버지는 이던에 대한 (치료 초기에 완료한 것과 동일한 평가서) 평가 목록을 다시 작성했고, 24회기와 25회기에서 치료사는 발달놀이치료 관찰 양식을 사용하여 아동 관찰과 부모/아동 관찰 평가도 갱신했다.

성과

6개월이 끝날 무렵, 이던과 그의 아버지는 치료사와 25번의 회기를 진행했다. 이던의 아버지는 매일 실시하는 것부터 일주일에 세네 번까지 집에서 약 20주간의 지시적 놀이 개입을 시행했다. 25회기가 되는 시점에 사후평가를 실시하였다. 이던의 아버지는 이전에 치료의 초기 평가 단계에서 완료한 원래의 평가 목록을 다시 완료했다. 여기에는 자폐증 치료 평가 척도, 발달놀이 사회적 기술 목록 및 발달놀이 정서조절 목록 중에 원래의 사회적 기술과 정서조절 개선을 위해 치료 목표로 삼았던 모든 기술 영역에서 개선되었다. 또한 치료사는 치료 목표의 향상에 주목하고 아동 관찰 및 부모/아동 관찰 평가를 다시 실시했다(〈표 4-4〉 참조).

6개월간의 발달놀이치료 개입 후, 이던의 원래 목표였던 기술 부족은 각각 상당한 개선을 보였다. 치료사는 6개월 동안의 치료 기간 내내 아동의 기술 향상에 주목했다. 부모가 평정한 점수는 각 목표 기술 영역에서 유의미한 증가를 보였을 뿐만 아니라, 이던의 아버지는 치료 결과에 대한 높은 만족도를 나타냈고, 행동 문제가 줄어든 이던의 행동이 전반적으로 개선되었다고 보고했으며, 이던의 말과 어휘도 개선되었다는 점에 주목하였다. 원래의 치료 목표는 만족스럽게 충족되었지만, 재평가 과정에서 새로운 치료 목표가 수립되었고 이던과 아버지는 계속해서 치료를 하기로 하였다.

〈표 4-4〉 발달놀이치료 후 부모 평정척도(이던)

자폐증 치료 평가 척도	발달놀이 사회적 기술 목록	발달놀이 정서조절 목록
• 원하는 것을 설명하기 = 약간 가능함 • 의미 있는 질문하기 = 약간 가능함 • 눈맞춤 없음 = 그렇지 않음	• 타인과 눈맞춤하기 = 4 • 분노 조절/좌절 = 3 • 요구하기 = 5 1~5점 척도(1= 전혀 발달하지 않음, 5 = 발달함)	• 내 아동은 최소한 10개의 감정을 구별할 수 있다 = 5 • 내 아동은 좌절감을 느낄 때 말로 설명할 수 있다 = 5 1~5점 척도(1= 전혀 발달하지 않음, 5 = 발달함)

에바

배경

9세 여아인 에바는 아스퍼거 증후군, 광장공포증을 동반한 공황장애, 감각처리 장애 진단으로 발달놀이치료를 시작했다. 에바는 자폐 스펙트럼 장애와 관련하여 높은 기능을 하는 것으로 진단받았다. 에바는 평균 이상의 언어 발달을 가지고 있는 것처럼 보였지만, 중요한 감각처리 문제를 가졌으나 언어적 강점이 있는 아동으로 평가되었다. 아동용 웩슬러 지능검사를 이용한 이전의 심리평가에서 에바의 종합 지능 점수는 92점이었다.

에바의 부모는 에바의 기술 능력과 결함을 더 정확하게 알아보기 위해 치료 전 발달놀이치료 초기 평가 단계에서 자폐증 치료 평가 척도, 발달놀이 사회적 기술 목록, 발달놀이 정서조절 목록을 완성했다. 치료사는 발달놀이치료 관찰 양식을 사용하여 정해진 절차에 따른 아동 관찰과 부모/아동 관찰을 수행했다. 에바와 그녀의 부모는 부모가 완성한 평가 목록과 치료사 관찰을 통해 공식적인 발달놀이치료 과정을 시작하는 것으로 결정했다. 확인된 기술의 부족을 해결하기 위해 치료 목표가 수립되었다(〈표 4-5〉 참조).

〈표 4-5〉 발달놀이치료 시행 전 부모 평정척도(에바)

자폐증 치료 평가 척도	발달놀이 사회적 기술 목록	발달놀이 정서조절 목록
• 동의 안 함/순응하지 않음 = 매우 그러함 • 타인 접촉 피하기 = 매우 그러함 • 눈맞춤 없음 = 매우 그러함 • 떼쓰기 = 매우 그러함 • 불안/공포 = 심각한 문제	• 타인과 눈맞춤하기 = 1 • 분노 조절/좌절 = 1 • 타인에게 자기소개 하기 = 1 1~5점 척도(1= 전혀 발달하지 않음, 5 = 발달함)	• 내 아동은 불안할 때 불안을 이해하고 진정시킬 수 있다 = 1 • 내 아동은 분노와 불안을 느낄 때 말로 설명할 수 있다 = 1 1~5점 척도(1= 전혀 발달하지 않음, 5 = 발달함)

접근 방식의 구현

1~3회기까지는 치료 목표를 설정하기 위해 고안된 접수 및 평가 절차에 중점을 두었다. 에바와 그녀의 부모는 치료사와 교대로 상담을 했다. 1주차에 에바의 부모는 치료사와 회기에 참석하고, 그다음 주에 에바와 치료사가 회기를 진행하기로 했다. 4회기는 부모 회기이며, 치료사는 에바의 부모와 함께 치료 목표를 검토하고 확인된 에바의 기술 결함을 향상시키기 위해 사용할 첫 번째 개입으로 내 감정 얼굴 그리기 개입을 선택했다. 에바의 부모는 내 감정 얼굴 그리기를 완성하는 법을 배웠고 다음 회기까지 집에서 다섯 번의 개입을 실시하도록 안내받았다. 또한 에바가 치료사와 회기를 시작할 때까지 기다리라는 지시를 받았다.

5회기는 아동 회기이며, 에바는 치료사를 만나서 내 감정 얼굴 그리기 개입에 대한 설명을 들었고, 에바와 치료사는 회기 동안 개입을 완료하였다. 에바는 그녀와 그녀의 부모 회기 사이에 집에서 개입을 다섯 번 해 오도록 안내를 받았다. 5회기가 끝날 때, 치료사는 에바의 부모에게 이제 집에서 이 개입을 실시하고 다음 회기 전까지 다섯 번 완료해 올 수 있도록 노력해야 한다는 점을 상기시켰다.

6회기는 부모 회기이며, 치료사는 에바의 부모와 함께 어떻게 내 감정 얼굴 그리기 개입이 집에서 실시되고 있는지를 검토하였다. 에바의 부모는 에바가 개입에 잘 참여했고, 그들은 다섯 번 이 개입을 실시했다고 보고했다. 그들은 에바가 단순히 개입을 하는 것을 넘어 그녀의 부정적인 감정 중 일부를 말할 수 있었다는 점도 언급했다. 치료사는 에바의 부모와 다음 개입으로 감정 수사관(Feelings Detective, 제5장에서 설명)을 하게 될 것이라고 말했다. 치료사는 에바의 부모에게 개입을 가르쳤고, 그들은 다시 에바가 치료사와 회기를 하고 나면 집에서 실시하도록 안내받았다. 그동안, 그녀의 부모는 에바와 함께 네 번의 내 감정 얼굴 그리기 개입을 더 완료하라는 지시를 받았다.

7회기는 아동의 회기이며, 치료사는 에바와 함께한 내 감정 얼굴 그리기 개입을 집에서 어떻게 느껴졌는지 확인했다. 에바는 부모님과 함께 개입하는 것을 즐겼다고 말했다. 치료사는 에바와 부모가 할 새로운 개입인 감정 수사관에 대해서 논의했다. 치료사는 에바에게 개입을 가르쳤고, 그들은 회기 내에서 이 개입을 연습했다. 에바는 부모님의 도움으로 다음 회기 전에 집에서 감정 수사관 개입을 완료하도록 안내받았다. 그녀는 감정 수사관 활동지를 다음 회기에 가져오도록 지시받았다. 7회기가 끝날 때, 치료사는 에바의 부모에게 그들이 이제 에바가 집에서 감정 수사관 개입의 완료를 도와줘야 한다는 점을 상기시켰다.

8회기에서 22회기까지는 동일한 형식으로 진행되었다. 에바와 그녀의 부모는 치료사와 교대로 회기를 진행했고, 매번 새로운 개입을 도입했으며 에바와 부모에게 집에서 실시하도록 가르쳤다. 개입은 원래 목표한 치료 목표를 바탕으로 선택되었다. 치료사는 에바의 치료 목표에 따라 개선되었다고 보일 때까지 주목하고 있었다. 부모 회기 중에는 양육 전략, 훈육 형태 및 IEP 및 특수 교육법과 같은 학교 관련 문제에 관한 논의도 포함되어 있었다.

치료사 관찰에 따르면 22회기가 되었을 때, 에바는 치료 목표에 큰 성과를 보이고 있었다. 에바의 부모와는 몇 번의 회기를 더 실시한 후에 에바의 원래 치료 목표를 재평가할 것이라는 논의를 하였다. 24회기에서 에바의 부모는 에바에 대한 평가 목록(치료 시작 시 완료한 것과 동일한 평가 목록)을 다시 완료했으며, 24회기와 25회기에서는 발달놀이치료 관찰 양식을 사용하여 아동 관찰과 부모/아동 관찰 평가를 갱신하였다.

성과

6개월이 끝날 무렵, 에바와 그녀의 부모는 이 치료사와 25번의 회기를 진행했다. 에바의 부모는 매일 시행하는 것에서부터 일주일에 세네 번까지 집에서 약 20주간의 지시적 놀이 개입을 실시했다. 25회기가 되는 시점에서 사후평가를 실시하였다. 에바의 부모는 치료의 접수 및 평가 단계에서 이전에 완료한 원래의 평가 목록을 완료했다. 자폐증 치료 평가 척도, 발달놀이 사회적 기술 목록 및 발달놀이 정서조절 목록을 완료했고 처음 기술 향상을 위해 치료 목표로 삼

〈표 4-6〉 발달놀이치료 후 부모 평정 척도(에바)

자폐증 치료 평가 척도	발달놀이 사회적 기술 목록	발달놀이 정서조절 목록
• 동의 안 함/순응하지 않음 = 약간 그러함 • 타인 접촉 피하기 = 그렇지 않음 • 눈맞춤 없음 = 그렇지 않음 • 떼쓰기 = 약간 그러함 • 불안/공포 = 사소한 문제	• 타인과 눈맞춤하기 = 5 • 분노 조절/좌절 = 3 • 타인에게 자기소개하기 = 4 1~5점 척도(1= 전혀 발달하지 않음, 5 = 발달함)	• 내 아동은 불안할 때 불안을 이해하고 스스로 진정시킬 수 있다 = 4 • 내 아동은 분노와 불안을 느낄 때 말로 설명할 수 있다 = 5 1~5점 척도(1= 전혀 발달하지 않음, 5 = 발달함)

왔던 모든 기술 영역에서 개선된 것으로 나타났다. 치료사는 또한 개선된 치료 목표에 주목하고 아동 관찰 및 부모/아동 관찰 평가를 다시 실시했다. 개선된 치료 목표는 〈표 4-6〉에 나와 있다.

발달놀이치료 개입 6개월 후, 에바의 원래 목표였던 기술 부족은 각각 상당한 개선을 보였다. 치료사는 6개월 동안 치료 기간 내내 눈에 띄게 향상된 아동의 기술에 주목했다. 부모의 평정 점수는 각 목표 기술 영역에서 상당한 증가를 보였을 뿐만 아니라, 에바의 부모는 전반적으로 에바의 행동 문제가 줄어들었고 떼쓰기를 덜한다고 보고했다. 그들은 에바의 감각처리 문제도 개선되었다고 보고했다. 원래의 치료 목표는 만족스럽게 충족되었지만 재평가 과정에서 새로운 치료 목표가 수립되었고, 에바와 그녀의 부모는 계속해서 치료에 참여하기로 하였다.

로건

배경

15세 남아인 로건은 아스퍼거 증후군과 취약X증후군을 진단받아 발달놀이 치료를 시작했다. 로건은 사회적 기술이 떨어지는 중간 수준에서 높은 수준의

〈표 4-7〉 발달놀이치료 시행 전 부모 평정 척도(로건)

자폐증 치료 평가 척도	발달놀이 사회 기술 척도
• 친구/동료 부족 = 매우 그러함 • 타인의 감정에 무감각 = 매우 그러함 • 과민 반응 = 심각한 문제 • 강박적 언어 = 심각한 문제 • 경직된 일상 = 심각한 문제	• 방해 없이 듣는다 = 1 • 집단에 속하는 방법을 안다 = 1 • 타인과 친구가 된다 = 1 • 주의집중 방해하는 것을 무시한다 = 1 • 예의를 이해한다 = 1 　1~5점 척도(1= 전혀 발달하지 않음, 5 = 매우 발달함)

고기능으로 진단받았다. 로건은 자폐 아동을 위한 사립학교를 마치고 공립학교에 막 입학한 상태였다. 아동용 웩슬러 지능검사를 이용한 이전의 심리평가에서 로건은 종합 지능 점수를 93점 받았다.

로건의 어머니는 로건의 기술능력과 부족한 부분을 더 확인하기 위해 치료 시행 전에 발달놀이치료 접수 및 평가 단계에서 자폐증 치료 평가 척도, 발달놀이 사회적 기술 목록, 발달놀이 정서조절 목록을 완료했다. 치료사는 발달놀이치료 관찰 양식을 사용하여 정해진 절차에 따라 아동 관찰과 부모/아동 관찰을 수행했다.

로건과 그의 부모는 부모가 완성한 평가 목록과 치료사 관찰을 통해 공식적인 발달놀이치료 과정을 시작할 수 있다고 결정했다. 확인된 기술 부족을 해결하기 위해 치료 목표가 수립되었다(〈표 4-7〉 참조).

접근 방식의 구현

1회기에서 3회기까지는 로건의 치료 목표를 설정하기 위해 고안된 접수 및 평가 절차에 중점을 두었다. 로건과 그의 어머니는 매주 함께 회기에 참여했다. 4회기는 로건과 그의 어머니가 함께 치료 목표를 검토하고 실시할 첫 번째 발달놀이치료 개입을 확인하는 데 초점을 맞췄다. 로건의 치료 목표를 해결하기 위해 사회적 기술 삭제하기(Social Skills Cross-Off, 제6장에서 설명) 개입이 선정되었다. 치료사는 로건과 그의 어머니와 함께 게임에서 사용할 특정한 사회적 기술의 확립을 위해 작업하였다. 치료사와 로건 그리고 그의 어머니는 회기를 진행하는 동안 함께 게임을 했다. 로건과 그의 어머니는 다음 회기 전에 집에서 세네 번 사회적 기술 삭제하기를 하도록 안내받았다. 5회기는 가정 내 개입이 어떻게 진행되었는지 로건과 그의 어머니와 함께 논의하는 것으로 시작했다. 로건은 몇 가지 유용한 사회적 기술을 연습했고, 개입을 하는 동안 로건과 그의 어머니 사이의 상호작용은 긍정적이어서 그들은 둘 다 개입이 잘 되었다고 말했다. 치료사는 로건과, 그의 어머니와 그들이 배울 새로운 개입에 대해서 의논했다. 사회적 기술과 관련된 결핍을 더 다루기 위해 행동 식별(action identification, 제6장에서 설명) 개입을 선택했다. 치료사와 로건, 그의 어머니는 치료 시간 동안 개입을 실시했고 로건과 그의 어머니에게 다음 회기 전까지 네 번의 개입을 완료하도록 했다.

6회기에서 22회기까지는 같은 형식을 따랐다. 각 회기에서 로건의 치료 목표를 해결하기 위해 발달놀이치료 개입이 선택되었고, 로건과 그의 어머니는 회기가 진행되는 동안 개입을 연습하였다. 로건과 그의 어머니는 개입을 배웠고 회기 사이에 집에서 개입을 하도록 하였다. 같은 개입이 2주 연속 반복되고 시행되는 회기가 몇 차례 있었다.

치료사 관찰에 의하면 22회기에서 로건은 치료 목표에 상당한 진전을 보이고 있었다. 로건과 그의 어머니와는 몇 번의 회기를 더 가진 다음, 치료사는 로건의 원래 치료 목표와 관련된 재평가를 할 것에 대해 논의했다. 24회기에서 로건의 어머니는 로건에 대한 평가 목록(치료 시작 시 완료한 것과 동일한 평가 목록)을 완료했으며, 24회기와 25회기에서는 발달놀이치료 관찰 양식을 사용하여 아동 관찰과 부모/아동 관찰 평가를 갱신하였다.

성과

6개월이 끝날 무렵, 로건과 그의 어머니는 치료사와 25번의 회기를 진행했다. 로건과 그의 어머니는 매일 실시하는 것에서부터 일주일에 세네 번까지 약 20주간의 지시적 놀이 개입을 집에서 시행했다. 24회기에서는 사후평가를 실시하였다. 로건의 어머니는 치료의 접수 및 평가 단계에서 이전에 완료한 원래의 평가 목록을 완료했다. 자폐증 치료 평가 척도, 발달놀이 사회적 기술 목록 및 발달놀이 정서조절 목록 검사를 완료했고 처음에 기술 향상을 위해 치료 목표로 삼았던 모든 기술 영역에서 개선된 것으로 나타났다. 치료사는 또한 개선된 치료 목표에 주목하고 아동 관찰 및 부모/아동 관찰 평가를 다시 실시했다. 개선된 치료 목표는 〈표 4-8〉에 나와 있다.

6개월간의 발달놀이치료 개입 후, 로건의 원래 목표였던 기술 부족은 각각 상당한 개선을 보였다. 치료사는 6개월 동안의 치료 기간 내내 기술 향상에 주목했다. 부모 평정 점수는 각 목표 기술 영역에서 유의미한 증가를 보였을 뿐만 아니라, 로건의 어머니는 학교 행동과 학교에서의 사회적 관여도가 현저하게 향상되었다고 보고했다. 로건은 또한 친구들과 함께 있을 때 더 자신감을 느끼고, 특히 학교에서 친구를 사귀는 것에 더욱 성공적이었다고 보고했다. 원래의 치료 목표는 만족스럽게 충족되었지만 재평가 과정에서 새로운 치료 목표가 수립되었고 로건과 그의 어머니는 계속해서 치료에 참여하기로 했다.

〈표 4-8〉 발달놀이치료 후 부모 평정 척도(로건)

자폐증 치료 평가 척도	발달놀이 사회적 기술 척도
• 친구/동료 부족 = 다소 그러함 • 타인의 감정에 무감각 = 그렇지 않음 • 과민 반응 = 사소한 문제 • 강박적 언어 = 사소한 문제 • 경직된 일상 = 사소한 문제	• 방해 없이 듣는다 = 5 • 집단에 속하는 방법을 안다 = 3 • 타인과 친구가 된다 = 3 • 주의집중 방해하는 것을 무시한다 = 4 • 예의를 이해한다 = 4 　1~5점 척도(1= 전혀 발달하지 않음, 5 = 매우 발달함)

제5장

정서조절 개입

1. 감정 얼굴 부채

주요 목표	정서조절
이차 목표	불안 감소, 사회적 기술, 관계 맺기
수준	아동과 청소년
준비물	흰 종이 또는 종이 접시, 나무 막대, 접착제, 마커펜
참여 방법	개인

1) 소개

ASD 아동과 청소년은 종종 정서조절에 어려움을 경험하는데, 정서를 구별하고 감정을 실제 상황과 연결하는 등의 어려움을 포함한다. 이 개입은 강력한 시각 매체를 제공함으로써 아동으로 하여금 자신의 정서를 알아차리고, 자신의 정서를 적용 가능한 경험으로 연결 지을 수 있게 돕는다.

2) 방법

아동은 흰 종이를 잘라서 두 개의 원을 만든다. (흰 종이 접시를 사용할 수 있다.) 아동은 두 개의 원에 서로 다른 감정의 얼굴을 그리고, 또 다른 종이 위에 각 그림과 연결되는 감정 단어를 적어 본다. 이때 치료사는 아동에게 '행복'과 '화' 등의 서로 반대되는 감정을 생각해 보도록 지도한다. 아동은 두 개의 반대되는 감정을 나무 막대의 중간에 두고 앞뒷면으로 붙여 본다. 아동은 여러 개의 반대되는 감정 단어를 사용해 감정 얼굴 부채를 만들 수 있고, 치료사와 아동은 아동이 고른 반대되는 감정 부채에 대한 주제로 이야기할 수 있다. 그리고 치료사와 아동은 아동이 그린 그림과 같은 표정을 지으며 표정을 연습하고, 아동이 이와 같은 표정을 지었던 경험이 있었는지에 대해 이야기한다. 만약 아동이 자신의 경험을 이야기하기 어려워한다면, 치료사는 "넌 학교 체육 시간에 어떤 기분이 드니?" 혹은 "네 형제는 너에게 어떤 기분이 들게 만드니?" 등의 질문으로 아동을 도울 수 있다. 이러한 질문은 아동으로 하여금 감정과 실제 경험을 연결해 생각할 수 있도록 도와준다.

3) 이론적 근거

이 기술은 아동이 감정(특히 반대되는 감정, 실제 경험과 감정을 연결하는 주제)을 구별, 이해, 표현하는 데 도움을 준다. 이 기술은 타인의 감정과 신체언어 등의 행동을 이해하도록 돕는다. 아동은 감정을 구분하고 반대되는 감정을 파악하는 데 어려움을 경험할 수 있다. 치료사는 아동과 함께 감정 부채를 만들고 감정을 구분해 보는 작업을 진행하고, 아동의 발달 수준이 낮을수록 더 구조적이고 직접적인 치료적 개입을 한다.

[그림 5-1] 감정 얼굴 부채

2. 나와 내 감정

주요 목표	정서조절
이차 목표	불안 감소
수준	아동과 청소년
준비물	흰 종이, 판지, 마커펜, 가위, 풀
참여 방법	개인, 집단

1) 소개

'나와 내 감정(me and my feeling)'은 아동과 청소년이 자신의 경험을 감정과 연결시키고, 그 감정을 알아차리는 것을 돕도록 고안되었다. 이 작업은 아동이 자신의 감정을 알아차리도록 돕는 강력한 시각 매체를 사용하고, 이때 자신의 감정이 일어나는 과정에 대해 이야기해 볼 수 있다.

2) 방법

치료사는 아동에게 감정을 구분하는 작업을 함께 진행할 것이라고 설명한다. 아동은 흰 종이에 사람을 그린다. 아동은 자신과 비슷한(얼굴, 헤어스타일) 사람을 그린다. 또 다른 판지를 사용해서 아동은 자신이 경험한 감정을 서로 다른 색 종이에 표현할 수 있다. 각각의 판지는 다른 크기로 잘랐고, 종이의 크기는 감정의 수준을 나타낸다. 작은 종이에 적힌 감정이 가끔 느끼는 감정이라면, 큰 종이에 나타난 감정은 아동이 자주 느끼는 감정이 된다. 아동은 종이 사람에 감정 종이를 붙이고, 자신이 원하는 곳에 놓을 수 있다. 그리고 아동은 종이 사람에 붙인 판지 위에 감정을 써 보도록 한다. 치료사는 아동이 선택한 감정을 느낀 경험 또는 상황에 대해서 이야기해 볼 수 있다.

3) 이론적 근거

　나와 내 감정은 아동과 청소년에게 정서를 구분하고, 이해하고, 표현할 수 있도록 돕는다. 또한 아동은 이 기법을 통해 소근육 기술과 언어로 의사소통하는 것을 연습할 수 있다. 아동의 정서는 날마다 변하고, 아동이 느끼는 정서의 수준 역시 매일 변화한다. 이것은 아동과 함께 이야기해 볼 수 있는 주제로, 아동이 모든 사람은 매번 다양한 정서를 경험할 수 있다는 것을 이해할 수 있도록 돕는다. 부모는 집에서 아동과 함께 이 기법을 사용해 볼 수 있고, 나와 내 감정을 주기적으로 진행하고 정서를 이야기할 수 있도록 격려함으로써 아동의 정서에 대한 이해를 높일 수 있다.

[그림 5-2] 나와 내 감정

3. 감정 시나리오

주요 목표	정서조절
이차 목표	사회적 기술, 행동 변화
수준	아동과 청소년
준비물	인덱스 카드, 연필
참여 방법	개인

1) 소개

ASD와 기타 발달장애를 경험하는 아동과 청소년은 자신의 정서를 적절히 표현하는 것에 어려움을 경험한다. 이 개입은 아동과 청소년으로 하여금 그들이 경험한 정서와 유사한 정서를 촉발하는 특정한 시나리오를 사용해 해당 정서를 적절히 표현하는 방법을 연결 지을 수 있도록 돕는다. 이 개입은 아동이 이전에 경험했던 어려운 상황을 포함한 실생활의 시나리오를 사용해서 진행할 수도 있다.

2) 방법

회기 시작 전에 치료사는 정서를 촉발할 시나리오나 상황을 적어 볼 수 있다. (일반적으로, 치료사는 아동이 과거에 경험한 어려웠던 상황을 인덱스 카드에 기록한다.) 치료사는 해당 아동에게 적합하다고 생각되는 상황을 생각해 두어야 한다. 치료사와 아동은 돌아가면서 상황 카드를 읽고, 그 상황에 적합하다고 생각되는 감정을 얼굴 표정과 신체언어만을 이용해 표현해 보도록 한다. 우선, 감정이 신체언어로 표현되었다면, 치료사와 아동은 상황에 적합한 감정에 대해 이야기해 보고, 아동이 그런 감정을 경험해 본 기억이 있는지에 대해서 이야기해 볼 수 있다. 치료사는 한 걸음 더 나아가, 아동과 함께 그런 감정을 느끼는 상황에서 어떻게 자신의 정서를 표현하는 것이 적합한지에 대해 이야기해 볼 수 있다. 이러한 일련의 과정이 마무리되면, 치료사는 아동에게 혹시 회기에서 다뤄 보고 싶은 시나리오가 있는지 물어볼 수 있다.

3) 이론적 근거

이 기법은 아동으로 하여금 정서를 구분하고 표현할 수 있게 하고, 타인의 정서를 파악하며, 정서와 상황을 인식하도록 돕는다. 또한 이 기법은 신체언어에 적용할 수 있다. 이는 아동이 정서적으로 다루기 어려워하는 상황을 설정하여 연습해 보기에 적합하고 효과적인 기법이다. 만약 아동의 능력이 허락한다면, 치료사는 아동에게 해당 상황에서 정서를 더 잘 다루기 위해 어떻게 대처할 수 있을지 물어본다. 부모는 집에서 아동과 함께 이러한 개입을 시도하고 이와 유사한 연습을 지속할 수 있도록 교육받을 수 있다.

감정 시나리오 예시

학교에서 한 아이가 너에게 멍청하다고 한다.

네가 가장 좋아하는 게임을 하고 있을 때, 엄마가 게임을 그만하고 함께 시장을 보러 가자고 한다.

엄마와 아빠가 디즈니월드로 여행을 가자고 한다.

네 여자형제가 네가 아끼는 놀잇감을 망가트린다.

네가 학교에서 최고의 모범상을 받게 된다.

네가 집에서 놀다가 실수로 부모님의 사진을 깨트린다.

네가 부모님과 쇼핑몰에 갔다가 부모님을 잃어버린다.

선생님이 너에게 갑자기 수학 테스트를 내 주었는데, 네가 잘 모르는 문제가 나온다.

너는 학교에서 돌아와서 컴퓨터 게임하기를 원했는데, 컴퓨터가 고장 나 있다.

아빠가 너에게 형/오빠가 참가하는 학교 게임을 보러 가야만 한다고 말한다.

선생님이 너에게 이번 주 내내 아무런 숙제도 내 주지 않겠다고 말한다.

네가 쉬는 시간에 놀고 있는데, 다른 친구들이 같이 놀자고 한다.

네가 쉬는 시간에 놀고 있는데, 아무도 너와 함께 놀아 주지 않는다.

네가 차를 타고 가는 중에, 너의 형제자매가 너무 큰 소리로 소란스럽게 한다.

학교에서 다니는 몇몇 학생이 너를 놀리기 시작한다.

부모님이 네가 좋아하는 새로운 놀잇감을 선물로 사 준다.

4. 감정 수사관

주요 목표	정서조절
이차 목표	사회적 기술
수준	아동과 청소년
준비물	종이, 연필
참여 방법	개인, 집단

1) 소개

ASD 아동과 청소년은 타인의 정서를 인식하는 데 어려움을 느낄 뿐만 아니라 자신의 정서를 인식하는 것 역시도 도전 과제이다. 이 개입은 아동과 청소년으로 하여금 자신과 타인의 정서를 인식하고 배우는 데 도움을 준다. 이로써 아동은 주의집중과 타인에게 집중하는 법을 배울 수 있다.

2) 방법

치료사는 아동이 한 주 동안에 찾아야 할 감정 목록을 종이에 적어 준비한다 (다음 장의 '감정 수사관 활동지' 참고). 치료사는 아동에게 감정 수사관(Feeling Detective) 역할을 맡게 될 것이라고 아동에게 설명하고, 아동은 치료사가 준비한 목록을 집으로 가지고 가서 주변 사람들을 관찰하며 각각의 감정을 파악해 보는 작업을 한다. 아동이 어떤 사람에게서 그중에 하나의 감정을 발견했다면, 아동은 그 사람에게 물어보거나 또는 부모님과 함께 확인하도록 한다. 아동은 누가 어떤 상황에서 그런 감정을 경험하는 것 같았는지 기록해야 한다. 아동은 다음 회기에 목록을 다시 가지고 오고, 치료사와 아동은 목록을 함께 살펴보며, 아동이 찾아낸 감정에 대해서 이야기해 볼 수 있다. 그리고 난 후에는 아동에게 스스로 감정 목록을 만들어 집에 가지고 가도록 하는데, 이때 아동은 자신의 내적 감정을 사용해 목록을 만들어야만 한다는 지시를 받는다. 아동 자신이 어떤 감정을 느끼고 있다고 생각되면, 해당되는 상황을 감정 목록에 적어 보도록 하고, 아동은 감정 목록을 다음 회기에 다시 가지고 와서 치료사와 이야기해 보도록 요청한다.

3) 이론적 근거

감정 수사관은 타인의 감정을 이해하고 인식하는 것에 초점을 둔다. 또한 이 기법은 사회적 관계, 타인의 신체언어 관찰 그리고 타인이 하는 말에 주의집중하기에 대한 사회적 기술 영역에도 노력을 기울인다. 치료사는 행복, 슬픔, 화남 등의 기본적인 감정을 넣어 감정 목록을 만들고 회기를 시작한다. 더 많은 목록은 회기를 진행하며 만들 수 있고, 이때 더 세분화된 감정을 다룰 수 있다. 부모는 아동의 감정을 확인하도록 돕고, 아동이 타인을 관찰하는 기회를 제공함으로써 감정 목록을 완성시키는 것을 돕도록 지도받아야 한다.

감정 수사관 활동지

이름: _____

행복한 _____

_____

외로운 _____

_____

흥분되는 _____

_____

화남 _____

_____

자랑스러운 _____

_____

초조한 _____

_____

사랑받는 _____

_____

부끄러운 _____

_____

질투 나는 _____

_____

5. 정서 이야기

주요 목표	정서조절
이차 목표	불안 감소
수준	아동과 청소년
준비물	종이, 연필
참여 방법	개인, 집단

1) 소개

ASD 아동과 청소년은 낮은 언어 이해능력을 가지고 있을 수 있다. 이 개입은 아동에게 정서와 관련된 문장 또는 핵심 단어를 듣도록 하는 수행에 초점을 둔다. 이는 아동으로 하여금 타인이 경험하는 정서적 상황을 이해하고 왜 타인이 특정 정서를 경험하는지 깨닫도록 한다.

2) 방법

회기 시작 전, 치료사는 1~3개의 짧은 이야기를 써서 준비하고, 이야기는 사람들의 다양한 정서에 관련된 것으로 한다(예시 포함). 치료사는 아동에게 정서와 관련된 이야기를 하나 읽어 준다. 치료사가 이야기를 읽어 주는 동안, 아동은 이야기를 듣다가 정서에 관한 이야기가 나올 때마다 치료사를 멈추고 확인하도록 지시받는다. 아동은 어떤 정서가 표현되었는지 이야기해야 하며, 이야기 속의 누가 정서를 표현했는지, 왜 그 인물이 그런 정서를 표현했는지 그리고 만약 아동이 그 인물과 같은 상황에 처한다면 비슷한 정서를 느낄지에 대해 이야기해 볼 수 있다. 이런 질문들은 아동이 치료사의 이야기를 멈추고 정서를 구별할 때마다 제시될 수 있다. 이야기가 끝나면 치료사는 또 다른 이야기를 읽어 주거나 혹은 아동에게 자신의 이야기를 스스로 써 보길 원하는지 물어볼 수 있다. 만약 아동이 자신의 이야기를 써 보겠다고 한다면, 아동은 자기의 이야기를 치료사에게 읽어 주고 치료사는 이야기에서 나타나는 아동의 정서를 맞추도록 한다. 아동에게 이야기를 읽어 줄 때, 아동이 이야기 속의 정서를 구별해 내지 못할 수 있다. 이때 치료사는 읽기를 멈추고 아동에게 파악하지 못한 정서가 있었음을 알린 후, 이야기를 다시 읽어 주며 빠트린 정서를 찾아볼 수 있는 기회를 준다.

3) 이론적 근거

이 기법은 정서적 경험을 공유함과 동시에 그 외의 정서조절에 관한 범주를 다룬다. 이야기의 길이와 난이도는 아동의 연령과 기능 수준 정도에 따라 달라질 수 있다. 다양한 이야기가 아동의 삶 속의 다양한 상황을 참고해 쓰일 수 있다. 정서를 파악하기 힘들어하는 아동의 경우에는 아동이 직접 이야기를 읽어 보는 것부터 시작할 수 있고, 아동이 찾은 모든 정서 단어에 동그라미를 친 후 그 정서에 대해 이야기해 볼 수 있다.

정서 이야기 예시 1: 샘의 첫 등교

샘은 자신의 알람시계가 울려서 잠에서 깼어요. 시간은 7시였고 첫 등교를 하기 위해 준비해야 할 시간이었어요. 샘은 피곤함을 느꼈고 침대에서 일어나기가 싫었어요. 엄마는 샘에게 어서 일어나 옷을 입어야 한다고 말했어요. 엄마는 샘이 학교 버스를 놓칠까 봐 걱정했어요. 샘은 침대에서 나와 옷을 입기 시작했어요. 샘은 여름 내내 보지 못했던 친구들을 만날 생각에 흥분되었지만, 한편으로는 친구들에게 놀림을 당하지 않을까 불안했어요. 샘은 옷을 다 입고 나서 아침밥을 먹었는데, 먹은 음식이 속을 불편하게 하는 느낌을 받았어요. 샘은 학교 버스에 탑승한 후에도 계속 불안함을 느꼈어요. 버스 안은 소음으로 가득

했고, 샘은 그 큰 소리에 짜증이 났어요. 마침내 버스는 학교에 도착했고, 샘은 교실에 들어갔어요. 샘은 드디어 학교에 도착한 것에 안도감을 느꼈어요. 샘의 절친한 친구인 샐리는 샘의 곁에 와서 앉았고, 이 때문에 샘은 기뻤는데, 어쩌면 학교가 나쁜 것만은 아닐지도 모른다고 생각했어요. 샘은 학교에 오기 위해서 매일 아침 7시에 일어나야 하는 걸 알지만 그럼에도 불구하고 등교하는 것에 조금 들뜨기 시작했어요.

정서 이야기 예시 2: 샐리의 남동생

샐리는 자신의 방으로 들어가서 많은 놀잇감과 즐겁게 놀 준비가 되었어요. 샐리가 방으로 들어갔을 때 샐리는 들떠 있었지만 방 안을 보곤 갑자기 화가 났어요. 남동생 마이클이 샐리의 방에 있었고, 샐리의 놀잇감들을 망가트려 놓았기 때문이에요. 샐리는 너무 화가 나서 마이클에게 방에서 나가라고 목청을 높여 소리 질렀어요. 마이클은 놀람과 동시에 무서워하는 것 같이 보였어요. 마이클은 샐리의 방에서 빠르게 도망쳤어요. 샐리는 자기 방을 둘러보고는 이내 슬퍼졌어요. 자기가 좋아하는 많은 놀잇감들이 부서져 있었기 때문이죠. 샐리의 엄마는 샐리가 마이클에게 소리 지르는 것을 듣고서 샐리의 방으로 들어왔어요. 엄마는 샐리의 슬프고 화난 모습을 발견하고 어떤 상황이 일어났는지 알아차렸어요. 엄마는 샐리에게 모든 것이 다 괜찮아질 것이라고 말했고 함께 부서진 놀잇감을 모두 교체할 수 있다고 했어요. 샐리는 기분이 좋아지기 시작했어요. 그리고 엄마는 샐리에게 특별한 자물쇠를 찾아 동생이 들어오지 못하게 할 수 있다고도 말했어요. 샐리는 동생이 자신의 방에 들어올 수 없다는 것과 새로운 놀잇감을 가질 수 있다는 사실에 신이 났어요.

6. 알파벳 감정

주요 목표	정서조절
이차 목표	사회적 기술
수준	아동과 청소년
준비물	알파벳 감정 목록, 감정 얼굴카드/그림
참여 방법	개인

1) 소개

자폐 스펙트럼 장애를 가진 아동과 청소년은 정서조절에 관련된 다양한 기술을 습득할 필요가 있다. 이 개입은 정서를 구분하기, 타인의 정서를 인식하기, 정서가 촉발되는 상황에 대해 이야기하기, 어떻게 부정적인 정서를 다룰 수 있을지 등을 다룬다. 이는 정서 표현에 초점을 두고 신체언어, 타인의 인식하기 등의 사회적 기술을 연습하고 습득한다.

2) 방법

치료사는 아동에게 알파벳을 이용해 감정을 이야기해 보자고 설명한다. 치료사는 아동에게 알파벳을 하나 고르게 한 후 그것을 감정 단어로 변화시키도록 지시한다. 예를 들어, 아동이 A를 뽑았다면 Angry와 같이 변형해 볼 수 있다(다음의 '알파벳 강점 목록' 참조). 만약 필요하다면, 치료사는 아동을 도와서 감정을 찾아낼 수 있도록 한다. 그 후 치료사는 아동에게 해당 감정을 표현하는 사람의 그림을 아동에게 보여 준다(그림은 잡지에서 가지고 오거나 또는 감정 얼굴카드를 사용할 수 있다). 치료사는 아동에게 그런 감정을 느꼈을 때 얼굴 표정과 몸짓을 해 보라고 할 수 있고, 그 후 아동에게 그런 감정을 느꼈던 때가 있었는지 물어볼 수 있으며, 마지막으로 그 감정을 어떻게 표현했었는지 물어볼 수 있다. 만약 부정적인 감정이 표현되었다면, 아동에게 기분이 나아지게 만드는 것을 찾아보자고 제안할 수 있다. 감정이 정리되고 난 후에 치료사와 아동은 또 다른 알파벳을 골라 또 다른 감정을 다루면서 회기를 진행할 수 있다.

3) 이론적 근거

알파벳 감정(alphabet feelings)은 폭넓은 정서조절 기술에 초점을 맞춘 개입이다. 이 기법은 다양하고 전반적인 정서를 다룰 수 있도록 도울 뿐만 아니라 정서조절에 관련된 것을 다룰 수 있게 한다. 치료사는 아동의 기능과 발달 수준에 따라 기법을 사용하며 더 많은 지시를 해야 할 수도 있다. 또한 이 개입은 치료사가 아동과 함께하고 싶다고 생각하는 요소들을 골라 응용하기 수월하다. 이 기법은 알파벳을 모두 사용하여 해당 감정을 다뤄 볼 수 있는 만큼 여러 번에 걸쳐 반복될 수 있다. 부모는 교육을 통해 아동과 함께 집에서 모든 알파벳에 해당하는 감정을 구분하는 작업을 진행해 볼 수 있다.

알파벳 감정

A. angry, annoyed, amused, anxious, awkward, abandoned, afraid, affectionate, aggressive, arrogant, admired, adventurous, ashamed
(화난, 짜증 난, 재미있는, 불안한, 어색한, 버림받은, 두려운, 다정한, 공격적인, 오만한, 존경받는, 모험적인, 부끄러운)

B. brave, bold, blissful, bitter, bored, battered
(용감한, 대담한, 행복한, 억울한, 지루한, 공격받는)

C. calm, caring, cheerful, confident, confused, comfortable, cooperative, curious, considerate, combative
(침착한, 배려하는, 명랑한, 자신감 있는, 혼란스러운, 편안한, 협조적인, 호기

심 많은, 사려 깊은, 전투적인)

D. defiant, discouraged, disappointed, dedicated, dejected, daring, delighted, depressed, devoted, dumb, distracted, different, destructive
(반항적인, 낙담한, 실망한, 헌신적인, 낙담한, 대담한, 기뻐하는, 우울한, 헌신적인, 멍청한, 산만한, 특이한, 파괴적인)

E. excited, enraged, envious, energetic, encouraged, eager, ecstatic, embarrassed, empty, excluded, enthusiastic
(흥분되는, 격분한, 부러운, 활기찬, 격려받은, 열성적인, 황홀한, 당황스러운, 공허한, 배제된, 열정적인)

F. fearful, fearless, frightened, free, fierce, fragile, fun, funny, furious, frustrated, frail, friendly
(두려운, 두렵지 않은, 놀란, 자유로운, 사나운, 연약한, 재미있는, 격노한, 좌절한, 연약한, 친절한)

G. genuine, glad, grateful, guilty (진실한, 기쁜, 고마운, 죄책감이 드는)

H. happy, hateful, healthy, helpless, honest, hopeless, hopeful, horrible, hostile, humiliated, hurt
(행복한, 증오하는, 건강한, 무력한, 정직한, 절망적인, 희망적인, 끔찍한, 적대적인, 굴욕적인, 상처받은)

I. impatient, inconsiderate, insecure, inspired, insulted, interested, intense, intrigued, irritated, isolated
(조급한, 사려 깊지 않은, 안전하지 못한, 영감받은, 모욕감, 관심이 있는, 강렬한, 흥미로운, 짜증 난, 고립된)

J. jealous, joyful (질투하는, 즐거운)

K. kind (친절한)

L. lonely, loving, loved, lousy, lovely, livid
(외로운, 사랑하는, 사랑받는, 형편 없는, 사랑스러운, 활기찬)

M. mad, mean, miserable, moody, mournful, manic, malicious
(몹시 화가 난, 비열한, 비참한, 우울한, 애절한, 흥분한, 악의적인)

N. nice, nasty, needy, nervous, negative, neglected
(착한, 고약한, 궁핍한, 초조한, 부정적인, 방치된)

O.   optimistic, outraged, overjoyed, overwhelmed
     (낙관적인, 격분하는, 매우 기쁜, 압도된)

P.   peaceful, proud, panicked, patient, pathetic, pessimistic, pleased, polite
     (평화로운, 자랑스러운, 당황스러운, 인내심이 강한, 한심한, 비관적인, 기쁜,
     예의 바른)

Q.   quiet (조용한)

R.   rejected, rebellious, rage, regretful, rejected, relieved, rotten, ruined, resentful
     (거절당한, 반항하는, 분노하는, 후회하는, 거부당한, 안도하는, 끔찍한, 망친,
     원망하는)

S.   sad, satisfied, scared, secure, sensitive, shy, spontaneous, strong, surprised,
     sweet, sympathetic, stressed, sleepy, smart, stupid
     (슬픈, 만족하는, 겁에 질린, 안전한, 민감한, 수줍은, 자발적인, 강한, 놀라운,
     달콤한, 동정적인, 스트레스를 받은, 졸린, 똑똑한, 어리석은)

T.   terrified, terrific, tender, tense, thoughtful, threatened, thrilled, tough,
     trustworthy, tired
     (겁에 질린, 멋진, 부드러운, 긴장되는, 사려 깊은, 위협적인, 흥분되는, 강인
     한, 신뢰할 수 있는, 피곤한)

U.   uncomfortable, understanding, unappreciated, uncertain, unloved, unworthy,
     useless, unusual
     (불편한, 이해하는, 인정받지 못하는, 불확실한, 사랑받지 못한, 가치 없는, 쓸
     모 없는, 특이한)

V.   vulnerable, violent, violated, vivacious
     (취약한, 폭력적인, 위반되는, 활기찬)

W.   weird, weak, warm, wild, worried, worthless, worthy
     (이상한, 약한, 따뜻한, 거친, 걱정하는, 쓸모 없는, 가치 있는)

X.   (can you think of a feeling)?
     (어떤 감정을 떠올릴 수 있나요?)

Y.   young, youthful, yucky (어린, 젊은, 역겨운)

Z.   zany, zealous (엉뚱한, 질투하는)

7. 걱정 나무

주요 목표	정서조절
이차 목표	불안 감소
수준	아동과 청소년
준비물	종이, 마커펜, 가위, 풀
참여 방법	개인, 집단

1) 소개

ASD와 기타 발달장애를 보이는 아동과 청소년은 시각적 학습에 강한 경향성을 보인다. 걱정 나무(Worry Tree)를 만드는 것은 아동이 집에서 걱정스럽거나 불안한 상황에 처할 때, 기억하여 자신의 감정을 다스리고 진정시키도록 돕는 시각 매체를 제공한다.

2) 방법

치료사는 아동에게 불안하거나 통제가 잘 되지 않을 때 스스로를 진정시킬 수 있는 데 도움이 될 작업을 하게 될 것이라고 설명한다. 치료사는 아동에게 종이 위에 나무를 그려 보라고 지시한다. 그리고 난 후 아동은 종이로 나뭇잎을 만들어 나무 위에 붙일 수 있다. 치료사와 아동은 아동의 걱정거리들을 나뭇잎 위에 적어 본다. 치료사와 아동은 그 외의 걱정에 대해서도 이야기해 볼 수 있다. 때로 이러한 걱정은 염려하지 않아도 될 것들일 수도 있고, 또는 비현실적인 것일 수도 있다(ASD 아동은 비현실적이거나 비이성적인 여러 가지 걱정을 하는데, 이 회기를 통해 현실적인 걱정과 비현실적인 걱정에 대해 이야기해 볼 수 있다). 치료사와 아동은 각각의 걱정에 대처하고 진정시킬 수 있는 기법에 대해 이야기해 볼 수 있다. 그리고 난 후 진정하는 기법을 나무 위에 적어 볼 수 있다. 치료사와 아동은 불안을 높이는 동시에 불안을 진정시키는 전략을 연습해 볼 수 있는 시나리오를 만들어 역할 놀이를 할 수 있다. 아동은 자신이 만든 것을 집에 가지고 갈 수 있으며, 이것이 불안하거나 걱정이 될 때 진정하는 기법을 기억하게 하는 참고 매체로 사용될 수 있음을 알아야 한다. 만약 아동이 나뭇잎에 쓰여 있는 어떤 감정을 더 이상 느끼지 않게 되면, 아동은 나무 위에 있는 나뭇잎을 떼어 낼 수 있고, 만약 기존에 느끼지 않았던 새로운 걱정이나 불안이 생겨나면 새로운 나뭇잎을 붙여 볼 수 있다.

3) 이론적 근거

이 기법은 아동과 청소년으로 하여금 불안과 걱정 등 부정적 정서를 이해하고 표현하며 관리할 수 있도록 돕는 작업이다. 나무는 아동에게 필요한 정서를 다룰 수 있도록 화난 나무, 불안한 나무 등으로 수정 또는 변경하여 사용될 수 있다. 치료사는 아동의 발달 수준에 따라서 아동의 상황 이해, 정서의 발견 그리고 정서조절과 진정하는 기법을 어떻게 적용하여 사용할 것인지 정할 수 있다. 이 개입을 통해 아동은 소근육 기술과 언어를 활용한 의사소통 기술을 함께 다룬다.

[그림 5-3] 걱정 나무

8. 일과표 파티

주요 목표	정서조절
이차 목표	불안 감소, 행동 변화
수준	아동
준비물	다양한 파티 놀잇감, 일과표 매체
참여 방법	개인

1) 소개

ASD 아동은 유독 시각 학습에 강하고, 이 때문에 간혹 다양한 시각 일과표를 사용하면 도움이 되기도 한다. 시각 일과표의 한 종류로는 일주일의 일과표가 있고, 이는 변화 속에서 아동에게 편안함을 주고, 조절이 가능하도록 돕는다. 이 작업은 ASD 아동에게 주 단위의 시각 일과표 만들어 보게 하는 재미있는 개입의 방법이다.

2) 방법

치료사는 부모와 함께 작업하면서 아동의 주 단위 활동 계획을 어떻게 시각적 일과표로 만드는지 알려 줄 수 있다. 일과표를 만드는 방법에는 여러 가지가 있고, 부모는 그중에서 아동에게 가장 적합하다고 생각되는 방법을 선택할 수 있다. 지울 수 있는 칠판이나 보드를 사용하거나, 종이에 적거나, 컴퓨터를 사용할 수 있고 또는 아동의 태블릿에 저장할 수도 있으며, 벨크로를 사용할 수도 있다. 치료사는 부모에게 '일과표 파티'를 어떻게 진행하는지 알려 줘야 한다. 부모는 매주 아동과 함께 다음 주 일과표를 만들 시간을 확보해야 한다. 이 시간을 '일과표 파티'라고 하며, 부모는 이 시간을 위해 파티 모자, 풍선, 파티용 피리 등을 준비한다. 부모와 아동은 이 시간에 매일의 일과표를 함께 작성해 보고, 부모는 아동이 하루 일과표를 완성하면 사탕을 주거나, 풍선을 쳐 보게 하거나, 피리를 불 수 있게 한다. 이것은 하루 일과표를 완성한 것에 대한 작은 축하라고 할 수 있다. 부모는 아동을 위해 즐겁고 매력적인 분위기를 유지하도록 노력해야 한다. 주 단위 일과표는 일주일 안의 모든 날을 포함하며, 매일 하루 일과는 아동의 기상부터 취침까지 시간 단위로 나누어 정리한다.

3) 이론적 근거

이 기법은 아동이 긍정적이고 편안한 감정을 시각적인 주간 일과표를 사용해 전반적인 조절을 경험해 보도록 한다. 일과표 파티는 아동으로 하여금 자신의 일과표에 대한 긍정적인 감정을 갖게 하며, 재미있는 부모-자녀 상호작용 기회를 제공한다. 시각 일과표는 일반적으로 아동의 조절장애를 줄여 주고 전이를 돕는다. 일과표의 양식은 아동의 발달 수준에 따라 달라질 수 있다(글 또는 그림). 시각 일과표에 대한 더 많은 정보를 확인하고 싶다면 www.handsinautism.org에서 확인해 볼 수 있다. 다양한 주 단위의 시각 일과표 예시 역시 온라인에서 확인할 수 있다.

9. 같은 계획/새로운 계획

첫 번째 목표	정서조절
두 번째 목표	불안 감소, 행동 변화
수준	아동
준비물	폼(Foam) 또는 카드 보드 조각, 마커펜, 미술 장식품, 접착제
참여 방법	개인

1) 소개

ASD와 발달장애 아동은 자신이 예측하지 못했던 상황의 변화, 돌발 상황 그리고 계획하지 않았던 일이 발생하는 경우에 어려움을 겪는다. 이 개입은 부모를 참여시켜 아동이 계획의 변화를 다룰 수 있도록 돕고 아동으로 하여금 더 침착하고 조절된 반응을 이끌어 내도록 한다.

2) 방법

남는 카드나 폼 조각을 사용하여, 치료사와 아동은 두 개의 카드를 만든다. 하나의 카드에는 크게 'S'자를 그려 넣고, 다른 하나의 카드에는 큰 'N'자를 그려 넣는다. 아동은 두 개의 카드를 장식한다. 치료사는 아동에게 '어떤 상황에서 계획이 차질 없이 이루어지면' 그것을 'S(stay)'라고 하고, '계획이 중간에 변화하고 새로운 사건이 발생하는 것'을 'N'이라고 설명해 주며 그러한 것에 대해 아동과 이야기 나눠 볼 수 있다. 아동은 자신이 만든 두 장의 카드를 집에 가지고 가서 부모님에게 전달한다. 부모님은 새로운 상황이 발생할 경우 카드를 사용해 아동의 이해를 도울 수 있다. 아동과 부모는 카드를 관리할 책임이 부모에게 있다는 것을 알고 있어야 하고, 언제라도 새로운 사건이 생기면, 부모는 N 카드를 아동에게 제시하고, 아동이 새로운 계획을 들을 준비가 될 때까지 기다려 줘야 한다. 그러고 나서 부모는 아동에게 새로운 계획을 이야기할 수 있다. S 카드는 아동이 계획의 변동이 없는지에 대해 물어볼 때 사용할 수 있다. 만약 계획에 차질이 없다면 부모는 아동에게 S 카드를 보여 줄 수 있다.

3) 이론적 근거

이 기법은 아동으로 하여금 계획하지 않은 변화 또는 즉흥적인 상황의 변화 속에서 자신의 정서를 다루어 볼 수 있도록 돕는다. 치료사는 N 카드가 새로운 계획을 의미하고, S 카드가 같은 계획을 의미하는 것이라는 점을 강조해서 알려 줄 필요가 있다. 아동이 N 카드를 보게 되었을 때, 자신이 생각했던 것과 다른 새로운 계획이 발생할 것이며, 아동이 N 카드를 보게 되더라도 그것이 괜찮을 것이라고 이해하도록 돕는 것이 중요하다. 이는 아동이 변화가 생길 수 있다는 것을 카드를 통해서 알고, 아동이 스스로 새로 발생할 상황에 준비를 하도록 함으로써 변화가 생겨도 괜찮다는 것을 연결해서 생각할 수 있도록 돕는다. 부모는 카드를 사용하는 방법을 미리 전달받아 알고 있기에, 아동은 카드를 집에 가지고 갈 수 있다. 부모는 한 세트 이상의 카드를 만들어 집에 보관할 수 있다.

[그림 5-4] 같은 계획/새로운 계획

10. 감자 아저씨의 감정

첫 번째 목표	정서조절
두 번째 목표	사회적 기술, 관계 맺기
수준	아동
준비물	감자 아저씨/아줌마 머리 놀잇감[1]
참여 방법	개인, 가족, 집단

1) 소개

자폐 스펙트럼 장애 그리고 발달장애 아동과 청소년은 종종 정서를 구분하는데 어려움을 경험한다. 이 개입은 아동으로 하여금 얼굴 표정에 드러나는 정서를 재미있는 방법을 통해 이해해 보도록 돕는다. 여러 가지 정서 표현을 감자 아저씨 머리(Mr. Potato Head)의 부속품들을 이용해 만들어 볼 수 있다. 치료사와 아동은 각자 감자 아저씨의 머리를 가지고, 두 사람은 여러 가지 얼굴 표정을 만들어 보며 상대방이 만든 얼굴의 감정을 구별해 보도록 한다.

2) 방법

감자 아저씨나 감자 아줌마 놀잇감(Hasbro Toys)[2]과 다양한 소품 매체를 사용해서 아동이 표현해 보고자 하는 다양한 표정과 놀잇감을 얼마든지 만들어 볼 수 있다. 이때 치료사 역시 자신의 감자 아저씨의 머리를 이용해 감정 얼굴을 만든다. 일단 얼굴 표정을 만들면, 그 표정을 상대에게 보여 주고, 상대는 그 표정

---

1) 다양한 플라스틱 부품(일반적으로 눈, 귀, 신발, 모자, 코, 바지 등)을 부착할 수 있는 '감자 머리' 형태의 미국 놀잇감이다.-역자 주
2) 미국의 다국적 기업으로 놀잇감 및 보드게임을 제조·판매하는 회사-역자 주

이 어떤 감정인지 알아맞혀 보도록 한다. 정확한 감정을 알아맞혔다면, 아동과 치료사는 해당 감정을 자신의 얼굴 표정을 통해 만들어 본다. 치료사는 아동에게 해당 표정을 지어 본 경험이 있는지에 대해 물어볼 수 있다. 치료사와 아동은 감자 아저씨의 머리를 통해 그들이 생각해 낸 다양한 표정을 만들어 보도록 한다. 치료사가 많은 부속품을 가지고 있는 것은 치료에 도움이 된다.

3) 이론적 근거

감자 아저씨의 감정은 정서를 구분하고, 이해하고, 표현하는 데 사용된다. 또한 이 활동은 소근육 기술 증진과 얼굴 표정 그리고 신체언어를 인식하는 사회적 기술 습득에 유용하다. 치료사는 감자 아저씨의 얼굴 표정을 변화시키는 데 사용되는 부속품들을 구매해야 한다. 감자 아저씨는 아동들에게 인기 있는 놀잇감으로, 긍정적이고 유쾌한 활동을 제공한다. 이 개입은 집단으로 진행할 수 있고, 부모에게 알려 줌으로써 아동이 집에서 온 가족과 함께해 볼 수도 있다.

[그림 5-5] 감자 아저씨의 감정

11. 그들이 느끼는 것은 무엇인가

첫 번째 목표	정서조절
두 번째 목표	사회적 기술
수준	아동과 청소년
준비물	잡지, 인덱스 카드, 펜, 접착제
참여 방법	개인, 집단

1) 소개

ASD 또는 기타 발달장애를 경험하는 아동과 청소년은 타인의 정서를 이해하고 인식하는 데 어려움을 경험한다. 이 개입은 아동으로 하여금 다른 사람이 어떤 감정을 가질지 그리고 왜 그런 감정을 가질지를 생각해 보도록 돕는다.

2) 방법

아동은 잡지를 이용해 서로 다른 정서를 느끼고 있는 사람들의 모습을 찾아오린다. 아동은 잘라 낸 여러 개의 예시를 인덱스 카드에 풀을 이용해 붙이고, 사진 속 인물의 감정을 적어 본다. 인덱스 카드 뒤에는 사진 속 인물이 왜 그런 표정을 짓고 있을지에 대한 아동의 생각을 적는다. 만약 부정적인 정서가 선택되었다면, 치료사는 아동에게 "무엇이 그 사람의 기분을 좋아지게 하는 데 도움이 될까?"라고 질문해 볼 수 있다. 치료사는 잡지를 사용하지 않고 다른 상황의 사람들이 서로 다른 정서를 보여 주는 카드를 구매할 수도 있다. 해당 카드는 교육용품을 파는 가게에서 구매할 수 있다. 아동의 정서조절 능력에 따라서 아동은 정서를 정확히 구분하고 표시하는 것에 도움이 필요하다. 또한 아동은 왜 사진 속 인물이 해당 정서를 보이는지에 대한 이유를 설명하는 데 도움이 필요하다. 치료사는 개입의 모든 단계에서 활동을 이끌고 아동을 도와 진행하며 아동에게 정서를 가르칠 기회를 만들어야 한다.

3) 이론적 근거

이 기법은 아동과 청소년에게 타인의 정서를 발견하고, 이해하고, 표현하고, 인식할 수 있도록 돕는다. 아동은 이 기법을 통해 소근육 기술과 언어 상호작용을 연습할 수도 있다. 아동과 청소년은 서로 다른 감정의 카드를 많이 만들 수 있고, 카드 안의 사람이 왜 그런 정서를 보이는지에 대해 이야기해 볼 수 있다. 그리고 아동이 새로운 감정을 발견했을 때 카드를 더 만들어 카드의 수를 계속해서 늘릴 수 있다. 아동은 만들어진 카드들을 집으로 가지고 갈 수 있다. 또한 아동은 카드들을 이용해 자신이 느끼는 정서나 타인이 느끼는 정서를 찾아볼 수 있다. 부모는 아동들과 함께 새로운 카드를 집에서 만들어 볼 수도 있다.

- Got some good news
- Gets to go to her favorite place and is excited
- Dancing
- Playing and having Fun

- Other kids did not want to play with him.
- Lost the soccer game
- Got hurt playing soccer
- Someone teased him

[그림 5-6] 그들이 느끼는 것은 무엇인가

12. 감정 열쇠고리

첫 번째 목표	정서조절
두 번째 목표	불안 감소, 행동 변화
수준	아동과 청소년
준비물	페인트 조각, 구멍 뚫는 펀치, 마커펜, 열쇠고리
참여 방법	개인, 가족, 집단

1) 소개

자폐 스펙트럼 장애 아동들은 종종 타인에게 자신의 기분을 설명하는 데 어려움을 느끼고, 특히 정서조절이 잘 되지 않는 상황에서 더 많은 어려움을 보인다. 이 개입은 아동과 청소년에게 그들이 어떤 감정을 느끼는지 타인에 설명할 수 있는 도구를 제공하고, 성인으로 하여금 아동이 어떤 것을 경험하고 있는지 더 잘 이해할 수 있도록 돕는다.

2) 방법

치료사는 아동에게 둘이 함께 감정 열쇠고리(Feelings Swatch keyring)를 만들기 위해 페인트 견본 카드를 사용할 것이라고 설명한다. 치료사는 아동에게 작게 자른 몇 장의 페인트 견본 카드를 준다. 아동들이 선택할 수 있는 다양한 색의 카드가 준비되어야 한다. 아동은 자신이 경험했던 여러 가지 감정을 생각해 본 후 페인트 카드를 골라 각각의 감정과 연결해 본다. 아동은 페인트 카드 위에 해당 감정을 적어 본다. 모든 감정을 페인트 카드에 적었다면, 아동은 각각의 페인트 카드에 펀치를 사용해 구멍을 내어 카드들을 열쇠고리로 연결한다. 아동이 감정 열쇠고리를 만들면 아동은 그것을 가지고 다니며, 타인에게 자신이 어

떤 기분을 갖고 있는지 보여 줄 수 있게 된다. 감정 열쇠고리가 완성되면, 치료
사와 아동은 함께 모든 감정을 다시 살펴보고, 각각의 감정을 느꼈던 상황에 대
해 이야기해 볼 수 있다. 치료사와 아동은 만들어 놓은 열쇠고리에 있는 감정 단
어들을 이용해 시나리오를 만들어 보는 연습을 할 수도 있다. 처음에는 8~10개
의 감정 단어로 시작하길 추천한다. 더 많은 감정은 언제라도 더해질 수 있다.
치료사는 아동의 열쇠고리 안에 아동이 특히 힘들어하는 감정 단어가 들어 있는
지 확인할 필요가 있다.

3) 이론적 근거

이 기법은 정서를 발견하고, 이해하며, 조절하는 데 도움을 준다. 이 기법은
아동 자신이 어떤 감정을 느끼고 있는지 타인에게 전달하기 위해 사용할 수 있
는 매우 효과적인 보조도구로 학교와 집에서 사용할 수 있다. 아동은 감정을 언
제라도 추가할 수 있다. 아동이 열쇠고리를 만들 때, 치료사는 아동이 빼놓은 감
정들을 포함시킬 수 있도록 돕는 것이 필요하다. 열쇠고리 안에 아동이 자주 경
험하는 감정이 포함되어 있도록 하는 것은 중요하다. 부모는 열쇠고리에 대한
지식을 갖고 있어야 하며, 아동에게 열쇠고리를 사용하도록 격려해야 한다. 또
한 부모는 아동이 열쇠고리에 감정을 더하는 작업을 도울 수 있다.

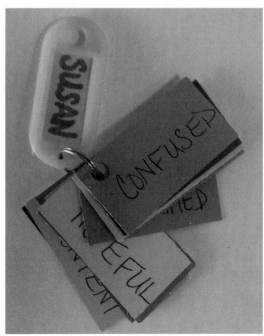

[그림 5-7] 감정 열쇠고리

13. 감정 얼굴카드

첫 번째 목표	정서조절
두 번째 목표	사회적 기술, 대인관계
수준	아동과 청소년
준비물	감정 얼굴카드 더미
참여 방법	개인, 가족, 집단

1) 소개

감정 얼굴카드(여러 교육 및 치료 용품 가게에서 구입할 수 있는) 더미를 사용하여, 치료사와 아동은 복잡한 정서에 초점이 맞춰진 인기 있는 다양한 카드 게임을 할 것이다. 게임의 예로는 감정 낚시(Feelings Go Fish), 감정 기억(Feelings Memory) 또는 감정 빙고(Feelings Bingo)와 같은 것이 있다.

2) 방법

감정 빙고는 한 세트의 감정 매칭 카드를 두 개로 나누어 게임을 진행한다. 하나의 카드 더미에서 카드를 꺼내어 5장씩 2열로 카드의 앞면이 보이게끔 늘어놓아야 하는데, 게임에 참여하는 모든 사람이 카드를 2열에 5장씩 놓아야 한다. 나머지 카드들은 섞어서 또 다른 카드 더미로 만든다. 섞은 카드 더미를 게임 참여자들 사이에 놓고, 참여자들은 각각 카드를 뽑고 해당 카드에 짝이 되는 카드를 찾아야 한다. 승자가 되기 위해서는 모든 카드의 짝을 찾아 이겨야 한다. 카드를 뽑을 때마다 매번 짝이 찾아지는데, 이때 참여자는 카드에 나타난 감정이 무엇을 의미하는지 다른 참여자들에게 이야기해 줘야 한다.

감정 낚시, 감정 기억 역시 매번 카드의 짝이 맞춰지는데, 이때 참여자는 자신이 뽑은 카드에 감정을 느꼈던 상황에 대한 이야기를 다른 참여자들에게 소개해야 한다. 이 세 가지의 게임은 다양한 방법으로 진행될 수 있고, 감정 얼굴카드를 가지고 여러 가지 게임을 만들어 볼 수도 있다. 치료사는 다른 카드 게임을 이용해 정서기술에 초점을 둔 게임들을 다른 방식으로 만들어 볼 수 있다. 짐 보그먼(Jim Borgman)이 고안한 감정 게임 카드(Feeling Playing Card)에서는 정서조절 기술을 다룰 수 있는 것을 포함한 여러 카드 게임을 소개하고 있다.

3) 이론적 근거

감정 얼굴카드는 다양한 게임을 통해 정서조절과 관련된 범주를 다룰 수 있게 한다. 치료사는 카드 게임을 고를 때 아동의 발달과 기능 수준을 고려할 필요가 있다. 부모는 게임을 습득하고 감정 얼굴카드를 구매하여 아동과 주기적으로 게임을 함께할 수 있어야 한다. 이 개입은 모든 가족 구성원에게 참여할 기회를 제공하며, 여러 가지로 변형된 게임이 진행될 수 있고, 또한 같은 게임을 반복해서 진행할 수도 있다.

14. 마음이론 인형

첫 번째 목표	정서조절
두 번째 목표	사회적 기술
수준	아동
준비물	퍼펫 인형
참여 방법	개인

1) 소개

이 개입은 아동으로 하여금 마음이론(Theory of Mind: ToM)을 학습해 보도록 돕는다. 마음이론이란 타인이 나와 다른 믿음, 소망 그리고 의도를 가질 수 있음을 이해하는 능력이라고 할 수 있다. 마음이론은 ASD 아동에게서 결핍되어 있는 것을 흔히 볼 수 있는데, 마음이론과 관련된 기술의 결핍은 사회적·정서적 어려움을 야기할 수 있다.

2) 방법

치료사는 아동에게 이제부터 퍼펫 인형을 이용해 사람들이 같은 것에 대해서도 다양한 감정과 의견을 가질 수 있음에 대해 이야기해 볼 것이라고 설명한다. 이 기법은 아동에게 퍼펫 인형을 통해 마음이론을 가르쳐 주는 것이지만, 연령이 높은 사람에게도 사용할 수 있다. 치료사는 3개의 퍼펫을 고르고(사람의 모습을 한 퍼펫 고르기를 추천함) 간단한 이야기를 만든다. 각각의 퍼펫은 같은 것에 대해 서로 다른 생각과 감정을 가지고 있어야 한다. 그 예로, 각각의 퍼펫이 사과파이를 먹는 상황에서 한 퍼펫은 맛있다 하고, 다른 퍼펫은 맛이 없다고 하고, 부끄러움을 타는 또 다른 퍼펫은 괜찮다고 할 수 있다. 그리고 나서 퍼펫들은 초콜릿 파이와 같이 다른 음식을 먹고 각자의 느낌을 좋다, 싫다, 괜찮다 등으로 다르게 표현할 수 있다. 이러한 놀이를 3~4회 진행할 수 있으며, 치료사는 아동에게 퍼펫과 함께 파이를 맛보라고 한 후, 파이에 대한 아동의 느낌을 말해 보라고 할 수 있다. 이때 아동이 성공적으로 맛보기 놀이에 참여했다면, 아동에게 퍼펫을 이용해 비슷한 놀이를 만들어 보라고 할 수 있다. 치료사는 같은 상황에서 서로 다른 의견을 말하는 퍼펫들의 이야기를 변형시켜 놀이를 여러 번 진행할 수 있다. 치료사는 아동의 퍼펫 이야기 놀이가 끝날 때마다 아동과 마음이론에 대해서 이야기해 볼 수 있다.

3) 이론적 근거

이 기법은 마음이론에 관련된 정서조절 작업에 적용 가능하다. 각각의 퍼펫들이 서로 다른 의견을 표현한다면 다양한 이야기를 사용해도 무방하다. 퍼펫의 이야기는 활기차고 재미있어야 하고, 치료사는 아동으로 하여금 이야기에 참여해 보도록 돕는다. 이때 치료사는 아동에게 자신의 생각과 의견을 이야기해 볼 수 있는 기회를 제공해야 한다.

[그림 5-8] 마음이론 인형

15. 나의 정서카드

첫 번째 목표	정서조절
두 번째 목표	사회적 기술
수준	아동과 청소년
준비물	(아무것도 적히지 않은) 빈 카드, 마커펜
참여 방법	개인, 가족, 집단

1) 소개

'나의 정서카드'는 아동과 청소년에게 자신의 감정을 카드로 만들어 볼 수 있는 기회를 제공한다. 완성된 카드를 이용해서 아동은 자신의 정서를 확인하고 이야기하여 나눠 보는 등의 여러 가지 게임에 활용될 수 있다. 치료사는 아동 그리고 부모와 함께 카드로 할 수 있는 여러 가지 게임을 만들어 볼 수 있다.

2) 방법

치료사는 아동에게 감정을 표현하는 카드들을 함께 만들 것이라고 설명해 준다. 아동은 비어 있는 카드에 감정을 표현하는 얼굴을 그리고 감정 단어를 적어 보도록 한다. 아동은 각 감정에 대한 카드를 두 장씩 만들어 짝을 맞춘다. 치료사는 필요한 경우 단어 쓰기, 철자법, 감정을 선택하고 구분하는 부분에서 아동을 도울 수 있다. 치료사는 아동에게 감정 목록을 제공하여 참고하도록 할 수 있다. 아동은 최선을 다해서 자신이 생각해 낼 수 있는 만큼의 얼굴 표정을 만들어 그릴 수 있다. 치료사 역시 카드를 만들어 아동의 카드 더미에 더할 수 있고, 특히 치료사가 아동에게 필요하다고 생각되는 정서카드를 더할 수 있다. 아동이 카드 만들기를 끝내고 난 후, 치료사와 아동은 정서카드 게임을 진행해 본다.

그 예시로는 감정 낚시와 감정 맞추기 등이 있다. 치료사와 아동은 나의 정서카드를 이용할 수 있는 다른 게임을 찾거나 새로운 게임을 고안해 볼 수도 있다.

3) 이론적 근거

이 기법은 게임을 다양화함으로써 정서조절 범주 내의 여러 가지 활동에 사용할 수 있다. 아동은 카드를 가지고 집에서 부모님과 게임을 할 수 있고, 게임은 변형되거나 반복될 수 있다. 아동은 완성하지 않은 빈 종이 카드를 집에 가지고 갈 수 있고, 집에서 느끼는 새로운 감정을 이용해 새로운 카드를 만들 수 있다. 치료사는 부모에게 카드 게임 아이디어를 제공하고, 새로운 게임을 만들어 보도록 격려해야 한다.

제6장

사회적 기술 개입

1. 사회적 기술 삭제하기

주요 목표	사회적 기술
이차 목표	행동 변화
수준	아동과 청소년
준비물	사회적 기술 삭제하기 활동지, 플라스틱 칩
참여 방법	개인, 가족, 집단

1) 소개

자폐 스펙트럼 장애를 가진 아동과 청소년들은 종종 사회적 기술 발달의 다양한 영역에서 어려움을 겪는다. 사회적 기술 삭제하기 개입은 아동이 자신의 특정한 사회적 기술의 결핍을 해결하는 것을 돕기 위해 쉽게 개별화된 개입이다. 이 개입의 삭제(cross-off) 요소는 확인된 사회적 기술들이 해결될 때까지 사회적 기술을 연습하고 과제를 수행할 수 있는 재미있고 매력적인 방법을 제공한다.

2) 방법

치료사는 아동들에게 게임을 하고 사회적 기술을 연습할 것이라고 설명한다. 한 장의 흰 종이에 치료사와 아동은 9×12칸(여기 포함된 예 참조)의 바둑판을 만든다. 치료사와 아동은 함께 9칸의 공간에 각각 사회적 기술을 적는다. 치료사는 대체로 아동들이 수행해야 하는 기술을 알고 있지만, 아동에게 의견을 내도록 요청해야 한다. 치료사와 아동은 플라스틱 칩이나 동전을 교대로 칸 위에 던진다. 사회적 기술에 떨어지면 치료사와 아동은 그 기술을 연습한다. 일단 연습을 하고 나면 아동은 그 칸의 사회적 기술을 삭제한다. 치료사와 아동은 모든 기술을 연습하여 완전히 삭제될 때까지 게임을 계속한다. 바둑판이 완성되면, 아동은 작은 상이나 사탕 조각을 얻을 수 있다.

3) 이론적 근거

사회적 기술 삭제하기의 개입은 아동과 청소년이 다양한 사회적 기술을 발달시키는 데 도움이 된다. 칸에는 아동이 수행하는 데 필요로 하는 어떠한 사회적 기술도 적을 수 있으며, 매 게임마다 바뀔 수도 있다. 기술은 아동이 사회적 기술을 향상시켜 감에 따라 기초적인 것으로 시작하여 좀 더 복잡한 것까지 될 수도 있다. 부모는 게임하는 방법을 배우고 이 칸에 적을 사회적 기술들에 대한 아이디어를 제공할 수 있다. 부모는 정기적으로 집에서 게임을 하도록 노력해야 하고 심지어 다른 가족 구성원을 포함하여 게임을 할 수도 있다. 아동이 필요한 사회적 기술을 더 많이 연습할수록 실제 상황에서 그것을 더 많이 수행할 수 있다.

사회적 기술 삭제하기 활동지

만약에 당신의 친구가 당신에게 잘못된 행동을 하도록 시킬 때 어떻게 할 수 있는지 보여 주세요.	몇 가지 좋은 태도를 보여 주세요.
당신이 어제 한 일에 대해 말하면서 누군가와 눈맞춤을 해 주세요.	자기소개를 하고 악수를 해 주세요.
어떤 단어나 말 없이 얼굴로 세 가지 감정을 표현하세요.	감정을 나누고 그런 감정을 느끼도록 만드는 무엇인가를 공유해 주세요.
선생님에게 예의 바르게 행동하는 장면을 보여 주세요.	다른 친구가 당신을 화나게 할 때 어떻게 할지 보여 주세요.
다른 사람의 말에 끼어들지 않고 듣는 연습을 하세요.	당신의 부모님을 돕는 방법을 두 가지 보여 주세요.
다른 사람에게 도움을 요청하는 연습을 하세요.	당신이 좋은 친구가 되는 장면을 만들어 주세요.

2. 사회적 기술 픽업 스틱

주요 목표	사회적 기술
이차 목표	정서조절, 관계 맺기, 행동 변화
수준	아동과 청소년
준비물	픽업 스틱 게임, 사회적 기술 활동지
참여 방법	개인, 가족, 집단

1) 소개

이 개입은 아동과 청소년이 사회적 기술을 연습하고 배우도록 돕는 매력적인 게임 형식이다. 일반적인 픽업 스틱 게임은 필요한 사회적 기술을 연습하도록 설계된 추가 요소와 함께 사용된다. 치료사는 개인별 사회적 기술 활동지를 만들어 함께 활동하는 개별 아동의 사회적 기술 결핍을 해결하도록 권장된다.

2) 방법

픽업 스틱 게임을 사용하여, 치료사는 픽업 스틱을 색깔별로 나열하고 각 색깔에 따라 연습할 수 있는 사회적 기술 목록 활동지를 만든다(여기 포함된 예 참조). 치료사와 아동은 일반적인 픽업 스틱 게임 규칙대로 게임을 한다. 아동이나 치료사는 특정한 색깔의 픽업 스틱을 집어 들고, 종이를 보고 색깔 아래에 나열된 사회적 기술 중 하나를 골라야 한다. 기술은 반복되는 것 없이 골고루 있어야 하고, 픽업 스틱을 다 가져가서 모든 기술을 연습할 때까지 게임을 계속한다. 몇몇 아동은 픽업 스틱을 움직이지 않고 집어 드는 데 어려움을 겪을 것이다. 아동들이 사회적 기술을 연습할 수 있도록 하는 것이 중요하기 때문에 치료사는 아동이 픽업 스틱을 약간 건드리는 것에 대해서는 허용해야 한다.

3) 이론적 근거

이 개입은 선택된 기술에 따라 사회적 기술, 주의집중력, 정교한 운동 기술, 정서조절까지도 발달시킬 수 있도록 돕는다. 사회적 기술 픽업 스틱은 여러 번 진행될 수 있고 사회적 기술 활동지는 필요에 따라 새롭거나 좀 더 복잡한 기술을 다루기 위해 바뀔 수도 있다. 치료사는 아동들이 회기를 시작하기 전에 픽업 스틱 색깔에 맞춰 사회적 기술 목록을 만들어야 한다. 부모는 개입을 배우고 사회적 기술 활동지가 주어진다. 또한 픽업 스틱 게임을 준비하고 자녀들과 집에서 게임을 하도록 권장된다. 부모는 필요에 따라 그들이 사회적 기술 활동지를 만들 수 있다.

사회적 기술 픽업 스틱

- 빨강
  - 누군가와 10초 동안 눈맞춤을 하세요.
  - 좋은 친구를 만드는 두 가지 방법을 말하세요.
  - 다른 친구와 당신이 할 수 있는 재미있는 활동을 세 가지 말하세요.
  - 이 방에 있는 누군가에게 질문을 하세요.
  - 이 방에 있는 누군가에게 하이파이브를 하세요.

- 파랑
  - 당신이 친구를 잃을 수 있는 행동을 말하세요.
  - 학교에서 아동들이 괴롭힘을 당하는 몇 가지 방법을 말하세요.
  - 긴장감을 낮추기 위해 당신이 할 수 있는 두 가지를 말하세요.
  - 당신이 친구와 할 수 있는 무엇인가를 이야기하세요.
  - 당신이 가장 좋아하는 운동을 하고 있는 것처럼 연기하세요.

- 노랑
  - 다른 사람과 악수하는 적절한 방법을 보여 주세요.
  - 당신을 소개하고 미소 지으세요.
  - 지나치게 크게 말하고, 지나치게 부드럽게 말하고, 알맞게 말하는 예를 보여 주세요.
  - 당신이 화났을 때 할 수 있는 두 가지 긍정적인 방법을 말하세요.
  - 당신이 누군가를 도울 수 있는 두 가지 방법을 말하세요.

- 초록
  - 1분 내에 당신이 한 일에 대한 이야기를 들려주세요.
  - 방에서 다른 사람에게 좋은 말을 해 주세요.
  - 이 방의 누군가에게 질문을 하세요.
  - 당신을 긴장시키는 두 가지를 말하세요.
  - 당신 학교에서 하는 재미있는 것에 대해 말하세요.

- 검정
  - 긍정적인 사회적 기술을 보여 주세요.
  - 당신이 잘하는 긍정적인 사회적 기술을 보여 주세요.

3. 잡지에서 찾기

주요 목표	사회적 기술
이차 목표	정서조절, 관계 맺기
수준	아동과 청소년
준비물	잡지
방법	개인

1) 소개

ASD 혹은 기타 발달장애를 가진 아동이나 청소년은 수많은 사회적 상황에 맞서게 된다. 많은 ASD 아동은 사회적 상황에 대해 높은 불안 수준을 경험하고 때로는 사회적 상황을 피하려고 한다. 이 개입은 아동이 상황을 파악하고 사회적 기술을 발달시키도록 돕고, 사회적 기술과 편안함의 수준을 높이기 위해 자신이 처했던 상황에 대해 이야기하는 것에 초점을 맞춘다.

2) 방법

치료사는 아동에게 사회적 기술을 향상하기 위한 게임을 하기 위해 잡지를 사용할 것이라는 것을 설명한다. 치료사는 아동에게 잡지를 준다. 치료사가 '시작'이라고 이야기하면, 아동은 잡지를 1분 동안 훑어보고 사회적인 행동을 하는 사람의 예시를 가능한 한 많이 찾아 설명한다. 치료사는 1분 동안 아동이 얼마나 많은 예시를 찾는지 추적한다. 또한 치료사는 예시가 정확한지 확인하기 위해 예시를 모니터링한다. 1분이 지나고 만약 부적절한 예시가 있다면 치료사는 아동과 이와 관련하여 토의한다. 아동은 몇 차례 돌아가며 각 차례마다 예시의 개수를 늘릴 수 있는지 볼 수 있다. 치료사와 아동은 역할을 바꿔 아동은 시간을 재고 치료사는 잡지에서 사회적 예시를 찾을 수 있다. 차례를 바꾸는 것은, 특히 치료사가 아동이 부딪히게 될지도 모르는 모델과 다양한 사회적 상황과 관련하여 이야기할 기회를 제공하는 것이다. 이 기술은 연습하고 숙달하기 위해 여러 번 시행되어야 한다.

3) 이론적 근거

잡지에서 찾기 개입은, 특히 아동들이 사회적 상황을 파악하고 말할 수 있도록 사회적 기술을 개발하는 데 효과가 있다. 만약 아동이 예시를 찾기 위해 애를 쓰고 있고 확신하지 못하는 것 같다면, 이 개입은 그들에게 다소 어려운 것일 수도 있다. 이때에는 개입 방법을 변형할 수 있다. 아동은 사회적 기술을 찾아 설명하는 대신에 감정을 보이는 누군가의 예시를 찾아야 하고 무슨 일이 일어나고 있는지 설명해야 한다. 부모에게는 이 게임을 배우고 집에서 시행하도록 권장한다.

[그림 6-1] 잡지에서 찾기

4. 행동 식별

주요 목표	사회적 기술
이차 목표	행동 변화
수준	아동과 청소년
준비물	없음
참여 방법	개인

1) 소개

ASD 아동과 청소년은 종종 다양한 상황에서 적절한 행동을 고심한다. 행동 식별은 재미있고 상호작용적인 게임으로서 아동이 특정 상황에서 적절한 행동과 부적절한 행동을 인식하도록 돕고 적절한 대응을 연습할 수 있도록 기회를 제공한다.

2) 방법

치료사는 인덱스 카드에 다양한 의식적ㆍ무의식적 행동(behaviors/actions)을 쓴다(예시가 여기 포함되어 있음). 치료사는 달리기, 말하기, 책 읽기, 비디오 게임 하기, 먹기 등의 행동을 시연한다. 아동은 그 행동이 어떤 행동인지, 어떤 상황에서 그 행동을 하는 것이 적절한지, 또 어떤 상황에서 그 행동을 하는 것이 부적절한지 추측해야 한다. 치료사는 여러 가지 다양한 의식적ㆍ무의식적 행동을 보여 줄 수 있는데, 아동이 각 행동을 하기에 적절한 장소와 부적절한 장소 및 상황을 구분할 수 없는 경우, 알려 줄 수도 있다. 또한 치료사와 아동은 역할을 바꿀 수 있다. 아동이 행동을 하면 치료사는 그 행동을 추측하고, 그 행동이 적절할 때와 적절하지 않은 때를 말해야 한다. 더 많은 행동의 예로는 소리치기,

코 후비기, 공 튕기기, 잠자기, 셔츠 벗기, 친구와 놀기 등이 있다.

3) 이론적 근거

　행동 식별 개입은 사회적 기술의 향상을 돕는데, 구체적으로는 아동의 특정 행동이 적절할 때는 언제인지, 그리고 맥락 혹은 상황에 부적절한 행동이 무엇인지를 인식할 수 있도록 돕는다. 치료사가 선택하는 행동은 아동이 해결하기 힘들어하는 것이어야 한다. 만약 그 행동을 아동과 연습하는 것이 적절한지 치료사가 확신하기 어렵다면, 부모와 상의하여 결정할 수 있다. 부모에게는 이 기술을 익히고, 아동이 어려움을 겪고 있는 몇 가지 특정한 상황에 초점을 맞추어 매일 집에서 이 기술을 연습하도록 안내한다.

행동 식별 카드

달리기	말하기	비디오 게임하기	먹기
책 읽기	소리치기	코 후비기	공 튕기기
잠자기	셔츠 벗기	친구와 놀기	음악 듣기
때리기	농담하기	누군가 안기	"안 돼."라고 말하기
부모님과 놀기	밖에서 놀기	정리하기	TV 보기

5. 사회적 기술 봉투

주요 목표	사회적 기술
이차 목표	관계 맺기, 행동 변화
수준	아동
준비물	종이봉투, 미술 장식품, 마커펜, 종이, 가위
참여 방법	개인, 집단

1) 소개

이 개입은 아동으로 하여금 자신이 얻어야 할 기술에 대한 반복적인 연습을 제공한다. 사회적 기술은 친구를 사귀는 것과 관련 있거나 자녀가 향상시켜야 하는 모든 사회적 기술로 일반화될 수 있다.

2) 방법

치료사는 아동에게 종이봉투를 사용해서 사회적 기술 봉투를 만들 것임을 설명한다. 치료사는 작은 종이봉투를 아동에게 주고, 아동 자신이 좋아하고 아동이 어떤 사람인지를 설명할 수 있는 형태로 가방을 장식하도록 지시한다. 가방을 장식하면, 치료사와 아동은 7개의 종이(매일 1개씩)에 아동이 향상시키기 위해 노력해야 하는 사회적 기술을 쓰는 작업을 함께 한다. 다 쓴 후에 그것을 종이봉투에 넣는다. 만약 그 회기에 시간이 남으면, 치료사와 아동은 함께 그 사회적 기술을 연습할 수 있다. 아동은 그 가방을 집으로 가져가 매일 종이 한 장을 꺼내어 부모와 함께 그 기술을 세 번 연습한다. 그다음 치료 회기에서 아동, 부모 그리고 치료사는 집에서 연습한 것을 재검토해야 한다. 연습하게 되는 사회적 기술은 치료사가 선택하기 쉽지만, 아동의 의견도 포함되어야 하며, 개선이 필요하다고 생각되는 사회적 기술을 적을 수 있다.

3) 이론적 근거

이 기법은 사회적 기술의 다양화를 위해 고안되었다. 부모는 사회적 기술 봉투를 어떻게 사용해야 하는지 배워야 하고, 그 종이봉투로부터 선택된 사회적 기술을 매일 연습하도록 한다. 부모와 아동이 매일 세 번씩 같은 기술을 연습하는 것이 중요하다. 더 많이 연습하면 그 기술을 더 향상시킬 수 있다. 만약 아동이 그 기술에 대해 더 많은 연습이 필요하다면, 같은 종이봉투를 한 주나 그 이상 더 연습할 수도 있다. 새로운 사회적 기술 봉투는 더 많은 사회적 기술에 착수하게 될 때 만들 수 있다. 이 기술의 변형으로 정서 봉투를 만들어 사용할 수 있는데, 이는 걱정과 같은 하나의 정서에 초점을 맞추어 종이 조각에 걱정이 어떻게 진행되고 표현되는지 설명하여 사용할 수 있다. 매일 가방에서 종이 한 장을 꺼내 걱정의 감정을 표현하는 방법을 연습하는 것과 같은 과정이 뒤따를 것이다.

[그림 6-2] 사회적 기술 봉투

6. 우정의 세계

주요 목표	사회적 기술
이차 목표	관계 맺기
수준	청소년
준비물	종이, 마커펜, 연필
참여 방법	개인, 집단

1) 소개

ASD 청소년은 종종 친구가 된다는 것이 무엇인지를 정확하게 파악하는 데 어려움을 겪는다. 몇몇 ASD 청소년은 학교에서 한 번 이야기를 나눈 아이를 좋은 친구로 분류한다. 우정의 세계는 청소년들이 우정의 다양한 수준, 즉 한 사람을 잘 안다는 것은 어떤 것인지, 깊이가 다른 우정은 어떤 것인가와 같은 내용을 알아가도록 돕는다. 이는 치료사와 청소년이 청소년의 삶에서 현재 우정에 대해 토론할 수 있는 기회를 제공하고, 친구 관계를 평가하는 것뿐만 아니라 사회적 기술을 발달시키는 데 도움이 된다.

2) 방법

치료사는 청소년에게 청소년의 현재 우정을 확인하는 활동을 할 것임을 설명한다. 치료사와 청소년은 종이에 행성을 그린다(여기에 예가 포함되어 있음). 청소년은 행성 체계의 가장 큰 원에 자신의 이름을 쓴다. 나머지 각 행성에는 청소년의 삶에 연관된 다른 친구를 쓴다. 청소년은 청소년에게 가까운 행성에 자신에게 정서적으로 가깝다고 여기는 친구의 이름을 쓴다. 청소년에게 가깝지 않은 친구의 이름은 그 청소년의 이름으로부터 좀 더 먼 곳에 있는 행성에 쓴다.

친구는 가족 구성원도 포함시킬 수 있다. 청소년이 쓰기를 마치면, 치료사와 청소년은 청소년이 만든 것을 토대로 친한 친구 대 지인에 대한 우정의 다른 수준에 대해 이야기를 나눈다. 치료사는 청소년 자신이 적어 놓은 사람들 중 일부를 얼마나 잘 알고 있는지 토론하고 친한 친구가 된다는 것을 개념화하는 데 시간을 할애해야 한다.

3) 이론적 근거

이 기법은 우정과 관계에 관련된 사회적 기술을 향상시키는 데 주력한다. 이 기법은 부모와 공유할 수 있으므로 자녀와 우정에 대해 더 이야기하고, 개념을 강화할 수 있다. 이 기법을 일주일 내내 집에서 연습할 필요는 없다. 치료사와 함께하는 회기에서 다시 논의될 수 있다. 치료사는 청소년이 주기적으로 새로운 우정의 세계를 만들어 변화가 있는지 확인하도록 할 수 있다.

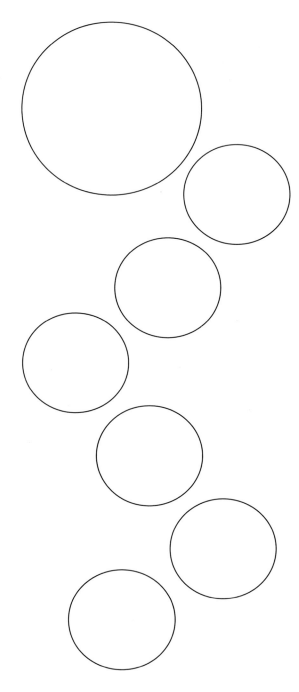

[그림 6-3] 우정의 세계

7. 역할극

주요 목표	사회적 기술
이차 목표	행동 변화
수준	아동과 청소년
준비물	없음
참여 방법	개인, 가족, 집단

1) 소개

ASD 및 기타 발달장애 아동과 청소년은 상황에 대한 역할극을 통해 많은 도움을 받는다. 치료사는 아동 및 청소년이 사회적 기능이나 행동을 개선해야 하는 여러 상황을 식별할 수 있다. 역할극은 아동과 아동의 상황, 아동이 겪고 있는 실제 상황에 관한 것이어야 한다. 역할극은 재미있고 매력적일 수 있으며 소품과 다른 사람들을 포함한다.

2) 방법

치료사는 아동이 어려움을 겪고 있는 몇몇 상황에 대해 역할극을 할 것이라고 설명한다. 치료사와 아동은 어떤 상황의 역할극을 할 것인지, 또 역할극을 하면서 어떤 사회적 기술을 다룰 것인지에 대한 다양한 사회적 상황을 결정한다. 몇 가지 일반적인 예로는 누군가가 의도적으로 혹은 우연히 하는 행동을 인식하는 방법, 이기고 질 때 행동하는 방법, 이야기할 때와 들을 때, 교사에게 질문하는 방법, 만났을 때와 헤어질 때 인사하는 방법, 불량배(괴롭히는 사람)에 대응하는 방법 등이 있다. 역할극은 회기 내내 여러 번 연습해야 한다. 반복과 연습은 기술 습득에 필수적이다. 아동이 역할극에서 더 많은 상황과 행동을 해 볼수록 실제 상황에서 원하는 행동을 할 가능성이 더 높아진다.

3) 이론적 근거

이 기법은 역할극을 통해 사회적 기술을 개발하는 데 도움이 된다. 치료사와 아동은 다양한 사회적 기술을 익힐 수 있다. ASD 아동을 위한 사회적 기술 개발에 가장 좋은 방법 중 하나가 역할극이다. 치료사는 어떤 시나리오든 선택할 수 있는데, 어떤 상황에서 행동하는 방법, 대처하는 방법, 상황을 다루는 방법 등에 대해 아동과 역할극을 할 수 있다. 역할극을 할 때는 은유나 아동과 비슷한 상황으로 하지 않는 것이 가장 좋다. 대신 아동에 대해 직접 이야기하고, 주어진 상황에서 해야 할 일에 초점을 맞춰야 한다. 역할극은 부모에게 가르칠 수 있고, 부모는 집에서 자녀와 함께 역할극 연습을 할 수 있다. 또한 부모는 주의가 필요하다고 느끼는 상황에 대해 역할극을 할 수도 있다. ASD 아동이 연습해야 할 몇 가지 일반적인 예로는 식당에서 행동하는 방법, 예의 있게 행동하는 방법, 차에서 행동하는 방법, 형제가 화나게 했을 때 대처하는 방법, 집안일하는 방법 등이 있다.

일반적인 역할극 시나리오

이기고 질 때 대응하는 방법

말하기와 듣기

선생님에게 질문하는 방법

"안녕."이나 "잘 가."라고 말하기

식당에서 행동하는 방법

식당에서 자신이 먹을 음식을 주문하는 방법

"죄송하지만(please)"과 "고마워요."라고 말하기

차에서 행동하는 방법

형제자매가 화나게 만들 때 행동하는 방법

부모님이 집안일을 부탁할 때 행동하는 방법

무언가를 위해서 대기선에 서고 기다릴 때 행동하는 방법

다른 상황에서 각각 목소리 톤을 다르게 하기

머리 자르러 갔을 때 행동하는 방법

병원 갔을 때 행동하는 방법

누군가와 이야기할 때 눈맞춤하기

애완동물 돌보는 방법

다른 아동과 놀이하는 방법

누군가에게 찬사 보내기(칭찬하기)

또래 압력을 다루는 방법

적절한 유머를 이해하기

8. 친절 사탕 활동

주요 목표	사회적 기술
이차 목표	관계 맺기, 행동 변화
수준	아동
준비물	종이, 알루미늄 호일, 마커펜, 미술 장식품, 접착제
참여 방법	개인, 가족, 집단

1) 소개

이 개입은 ASD 아동이 다른 사람들에게 친절하게 대하는 방법을 인식하고 친절한 행동을 연습할 수 있는 재미있고 표현할 수 있는 방법을 제공한다. ASD 아동은 다른 사람들에게 긍정적인 표현을 하는 것이 어려울 때가 있다. 이 개입은 아동이 다른 사람들이 좋아할 만한 친절한 행동을 하는 것을 인식하게 하고 친절한 행동을 할 기회를 제공한다.

2) 방법

치료사는 아동에게 사탕을 만드는 방법과 다른 사람에게 친절하게 대하는 방법에 대해 배울 것이라고 설명한다. 치료사와 아동은 작은 종이에 자신이 다른 사람에게 할 수 있는 여러 친절한 일을 적는다. 아동은 알루미늄 호일이나 종이로 만든 사탕 포장지를 만들고 꾸민다. 친절한 일을 적은 작은 종이들을 사탕 포장지 속에 넣는다(사탕 포장지 하나에 종이 하나씩). 치료사와 아동은 원하는 만큼 친절 사탕을 만들 수 있는데, 적어도 일곱 개는 만들어야 한다(일주일 동안 매일 하루에 한 개씩). 아동은 사탕을 가지고 집에 가서 하루에 사탕 포장지 한 개를 벗기고 그날에 친절한 일을 해야만 한다. 다음 회기에 아동은 치료사에게 친절한 행동을 어떻게 했는지를 보고해야 한다. 이전의 활동을 반복하거나 새로운 친절한 행동으로 이 개입을 여러 번 반복할 수 있다. 치료사는 아동이 할 수 있는 활동으로 제안하되, 아동에게 의견을 물어봐야 한다. 만약 시간적 여유가 있다면, 치료사와 아동은 친절한 행동을 직접 해 볼 수도 있다.

3) 이론적 근거

친절 사탕 활동은 다른 사람들에게 주목하고 다른 사람들을 위해 친절한 행동을 하는 것과 같은 사회적 기술 발달에 도움이 된다. 부모들은 하루에 한 개의 사탕 포장지를 벗기는 데 참여하고 자녀와 함께 그 기술을 연습할 수 있도록 설명을 듣는다. 만약 아동이 이 기술을 계속 지속해야 할 필요가 있다면 부모는 몇 주간 활동을 지속한다. 노력해야 하는 새로운 사회적 영역의 새로운 사탕을 회기 동안 또는 집에서 만들 수 있다. 사탕 포장지 속의 사회적 기술은 반드시 친절한 행동일 필요가 없다. 아동이 발달시킬 필요가 있는 어떠한 사회적 기술이라도 상관없다.

[그림 6-4] 친절 사탕 활동

9. 나의 안전 바퀴

주요 목표	사회적 기술
이차 목표	행동 변화
수준	아동과 청소년
준비물	종이, 연필
참여 방법	개인, 집단

1) 소개

　ASD 및 기타 발달장애 아동들은 안전에 대해서 필수적으로 배워야 한다. 발달 문제가 있는 많은 아동은 다양한 방법으로 쉽게 따돌림을 당하고 안전하지 않은 상황에서 어떻게 해야 할지를 잘 모른다. 발달 문제를 가진 아동들은 안전하지 않은 상황을 인지하는 것조차 어려울 수 있다. 이 개입은 아동들이 집에 가져가서 기억할 수 있는 안전한/안전하지 않은 사람, 물건, 장소를 시각적으로 표현한다.

2) 방법

　치료사는 아동에게 안전 문제에 대해서 의논할 것임을 설명한다. 치료사와 아동은 종이 한 장을 8등분한다(여기에 포함된 예시를 참고하면 된다). 분할된 면에 '안전한 장소' '안전한 사람' '안전한 활동' '안전한 물건' '안전하지 않은 장소' '안전하지 않는 사람' '안전하지 않은 활동' '안전하지 않은 물건'이라고 이름을 붙이고, 아동이 하고 싶어 한다면 종이의 각 면을 꾸며도 된다. 치료사는 아동이 각 부분에 안전/안전하지 않은 물건 또는 사람을 구별하게 한다. 아동은 각각의 해당되는 부분에 안전한/안전하지 않은 것들을 적는다. 치료사는 '안전한'과 '안전하지 않은'의 의미에 대해서 말해 준다. 만약 아동이 어떤 사람이나 물건이 안전한지 안전하지 않은지 잘 알지 못하면 치료사가 도와줄 필요가 있다. 치료사가 각 부분에 첨가할 수도 있지만, 우선은 아동들이 스스로 생각할 수 있는 모든 것을 적어야 한다. 치료사는 '안전한'과 '안전하지 않은'의 개념을 설명해 주어야 하고, 아동이 글을 잘 쓰지 못하거나 못 쓴다면 대신 써 줘야 한다.

3) 이론적 근거

이 기법은 안전과 관련한 사회적 기술을 발달시키는 데 도움이 되고, 내용 면에서는 아동과 청소년들이 다를 것이다. 치료사는 안전한/안전하지 않은 것들이 적절하게 배치되어 있는지 확인해야 한다. 만약 아동이 몇 개를 빼놓았다면 치료사는 그 부분을 더 추가해야 한다. 이 기법은 부모에게 가르칠 수 있고, 부모는 주기적으로 자녀들에게 안전 바퀴를 통해 집에서 개념을 강화할 수 있다. 아동은 주기적으로 이 활동을 다시 해 보면서 무엇이 안전하고 안전하지 않은지 배우는 것을 계속 연습한다면 이 개입을 통해 큰 도움을 얻게 된다.

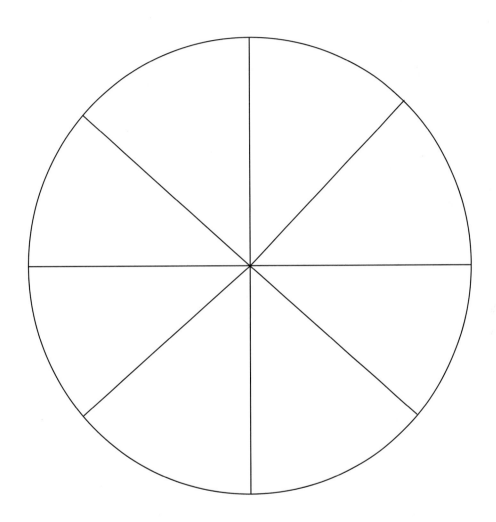

[그림 6-5] 나의 안전 바퀴 활동지

10. 대화 풍선

주요 목표	사회적 기술
이차 목표	행동 변화, 관계 맺기
수준	아동과 청소년
준비물	대화 풍선 활동지, 연필
참여 방법	개인

1) 소개

대화 풍선 활동지는 아동과 청소년이 어떤 상황에서 어떤 말을 하고 어떻게 말할지를 연습할 수 있게 한다. 또한 아동이 이야기 쓴 것을 집으로 가지고 가서 어떤 상황에서 어떤 말을 해야 할지 기억하는 데 도움이 된다. 이 개입은 일반적인 상호 대화기술에도 도움이 될 뿐만 아니라 아동이 힘들어하는 특정 유형의 대화에도 도움이 된다.

2) 방법

대화 풍선 활동지(풍선 모양이 이 책에 포함되어 있다)를 사용하여, 첫 번째 풍선에 치료사가 대화를 시작할 때의 대화를 적는 것으로 시작한다. 그러고 나서 아동은 다음 풍선에 적절한 반응을 적어야 한다. 이후 치료사는 다음 풍선에 아동이 적은 것에 대한 반응을 적는다. 이 활동은 적절하게 마무리가 될 때까지 계속된다. 일단 대화가 끝나게 되면 치료사는 아동이 이 대화를 어떻게 느꼈는지를 다루고, 더 좋아질 수 있는 영역을 다루어야 한다. 그 후 치료사와 아동은 아동이 먼저 시작하는 새로운 대화를 시작할 수 있다. 만약 아동이 반응하는 것을 어려워한다면, 치료사는 아동에게 적당한 예시를 주어 도와줄 수 있다. 대화는 어떤 것이든 가능하지만 아동이 겪고 있는 실제 상황을 다루는 대화라면 매우 유용하다. 치료사는 '안녕, 내 이름은 로버트야.' '2주 뒤에 개학하는 것을 알고 있니?' '안녕, 도서관에서 뭐 찾는 것 도와줄까?' 등으로 대화를 시작할 수 있다.

3) 이론적 근거

이 기법은 상호 대화기술에 관한 사회적 기술을 발달시키는 데 도움이 된다. 소근육 운동 기술과 쓰기 기술에 도움이 된다. 치료사와 아동은 원하는 만큼 많은 주제를 다룬 대화 풍선 작업지를 완성할 수 있다. 또한 부모는 이 기법을 훈련받을 수 있고 대화 풍선 활동지를 복사해 갈 수 있다. 부모는 정기적으로 자녀들과 가정에서, 특히 자녀들이 대화가 잘 되지 않았던 상황을 다루는 연습을 할 수 있다.

[그림 6-6] 대화 풍선 활동지

11. 뭐라고 말하지, 뭘 하지

주요 목표	사회적 기술
이차 목표	행동 변화, 정서조절
수준	아동과 청소년
준비물	인덱스 카드, 연필
참여 방법	개인

1) 소개

ASD 아동과 청소년이 겪는 주요 문제 중의 하나는 사회적 상황에 존재하면서 대응하는 것이다. 이 개입은 아동과 청소년이 발달시킬 필요가 있는 다양한 사회적 기술을 의논하고 연습할 기회를 제공한다. 치료사는 각 아동에 맞게 이 개입을 개별화하고 아동에게 어려운 특정 상황을 다룰 수 있다.

2) 방법

치료사는 아동에게 다양한 사회적 상황에 대응하는 방법을 다룰 것이라고 설명한다. 치료사는 인덱스 카드에 몇 가지 간략한 시나리오를 적는다. (아동이 치료 회기에 도착하기 전에 준비한다.) 치료사는 아동에게 시나리오 중 하나를 읽어 준다. 아동은 "뭐라고 말할 거니?" "무엇을 할 거니?"와 같은 그 이야기에 관한 1~2개의 질문에 대답을 해야 한다. 이야기는 아동의 일상생활과 관련이 있는 시나리오에 초점을 둔다. 예를 들면, "어느 날 다니엘(내담아동의 이름)이라는 소년이 길을 걷고 있었어. 나이가 많은 소년이 다니엘에게 다가와서 그에게 담배를 피워야 한다고 했어."(내담아동이 잘 대처하지 못했던 실제 상황임)일 수 있다. 아동은 이 상황에서 어떻게 행동하고 말할 것인지 대답해야 한다. 치료사는 적절한 반응 또는 행동을 다루어서 아동이 적절한 행동을 하고 적절히 말하는 것을 배울 수 있게 한다. 치료사와 아동은 아동의 반응을 의논할 수 있는 여러 개의 이야기로 이 활동을 한다. 만약 아동이 반응을 생각하는 것을 어려워한다면, 아동이 적절한 반응을 배울 수 있도록 하는 작업을 해야 할 것이다.

3) 이론적 근거

이 개입은 다양한 사회적 기술에 도움이 될 수 있다. 치료사가 만들어 낸 이야기를 통해 상호작용, 정서 반응, 관계 맺기 요소를 다룰 수 있다. 치료사는 회기 전에 몇 가지 이야기를 준비해야 한다. 이 기법을 몇 번 해 본 다음에, 치료사는 아동이 이야기 만들기를 원하는지 물어볼 수 있다. 이 기법에 부가적으로 아동이 무엇을 말하고 행동할지 보여 준 것을 역할극으로 해 볼 수도 있다. 부모는 집에서 이 개입을 실시해 보고, 정기적으로 자녀와 연습할 수 있도록 배울 수도 있다.

12. 사회적 기술 비눗방울

주요 목표	사회적 기술
이차 목표	관계 맺기
수준	아동
준비물	비눗방울
참여 방법	개인

1) 소개

아동들은 실제 상황에서 적용할 수 있는 기술을 습득하기 위해서 부족한 기술을 반복적으로 연습할 필요가 있다. 이 개입은 비눗방울을 이용하여 아동이 발달시켜야 하는 것과 관련 있는 다양한 사회적 기술을 연습하도록 한다. 몇 개의 다양한 사회적 각본 또는 상황이 비눗방울을 부는 과정에서 만들어질 수 있다. 이 개입은『문제 아동과 청소년을 위한 더 창의적인 개입(More Creative Interventions for Troubled Children and Youth)』에 실린 리아나 로웬스타인(Liana Lowenstein)의 '비눗방울' 기법을 적용한 것이다.

2) 방법

치료사는 아동에게 비눗방울을 불면서 사회적 기술을 증진시키는 것에 집중한다고 설명한다. 치료사는 비눗방울에 이용할 대본을 만드는 것부터 시작한다. 치료사는 아동에게 대사를 읽어 주고 비눗방울 부는 것을 이용하여 대본 시연하는 것을 연습하게 된다고 말해 준다. 몇 가지 사례는 다음과 같다.

• 자기소개, 순서대로 하기, 나누기: 치료사와 아동은 비눗방울 불기를 번갈아

가며 하고, 한 번에 한 사람이 비눗방울을 분다. 치료사가 먼저 비눗방울을 불면서 시작하고, 아동은 "안녕, 내 이름은 ○○야. 내가 비눗방울을 해도 될까?"라고 말한다. 치료사는 "그래, 너에게 줄게."라고 대답하고, 아동에게 비눗방울을 준다. 아동은 "고마워."라고 말하고, 치료사는 "천만에."라고 대답한다. 그리고 나서 아동은 비눗방울을 불고, 대사를 반복한다. 연습과 숙달을 위해 몇 번 지속될 수 있다.

- 다른 사람에게 싫어하는 것을 말하기와 다른 사람이 싫어하는 것을 말하는 것을 듣기: 아동은 풍선을 분다. 치료사는 "나는 비눗방울을 좋아하지 않아. 제발 치워 줄래?"라고 말한다. 아동은 "미안해. 나는 저쪽에서 불게."라고 말한다. 그리고 나서 치료사는 "고마워."라고 말한다.

3) 이론적 근거

이 기법은 다양한 사회적 기술을 발달시키도록 한다. 부모는 사회적 기술 비눗방울을 자녀들과 연습해 보도록 배울 수 있다. 부모와 자녀는 다양한 기술을 연습하면서 가정에서 사회적 기술 비눗방울 놀이를 해 볼 수 있다. 치료사는 아동이 연습할 필요가 있는 시나리오의 몇 가지 다양한 대본을 개념화하여 부모에게 가르쳐 줄 수 있다.

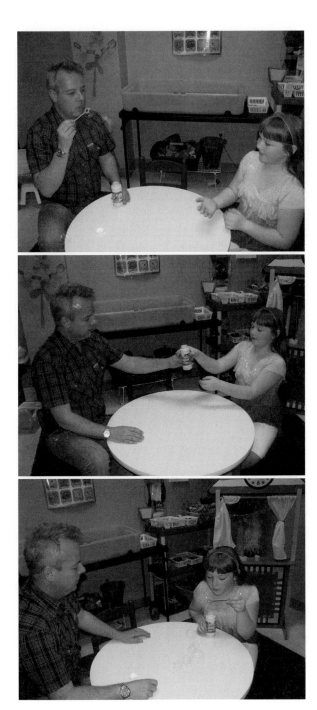

[그림 6-7] 사회적 기술 비눗방울

13. 사회적 벽돌 길

주요 목표	사회적 기술
이차 목표	행동 변화
수준	아동과 청소년
준비물	종이, 마커펜, 인덱스 카드, 사탕
참여 방법	개인

1) 소개

사회적 벽돌 길은 아동과 청소년이 부족한 사회적 기술을 향상시키는 데 열중할 수 있는 재미있고 창의적인 방법이다. 치료사는 특정한 기술을 다루거나 새로운 기술 게임을 반복하도록 개입을 설계할 수 있다. 개입의 마지막에 작은 상을 주게 되면 참여하는 아동에게 추가 보상이 될 수 있다.

2) 방법

치료사와 아동은 벽돌처럼 그려진 종이를 5~7개 정도 만든다. 그리고 나서 아동이 잘 대처하지 못했던 몇 가지 사회적 상황에 대해서 의논하고 종이벽돌 뒷면에 그 상황을 쓴다. 그리고 각 상황에 적절한 사회적 기술, 반응 또는 대응에 대해서 논의하고 각 벽돌의 뒷면에 적는다. 치료사는 각 종이벽돌을 치료실 바닥에 놓는다. 벽돌은 시작점과 끝나는 지점의 순서대로 배열되어야 한다. 아동에게 시작 벽돌부터 걷고, 벽돌을 집어 올리고, 사회적 문제와 해결 방안(개선안)을 읽도록 한다. 그리고 나서 치료사와 아동은 적절한 사회적 기술을 시행하는 시나리오를 역할극으로 해 본다. 아동은 두 번째 벽돌로 이동하고 사탕 보상(또는 다른 종류의 상)이 있는 마지막 벽돌에 도착할 때까지 이 과정을 반복한다.

3) 이론적 근거

이 기법은 다양한 사회적 기술을 발달시키는 데 도움이 될 수 있다. 치료사는 아동이 최근에 잘 대응하지 못한 실제 상황의 경험에 기초하여 향상될 필요가 있는 사회적 기술을 선택해야 한다. 이 개입은 새로운 사회적 기술 벽돌로 여러 번 놀이할 수 있다. 부모는 이 기법을 배워서 집에서 여러 번 해 볼 수 있도록 한다. 길의 마지막 상품은 스티커, 사탕 또는 작은 놀잇감처럼 아동이 받으면 좋아할 만한 것이면 된다. 상으로 주기에 사탕이나 음식 같은 것이 염려된다면 치료사는 우선 부모에게 아동의 알레르기 또는 특정 식이요법 등에 대해 조사하고 이를 의논해야 한다.

[그림 6-8] 사회적 벽돌 길

14. 분할과 정복

주요 목표	사회적 기술
이차 목표	관계 맺기
수준	아동과 청소년
준비물	풍선
참여 방법	개인, 가족, 집단

1) 소개

ASD 아동과 청소년 그리고 기타 발달장애 아동과 청소년은 종종 다른 사람들과 함께 작업하거나 팀의 일원으로 참여해야 하는 도전을 하게 된다. 이 개입은 아동과 청소년에게 다른 사람들을 인식하고 과업을 완성하기 위해 다른 사람들과 작업하는 방법을 가르치는 데 초점을 둔다. 이것은 재미있고 매력적인 게임 형식으로 팀워크 개념을 포함한다.

2) 방법

치료사는 아동에게 게임을 할 것이고 한 팀으로서 함께해 나가야 한다고 설명한다. 치료사와 아동은 서로 치료실에 서 있을 장소를 선택한다. 치료사는 아동에게 치료실 어디에나 있을 수 있지만, 일단 한 곳에 있게 되면 그들은 발이 바닥에 붙은 것처럼 해야 하고 발을 움직일 수 없다고 설명한다. 치료사와 아동은 발을 움직이지 않고 공중에서 풍선을 왔다 갔다 치면서 풍선이 땅에 닿지 않도록 해야 한다. 치료사는 아동과 함께 작업한다는 개념과 팀워크에 대해서 서로 논의하는 시간을 가져야 하며, 게임에서 성공하기 위한 단 한 가지 방법은 서로에게 관심을 기울이고 팀으로서 함께하는 것뿐임을 의논해야 한다. 또한 치료사와 아동은 각자 어디에 서서 치료실 공간을 담당할 것인지에 대해 작전을 짜고 계획을 세워야 한다. 만약 풍선이 바닥에 떨어지면, 치료사와 아동은 풍선이 공중에서 더 오래 머물도록 하기 위해 다른 장소에서 다시 시작할지를 결정할 수 있다. 이 개입은 아동이 개인 공간, 자기 통제·조절을 이해하는 데 도움이 된다.

3) 이론적 근거

이 기법은 한 팀으로서 작업하고, 과업을 달성하기 위해 다른 사람과 작업하는 것과 관련한 사회적 기술을 발달시키는 데 도움이 된다. 나아가 신체 인식 기술을 촉진시킨다. 치료사와 아동은 풍선이 땅에 닿지 않도록 함께 작업해야 한다. 치료사와 아동은 가능한 한 치료실의 많은 공간을 담당하고 풍선이 땅에 닿지 않게 하기 위해 그들이 서 있는 장소를 조정해야 한다. 또한 이 개입 방법은 집단 형태로 실시할 수 있고, 부모가 배워 집에서 자녀와 다른 가족과 함께 참여하며 놀이할 수도 있다.

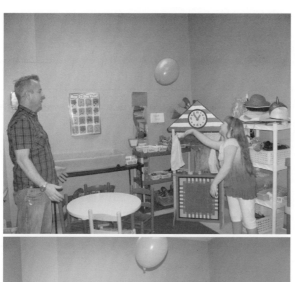

[그림 6-9] 분할과 정복

15. 자세

주요 목표	사회적 기술
이차 목표	정서조절, 관계 맺기
수준	아동과 청소년
준비물	거울
참여 방법	개인

1) 소개

ASD 아동과 청소년은 종종 자기 자신의 신체와 다양한 사회적 상황에서 다른 사람들의 신체언어를 이해하는 데 어려움이 있다. 이 개입은 아동과 청소년들에게 그들의 영향력, 신체언어 그리고 신체 반응을 지각하는 것을 가르치는 데 초점을 둔다. 또한 아동이 다른 사람들의 신체언어를 인식하는 법을 이해하도록 돕는다.

2) 방법

치료사는 아동에게 신체언어 기술에 집중할 것이라고 설명한다. 치료사는 치료사와 아동이 취해 볼 다양한 자세의 목록을 만든다. 각 자세는 다양한 신체언어 또는 표현을 보여 준다. 치료사와 아동은 목록에 있는 자세들을 취해 보는데 스스로를 볼 수 있도록 거울 앞에서 자세를 취한다. 아동이 자세를 취하면, 치료사는 아동의 신체언어의 다른 구성 요소, 자세가 무엇을 의미하거나 나타내는지 그리고 신체언어의 유형이 적절하거나 부적절할 때의 예를 알려 줄 것이다. 치료사가 가발, 모자, 의상처럼 다른 준비물까지 준비하면 이 개입을 더 매력적으로 만들 수 있다. 치료사는 아동들과 몇 가지 자세를 취해 보고, 이 개입을 회기마다 반복할 수 있다. 예를 들어, 행복한 자세, 슬픈 자세, 친절한 그리고 친절하지 않은 자세, '나를 혼자 두세요' 자세, '나는 놀고 싶어' 자세, 지친 자세, 혼란스러운 자세, 자랑스러운 자세, 흥분한 자세, 평범한 자세, 무서운 자세, 차분하거나 화가 난 자세일 수도 있다.

3) 이론적 근거

'자세' 개입은 아동과 청소년들이 신체언어에 관련된 사회적 기술을 향상시키는 데 도움이 된다. 많은 ASD 아동은 대부분의 순간을 '덤덤하게' 드러내는데, 이는 자신의 신체언어를 바꾸고 다른 사람들의 신체언어를 이해하는 데 어려움을 가진다. 부모에게는 이 개입을 배워서 집에서 해 보고, 자녀들이 실제 상황에서 다양한 신체언어 요소를 보일 수 있을 때까지 정기적으로 이 놀이를 해 볼 수 있도록 격려한다.

[그림 6-10] 자세

제7장

관계 맺기 개입

1. 나를 움직여 봐

주요 목표	관계 맺기(관계성 발달)
이차 목표	감각처리, 사회적 기술, 불안 감소
수준	아동
준비물	없음
참여 방법	개인, 가족, 집단

1) 소개

'나를 움직여 봐'는 다른 사람에 대한 인식을 향상시키는 데 도움이 되고, 다른 사람들과 관계 맺기, 이완 능력과 감각 관련 문제(특히 전정감각과 고유수용성 문제)를 다루는 데 도움이 되도록 고안되었다. 이 개입은 간단하지만 매력적이며 많은 요소를 통합할 수 있고, 반복적으로 활용될 수 있고 쉽게 가르칠 수 있다.

2) 방법

치료사는 아동에게 서로의 동작(움직임)을 따라 하는 게임을 할 것이라고 설명한다. 아동과 치료사는 서로 마주보고 서 있는다. 한 사람이 리더로 정해진다. 리더는 팔을 위아래로 움직이기, 다리 움직이기, 목을 앞뒤로 움직이기 등 다양한 동작을 한다. 따라하는 사람은 리더가 동작을 할 때에 리더가 하는 그대로 동시에 따라 해야 한다(거울처럼). 치료사가 리더를 먼저 하고, 몇 분 뒤에 아동이 리더가 될 수 있다. 치료사와 아동은 리더 역할을 번갈아 할 수 있다. 동작은 복잡함과 속도(빠르게 하기와 느리게 하기)를 다양하게 할 수 있다. 불안감을 감소하고 아동의 이완을 돕기 위해 치료사는 전체 뇌를 활성화시키고 좌반구와 우반구가 교차될 수 있도록 정중선 교차 동작을 포함해야 한다. 몇 가지 정중선 교차 동작은 폴(Paul)과 게일 데니슨(Gail Dennison)의 책 『브레인 짐(Brain Gym)』을 참조하면 된다.

3) 이론적 근거

이 기법은 관계 맺기와 관계성 발달에 도움이 되도록 고안되었다. 또한 다른 사람과 조율하고 눈맞춤하는 것과 같은 사회적 기술에 도움이 된다. 뇌기반 놀이 기법처럼 아동이 조절하고 불안감을 감소하는 데 도움이 된다. 이 기법은 역할을 바꾸어 여러 번 반복해서 할 수 있다. 치료사는 느리고 간단한 동작부터 시작하고 아동이 이 기법에 익숙해지면 점차적으로 진전시킨다. 치료사는, 또한 정중선 교차 동작을 포함시킬 수 있고 전정감각과 고유수용성 감각처리를 다룰 수 있다. 이 기법은 부모가 배워 부모와 아동이 집에서 해 볼 수 있다.

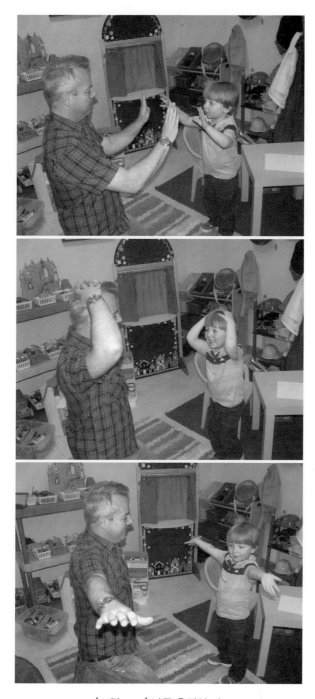

[그림 7-1] 나를 움직여 봐

2. 내 눈을 따라와

주요 목표	관계 맺기(관계성 발달)
이차 목표	사회적 기술, 불안 감소
수준	아동
준비물	없음
참여 방법	개인, 집단

1) 소개

자폐 스펙트럼 장애 아동은 다른 사람에 집중하는 것뿐만 아니라 눈맞춤을 하고 유지하는 것도 종종 어려워한다. 이 기술을 시행하려고 시도하는 것은 아동의 불안을 가중시키기도 한다. 이 개입은 매력적이고 재미있어 아동이 불안을 덜 느끼면서 관계 맺기와 사회적 기술을 발달시킬 수 있게 한다.

2) 방법

치료사는 아동에게 다른 사람과의 눈맞춤을 늘리는 데 도움이 되는 게임을 할 것이라 설명한다. 치료사와 아동은 손을 잡고 마주 본다. 한 사람을 리더로 지정한다(치료사가 먼저 리더가 된다). 리더는 그들이 가는 방향을 확인하기 위해 눈 움직임만을 이용하여 두 사람을 방에서 움직이게 한다. 어떤 말도 하지 않고 눈맞춤은 놀이 시간 내내 지속되어야만 하며, 치료사와 아동은 계속 손을 잡고 있어야 한다. 치료사가 오른쪽이나 왼쪽을 보는 것은 그 방향으로 움직이는 것을 의미하고, 위를 보는 것은 아동이 뒤로 움직이는 것을 의미하며, 아래를 보는 것은 아동이 앞으로 나아가는 것을 의미한다고 미리 정해야 한다. 놀이 5분 후에 역할을 바꾸어 아동이 리더가 될 수 있다. 치료사와 아동은 서로 번갈아 리더를 하면서 놀이를 반복할 수 있다.

3) 이론적 근거

이 기법은 관계 맺기와 관계성 발달에 도움이 된다. 또한 눈맞춤, 집중, 관심 갖기 기술뿐 아니라 다른 사람에게 조율하는 것에 도움이 된다. 치료사가 먼저 리더를 하는데, 단순하고 느린 동작부터 시작한다. 아동이 이 기법에 익숙해지면 속도와 복잡성을 증가시킬 수 있다. 치료사는 아동이 눈을 맞추고 손을 계속 잡고 있도록 다시 한번 알려 줄 필요가 있을지도 모른다. 부모는 이 개입을 배워서 집에서 자녀와 함께 할 수 있다. 이 개입은 또한 집단 참여 방법으로 이용할 수도 있다.

[그림 7-2] 내 눈을 따라와

3. 몸 비눗방울

주요 목표	관계 맺기(관계성 발달)
이차 목표	사회적 기술, 불안 감소
수준	아동
준비물	비눗방울
참여 방법	개인

1) 소개

ASD 아동은 다른 사람들과 놀이하거나 참여하는 데 어려움이 있다. 이 개입은 비눗방울을 이용하여 아동의 관심을 얻어 참여하게 하고 놀이에 집중하게 한다. 또한 관계 맺기 기술을 습득하는 데 도움이 된다. 이 개입은 특히 지시 따르기 또는 타인과 잘 조율하지 못하는 아동 또는 기능적으로 낮은 능력을 가진 아동에게 유용하다.

2) 방법

치료사는 아동에게 비눗방울을 이용해서 함께 게임을 할 것이라 설명한다. 치료사가 먼저 비눗방울 불기를 시작하고 아동에게 비눗방울이 땅에 닿기 전에 터뜨려야 한다고 지시한다. 놀이 진행 몇 분 후에, 치료사는 아동에게 비눗방울이 땅에 닿기 전에 어떤 특정 신체 부분만을 이용해서 비눗방울을 터뜨릴 수 있다고 말해 준다. 예를 들어, 치료사는 아동에게 비눗방울을 엄지손가락으로만 터뜨릴 수 있다고 지시할 수 있다. 이 방법으로 비눗방울 터뜨리기를 몇 분간 지속한 후, 치료사는 아동의 팔꿈치로 비눗방울을 터뜨리라고 지시한다. 이 활동을 여러 번 반복할 수 있다. 손가락, 귀, 코, 발, 어깨, 무릎, 머리 같은 다른 신체

부분도 포함될 수 있다. 치료사와 아동은 역할을 바꾸어 아동이 결정하는 대로 비눗방울을 터뜨리게 된다.

3) 이론적 근거

몸 비눗방울은 아동을 참여시키고 관계 맺기와 관계성 발달 기술 개발에 도움이 된다. 또한 아동이 다른 사람들에게 맞추고, 놀이하는 것을 배우도록 한다. 이 기법으로 아동이 비눗방울을 터뜨릴 때마다 가족의 장점에 대해 말하도록 하는 요소를 추가할 수 있다. 이 개입은 단순히 비눗방울을 불고 아동이 터뜨리는 매우 단순한 활동부터 시작할 수 있다. 아동이 가능하다면 여러 특정 지시를 덧붙일 수 있다. 이 기법을 부모에게 교육시킬 수 있고, 부모는 집에서 자녀와 이 개입을 연습해 볼 수 있다. 형제자매와 같은 다른 가족 또한 이 게임을 집에서 아동과 함께 할 수 있도록 배워 볼 수 있다.

[그림 7-3] 몸 비눗방울

4. 가족 이름 성(姓)

주요 목표	관계 맺기(관계성 발달)
이차 목표	사회적 기술, 행동 변화
수준	아동과 청소년
준비물	종이, 마커펜, 미술 장식품, 풀
참여 방법	개인, 가족

1) 소개

ASD 아동의 부모는 자녀와 관계 맺기나 의미 있는 관계에서 상실감을 느끼곤 한다. 이 개입은 아동이 그들 가족과의 관계를 표현하고 가족에 대해서 생각하는 연습을 하게 할 기회를 제공한다. 부모는, 또한 이 개입에 참여하여 부모-자녀 관계에서 긍정적 상호작용을 경험하게 된다.

2) 방법

치료사는 아동에게 아동의 가족을 설명하는 예술 프로젝트를 할 것이라고 설명한다. 치료사와 아동은 종이 위에 풍선 글씨로 아동의 가족 이름 성(姓)을 쓴다(많이 어리거나 장애가 심한 아동의 경우, 치료사가 아동의 성을 쓴다). 아동은 아동의 가족 이름(성) 글자들을 자신의 가족들이 생각나게 하는 것으로 꾸민다. 치료사는 아동이 만든 것과 그것이 가족을 어떻게 생각나게 하는지를 아동과 함께 다룬다. 아동은 완성된 이름을 집으로 가져가서 자기 방이나 집안의 한곳에 걸어 두게 된다. 부모는 이 개입을 실시하는 방법을 배우고 가족들과 집에서 가족 이름(성)을 더 많이 완성하라는 지도를 받게 된다. 모든 가족이 참여할 수 있고 각 가족 구성원이 그들의 작품을 공유하고 의논할 수 있다.

3) 이론적 근거

가족 이름(성)은, 특히 부모와 가족의 다른 구성원과의 관계 맺기와 관계성 발달에 도움이 된다. 아동이 가족에 대해서 생각하게 하고 가족과의 연대감을 보여 주는 어떤 것을 만들도록 고안되었다. 또한 다른 사람들을 인식하고 생각하게 하는 사회적 기술에 집중한다. 아동은 가족과의 유대감을 구체적으로 표현하는 무언가를 만들고, 그것을 다른 가족 구성원이 볼 수 있어 매우 긍정적이다. 이 활동은 부모는 집에서 자녀들과 다시 해 볼 수 있다. 꾸며진 이름은 집 안의 여러 곳에서 전시될 수 있다.

[그림 7-4] 가족 이름 성(姓)

5. 판지 꾸미기

주요 목표	관계 맺기(관계성 발달)
이차 목표	감각처리
수준	아동과 청소년
준비물	판지, 끈, 미술 장식품, 가위, 접착제
참여 방법	개인, 가족, 집단

1) 소개

ASD 아동과 청소년은 다른 사람들에 대한 배려를 하는 것이나 의사소통하는 방법 때문에 어려움을 겪는다. 이 개입은 아동들이 다른 사람에 대해 생각하는 데 초점을 맞추고 그 사람을 위해 친절한 행동을 하도록 돕는다. 또한 소근육 운동 기술과 감각처리 기술을 향상시킬 기회를 제공한다.

2) 방법

치료사는 아동에게 판지로 서로에 대한 물건을 만들 것이라 설명한다. 판지, 끈, 알루미늄 호일, 또는 다른 적당한 준비물이 이 개입에 사용될 수 있다. 치료사와 아동은 준비물로 서로에게 줄 아이템(물건)을 만든다. 아이템은 반지, 모자, 목걸이, 팔찌, 안경, 왕관, 넥타이, 벨트, 브로치처럼 착용할 수 있는 장식품이다. 물건을 만들어서 서로의 몸 위에 올려놓는다. 치료사와 아동은 서로를 위해 몇 가지 물건을 만들고 서로를 완전히 꾸며 준다. 이 개입은 치료사와 아동이 서로 위해 만들기 원했던 모든 것을 만들 때까지 지속된다. 또한 치료사가 해 준 다양한 아이템을 하고 있는 자기 자신을 볼 수 있도록 거울을 준비한다면 더 도움이 된다.

3) 이론적 근거

이 기법은 관계 맺기와 관계성 발달, 특히 다른 사람에 대해 생각하고, 그 사람과 조율하고, 다른 사람을 위해 친절한 일을 하는 것에 도움이 된다. 과정이 상호적으로 진행되는 것이 중요하다. 치료사는 몇 가지 아이템을 만들어서 아동을 꾸며 주고, 아동도 몇 가지 아이템을 만들어서 치료사를 꾸며 주게 된다. 이 기법을 부모에게 교육시켜서 회기 사이에 집에서 여러 번 해 볼 수도 있다. 또한, 부모는 다른 가족 구성원도 참여시켜서 자녀와 함께 참여하도록 할 수 있다.

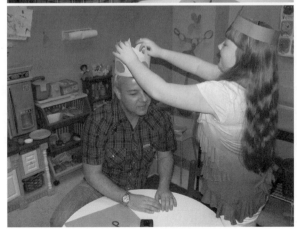

[그림 7-5] 판지 꾸미기

6. 내 주위의 모든 곳

주요 목표	관계 맺기(관계성 발달)
이차 목표	사회적 기술
수준	아동과 청소년
준비물	미니어처
참여 방법	개인

1) 소개

'내 주위의 모든 곳'은 아동이 가족에 대해 생각하고 긍정적인 정서를 표현하는 데 도움이 되도록 고안되었다. 이 개입에는 상징적 요소가 있는데, 아동은 각 가족 구성원을 표현하는 미니어처를 고르도록 요청받는다. 중요한 것은 ASD 아동들이 상징화에 자주 어려움을 겪는다는 것이다. 치료사는 이를 인식하고, 이 개입을 실행하기 전에 아동이 이 정도 수준의 상징화 능력이 있는지를 확인해야 한다.

2) 방법

치료사는 아동에게 미니어처를 이용한 게임을 할 것이라고 설명한다. 아동은 가족을 표현하는 미니어처를 고르고 바닥에 앉아 미니어처를 자기 주위에 놓아서 미니어처가 자신을 마주 보고 둘러싸도록 한다. 그런 다음, 아동은 각 미니어처를 한 번에 한 개씩 마주 보며 그 미니어처가 누구를 대표하는지 치료사에게 말하고, 그 가족 구성원에 대해 긍정적인 점을 말한다. 또한 치료사는 아동이 각 가족 구성원에 대해 이야기를 확장할 수 있도록 각 가족 구성원에 대한 몇 가지 질문을 한다.

3) 이론적 근거

이 기법은, 특히 가족 관계와 관련된 관계 맺기와 관계성 발달에 도움이 된다. 치료사는 아동이 특정 가족 구성원에 대해 이야기할 때 각 가족 구성원에 대해 몇 가지 질문을 하는 것이 중요하다. 많은 아동이 가족 구성원에 대해 여러 가지 정보를 나누지 못할 것이기 때문에 치료사의 질문이 중요하다. 이 기법은 치료사와 몇 번의 다른 회기에서도 여러 번 반복될 수 있다. 이 기법은 부모와 공유될 수 있는데 집에서 하도록 권장하지는 않는다. 대부분의 부모가 집에서 이 기법에 활용할 수 있는 미니어처를 갖고 있지 않다. 집에서 부모가 해 볼 수 있는 변형 방법은 아동이 각 가족을 표현하는 무언가를 그리게 하고 가족과 그림을 함께 공유하고 이야기하는 것이다.

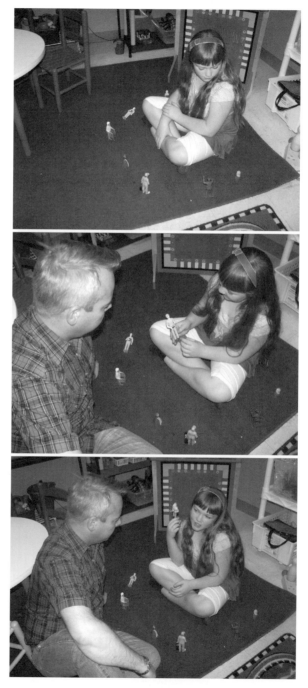

[그림 7-6] 내 주위의 모든 것

7. 부드러운 접촉

주요 목표	관계 맺기(관계성 발달)
이차 목표	감각처리
수준	아동
준비물	부드러운 물건들
참여 방법	개인

1) 소개

ASD 아동들은 신체적 접촉을 어려워한다. '부드러운 접촉'은 아동이 신체적 접촉을 통한 관계 맺기를 좀 더 편안하게 하도록 돕는 데 집중한다. 또한 접촉 관련 감각처리 문제를 다룬다. 치료사는 아동이 눈을 감고 접촉/촉각을 경험하는 것이 편안한지 확인하기 위해 시작하기 전에 이 개입에 대해 아동에게 충분하게 설명해야 한다. 아동에게 어떤 일이 일어나는지를 이해시키기 위해 치료사가 직접 시범 보여 줄 수 있다.

2) 방법

치료사는 아동에게 몇 가지 다른 부드러운 물건을 가지고 게임을 할 건데, 서로의 피부에 물건을 닿게 할 것이라고 설명한다. 치료사는 아동에게 눈을 감으라고 하고 치료사가 부드러운 물건으로 아동의 피부 일부분에 닿게 할 것이라고 말한다(게임을 시작하기 전에 아동에게 모든 부드러운 물건을 보여 준다). 그러고 나서 치료사는 아동에게 눈을 떠 보라고 하며, 아동은 치료사에게 자신의 피부에 어떤 부드러운 물건이 접촉했는지, 어디를 접촉했는지를 말해야 한다. 치료사는 대략 5~6개의 부드러운 물건으로 이 과정을 지속한다. 치료사와 아동이 모든 물건을 사용해 봤다면 역할을 바꿀 수 있다. 깃털, 솜공, 미용티슈, 매체 조각들, 파이프 클리너, 그림 붓, 봉제 인형, 리본 조각 등이 부드러운 물건의 예이다.

3) 이론적 근거

이 기법은 접촉 감각에 편안해지는 것과 관련한 관계 맺기와 관계성 발달에 도움이 된다. 이 기법은 새로운 아이템을 이용하여 반복적으로 시행할 수 있다. 몇 번 진행한 후 치료사와 아동은 역할을 바꿀 수 있다. 치료사는 게임에서 할 수 있는 한 많은 부드러운 물건을 시도해 볼 수 있다. 이 기법은 부모가 배울 수 있으며, 부모는 자녀와 가정에서 해 보도록 지도받을 수 있다. 치료사와 회기 중에 시행하든, 집에서 부모와 시행하든, 이 개입을 수행하면서는 아동의 편안함의 수준을 민감하게 생각하는 것이 중요하다.

[그림 7-7] 부드러운 접촉

8. 알록달록 사탕

주요 목표	관계 맺기(관계성 발달)
이차 목표	사회적 기술, 불안 감소
수준	아동
준비물	사탕
참여 방법	개인, 집단

1) 소개

자폐 스펙트럼 장애 아동은 타인과 관련이 있는 자신의 신체에 대한 인식에 어려움이 있다. '알록달록 사탕'은 아동 자신, 아동을 둘러싼 공간 그리고 다른 사람에 대해 더 잘 알아차리도록 도와 관계 맺기와 감각처리 문제에 도움이 된다. 사탕은 아동이 참여하는 것에 대한 보상으로 이용된다. 치료사는 아동이 사탕을 먹을 수 있는지, 특정 식이제한이나 식습관이 있지 않은지를 확인해야 한다. 만약 아동이 사탕을 먹을 수 없다면, 아동이 좋아할 만한 스티커 또는 작은 놀잇감 등으로 대체할 수 있다.

2) 방법

치료사는 아동에게 사탕을 상으로 받을 수 있는 기회를 얻게 되는 몇 가지 게임을 할 것이라고 설명한다. 치료사는 엠앤앰즈(M&M's) 초콜릿(여러 개가 들어 있어 매우 유용하다)처럼 아동이 좋아하는 사탕 중 하나를 골라야 한다. 치료사는 아동이 다양한 활동을 하도록 지시하는데, 각 활동의 끝에 아동은 사탕을 얻게 된다. 각 활동은 짧은 것이고 다른 사람과 관계 맺기에 초점을 둔다. 활동은, 예를 들어 원을 만들어 돌기, 자기를 꼭 끌어안기, 점핑 잭하기, 비행기처럼 방을 돌아다니기, 몸을 구부려서 발끝 치기, 가장 좋아하는 동물을 자신의 몸으로 표현하기, 손을 잡고 방을 빙빙 돌기, 짝짜꿍 놀이하기, 꼬리잡기하기, 방 안을 깡충 뛰기, 몸을 공처럼 굴리기 등이 있다. 이 개입에 활용될 수 있는 몇 가지 활동 예시가 제시된 것이다.

3) 이론적 근거

이 기법은 관계 맺기, 관계성 발달, 신체 인식, 정중선 교차, 전정감각과 고유수용성감각 처리를 다루게 된다. 앰앤앰즈와 스키틀즈(Skittles) 같은 사탕을 고르는 것은 중요한 일인데, 사탕 한 개는 각 활동 후에 준다. 어떤 활동은 빨리 끝난다. 또한 치료사는 활동을 반복할 수 있어 아동이 특히 즐거워했던 활동을 다시 하도록 요청할 수 있다. 이 기법은 부모가 집에서 하도록 가르쳐 줄 수 있고, 부모는 자녀에게 정기적으로 이 개입을 하도록 지도받는다.

알록달록 사랑 활동 예시

악수하기

포옹하기

10초간 눈맞춤하기

두 손 하이파이브하기

토닥거리기

짝짜꿍 놀이하기

손가락 씨름하기

네일아트하기

머리 빗기

공 주고받기

서로 칭찬하기

함께 그림 그리기

서로의 손에 로션 바르기

손 마사지 해 주기

풍선 치기

손 쌓기 게임하기

비눗방울 불기

함께 노래 부르기

함께 춤 추기

서로 다른 질문하기

서로를 위해 무언가 하기

9. 모자와 가면

주요 목표	관계 맺기(관계성 발달)
이차 목표	사회적 기술
수준	아동
준비물	다양한 모자와 가면
참여 방법	개인

1) 소개

'모자와 가면'은 ASD 아동과 기타 발달장애 아동들에게 재미있고 매력적인 개입 방법이다. 상호적 요소를 포함하고 있어 아동이 관계성 발달과 관계 맺기 능력을 향상시키고 다른 사람에게 주의를 기울이도록 하는 데 도움이 된다. 또한 사회적 기술 발달과 공동 관심 능력 향상도 포함된다.

2) 방법

치료사는 아동에게 여러 가지 모자와 가면을 이용한 게임을 할 것이라고 설명한다. 이 기법은 보통 놀이치료실에서 진행되지만, 여러 개의 모자와 가면 그리고 거울이 있다면 어디서든지 진행될 수 있다. 치료사는 선택할 수 있는 다양한 모자와 가면을 보여 주고, 치료사와 아동은 번갈아 가며 다른 모자와 가면들을 서로에게 씌워 주고 어떤 모습인지 거울을 본다. 치료사와 아동은 서로가 쓰기를 원하는 모자와 가면을 각각 선택한다. 모자와 가면을 서로에게 씌워 주는 것이 중요한데 이 과정은 관계 맺기 기술을 향상시키는 데 도움이 된다. 또한 모자와 가면을 쓰고 나면 아동이 자기 자신을 볼 수 있게 거울 가까이에 있는 것이 중요하다. 서로를 위해 다양한 모자와 가면을 선택하는 시간이 여러 번 반복되면서 이 개입을 진행한다. 이 기법은 모자나 가면 대신 놀이치료실의 다른 물건들을 이용하여 확장할 수도 있다.

3) 이론적 근거

이 기법은 관계 맺기와 관계성 발달, 특히 다른 사람에게 맞추는 영역과 다른 사람과 상호작용하는 부분에 도움이 된다. 게임이 상호적인 것이 중요하다. 치료사는 모자나 가면을 아동에게 씌워 주어야 하고, 아동은 치료사에게 모자나 가면을 씌워 주어야 한다. 이것은 아동이 다른 사람에게 주의를 기울이고 인식하는 기회를 제공한다. 또한 눈맞춤을 하고 공동의 관심을 위한 기회를 준다. 이 기법은 부모에게 가르칠 수 있고, 부모는 자녀와 일주일 동안 여러 번 집에서 해 보도록 지도받는다. 만약 부모가 모자나 가면이 없으면, 이를 대체해 이용할 수 있는 집안의 다른 물건들을 이용하여 이 개입을 변형할 수 있다.

[그림 7-8] 모자와 가면

10. 너의 가족에 대해 내게 말해 줘(모래놀이치료)

주요 목표	관계 맺기(관계성 발달)
이차 목표	사회적 기술
수준	아동과 청소년
준비물	모래상자, 미니어처
참여 방법	개인

1) 소개

ASD 아동과 청소년은 가족 관계 내에서도 다른 사람과 관계 맺기를 어려워한다. '너의 가족에 대해 내게 말해 줘(모래놀이치료)'는 아동의 가족 구성원과 관계 맺기와 긍정적 표현 향상에 초점을 둔다. 치료사는 이 개입에 포함된 상징화와 모래의 감각 요소를 알아차려야 하며(아동은 가족 구성원을 표현하는 미니어처를 선택함), 시작 전에 아동이 이 두 가지가 편안한지를 확인해야 한다.

2) 방법

치료사는 아동에게 모래상자를 이용한 활동을 할 것이라고 설명한다. 치료사는 아동이 모래로 작업하는 것이 편한지를 확인해야 한다. 치료사는 아동에게 가족의 각 구성원을 표현하는 미니어처를 선택하고 모래상자에 놓으라고 한다. 아동이 다 마치고 나면 치료사는 아동에게 각 미니어처가 누구인지 묻고 가족 구성원에 대해 말해 보라고 요청한다. 치료사는 또한 가족 구성원에 대해 질문을 할 수 있다. 치료사는 아동이 미니어처를 선택하는 것을 도울 수 있고 가족 구성원에 대해 말하는 것도 도와야만 할 수 있다. 만약 아동이 미니어처의 선택을 어려워한다면, 치료사는 "너의 엄마는 무엇을 하기를 좋아하니?" 또는 "너의 형은 컴퓨터 하기를 좋아하니?"처럼 질문을 할 수도 있다. 그리고 나서 치료사는 아동의 대답에 기초하여 미니어처를 선택하도록 도울 수 있다. 아동이 모래상자를 마치면 함께 의논하고, 치료사는 모래상자 사진을 찍고, 아동은 그 사진을 집으로 가져가서 가족들과 모래상자 사진을 함께 볼 수 있다.

3) 이론적 근거

이 기법은, 특히 가족 관계와 관련한 관계 맺기와 관계성 발달에 집중한다. 이 기법은 치료사와 여러 회기에서 여러 번 할 수 있다. 이 기법은 부모에게 가정에서 실시하도록 가르치지는 않는데, 부모들이 모래놀이치료 미니어처를 가지고 있지 않기 때문이다. 아동은 집에 사진을 가져갈 수 있고 가족들과 함께 사진을 공유할 수 있다.

[그림 7-9] 너의 가족에 대해 내게 말해 줘

11. 쓰고 움직이기

주요 목표	관계 맺기(관계성 발달)
이차 목표	감각처리
수준	아동과 청소년
준비물	종이, 마커펜
참여 방법	개인

1) 소개

'쓰고 움직이기'는 관계성 발달을 위한 감각처리를 포함하는 개입이다. 이 개입은 아동과 다른 사람과의 신체적 관계 맺기뿐만 아니라 일곱 가지의 모든 감각처리 영역(시각, 후각, 미각, 청각, 촉각, 전정감각, 고유수용성감각)에 집중하도록 고안되었다.

2) 방법

치료사는 아동에게 함께 시를 쓰고 연기를 할 것이라고 설명한다. 시는 일곱 가지 감각처리 영역에 초점을 둘 것이다. 치료사는 시작할 때 간단하게 일곱 가지 감각처리 영역에 대해서 설명한다. 치료사와 아동은 일곱 줄의 시를 함께 쓴다. 각 줄은 다른 감각 표현을 나타낸다. 치료사와 아동은 시를 쓰고 시의 각 줄을 동작으로 만든다. 동작은 아동과 치료사를 신체적으로 연결해야 한다. 시를 다 쓰고 동작이 결정되고 나면 치료사와 아동은 시를 읽고 동작을 함께 해 본다.
　시는 다음의 대본에 따른다.

나는 본다…… 나는 듣는다…… 나는 냄새 맡는다…… 나는 맛본다…… 나는 느낀다…… 나는 움직인다…… 나의 몸은…….

3) 이론적 근거

이 기법은 아동이 치료사와 함께 시를 쓰고 동작을 만들면서 관계 맺기와 관계성 발달에 집중하게 한다. 또한 일곱 가지 감각과 관련한 감각처리를 다루게 하고 가정에서 부모가 할 수 있도록 가르칠 수 있다. 부모와 아동은 가정에서 다양한 감각의 시를 쓸 수 있다. 시에 어울리는 동작은 신체적으로 아동과 치료사 또는 아동과 부모와 연결되는 것이 중요하다. 이 개입은 어느 정도의 신체 접촉을 포함한다. 치료사는 이 개입을 시행하기 전에 아동이 편안해하는 신체 접촉에 대해 확인해야 한다.

12. 너, 나 그리고 레고

주요 목표	관계 맺기(관계성 발달)
이차 목표	사회적 기술
수준	아동과 청소년
준비물	몇 개의 레고
참여 방법	개인, 집단

1) 소개

많은 ASD 아동 및 기타 발달장애 아동과 청소년은 레고를 가지고 노는 것에 긍정적으로 반응한다. 이 개입은 레고를 가지고 하며, 아동이 자신의 가족 구성원에 초점을 두고, 과업을 완수하기 위해 다른 사람과 함께하는 것을 연습할 기회를 제공한다.

2) 방법

치료사는 아동에게 레고를 가지고 하는 활동을 하게 될 것이라고 설명한다. 치료사와 아동은 레고로 무언가를 만들기 시작한다. 치료사는 아동이 무엇을 만들든지 가족과 관련된 것이어야 한다고 지시한다. 치료사 또한 가족과 관련된 것을 만든다. 치료사와 아동이 일단 만드는 것을 마치고 나면, 그들이 만든 가족 안에서 발견할 수 있는 것을 서로 공유해야 한다. 그리고 나서 치료사는 아동에게 함께 작업해야 하고, 서로 만든 것을 결합하여 하나의 작품으로 만들어야 한다고 말한다. 새롭게 결합된 작품 또한 가족 안에서 발견할 수 있는 것이 되어야 한다. 함께하는 단계에서 더 많은 레고가 추가될 수 있고, 치료사와 아동이 마치고 나서, 그들이 함께 만든 것에 대해 서로 이야기를 나눌 수 있고, 무엇인가를 함께 작업하는 과정을 의논할 수도 있다.

3) 이론적 근거

'너, 나 그리고 레고'는 관계 맺기와 과업을 완수하기 위해 다른 사람과 협력하고 함께 작업하는 것과 관련한 사회적 기술에 초점을 둔다. 치료사는 이 기법을 수행하기 위해 레고를 많이 가지고 있어야 하며, 치료사는 개인 작업을 10~15분으로 제한해야 할 수 있다. 치료사와 아동은 그들의 레고 작품을 결합하기 위해 함께 작업하는 것이 중요하다. 치료사는 모든 작업을 혼자 하지 말아야 하고, 또한 치료사는 아동이 모든 작업을 혼자 하도록 내버려 두어서는 안 된다. 이것은 협력적 접근이다. 치료사는 아동에게 누군가와 함께 작업하고, 그들의 아이디어를 함께 공유하고 작업한 것에 대한 아동의 느낌을 물어보는 시간을 가져야 한다. 치료사는 무엇인가를 성취하기 위해 다른 사람과 함께 일해야 할 때, 자신의 생활에서 어떻게 느꼈는지 아동에게 물어봐야 한다.

[그림 7-10] 너, 나 그리고 레고

13. 가족 비눗방울

주요 목표	관계 맺기(관계성 발달)
이차 목표	사회적 기술
수준	아동과 청소년
준비물	없음
참여 방법	가족, 집단

1) 소개

ASD 아동과 청소년, 그리고 그들의 가족은 더 나은 관계 맺기와 특히 긍정적 상호작용에 참여하는 것에 집중해야 할 필요가 있다. 가족 비눗방울의 개입은 가족이 함께 재미있고 매력적인 게임에 참여함으로써 관계성 발달 증진과 사회적 기술 발달에 도움이 된다.

2) 방법

치료사는 가족들에게 그들이 함께 관계 맺기에 초점을 두는 게임을 하게 될 것이라고 설명한다. 치료사는 가족들이 파트너와 함께 짝을 짓고 양손을 잡으라고 말한다. 치료사는 그들이 서로의 손을 잡고 방 안을 걸을 것을 요청한다. 짝이 된 두 사람은 다른 가족 커플과 접촉할 수 없다. 만약 다른 가족 커플과 접촉하게 되면, 두 커플 모두 비눗방울이 '터져서', 오직 한 쌍이 남을 때까지 자리에 앉아 있어야만 한다. 치료사는 가족 커플에게 "방을 깡총 뛰세요." "방을 뛰어다니세요." "슬로 모션으로 걸어 보세요." "방을 빨리 돌아다니세요."와 같이 주기적으로 바꾸어 지시를 한다. 이 개입은 적어도 세 쌍 이상이 될 정도의 가족 구성원일 때 가장 효과적이다. 만약 필요하다면 치료사도 참여할 수 있다. 만약 가족이 한 쌍밖에 안 된다면, 치료사가 이동하면서 한 쌍으로 참여하여 함께할 수도 있고, 치료사를 피해 다닐 수도 있다.

3) 이론적 근거

이 개입은 관계 맺기와 관계능력뿐만 아니라 다른 사람과 함께 작업하는 것, 공동 관심과 관련한 사회적 기술 발달에 집중한다. 가족 개입으로 고안되었지만 집단, 특히 사회적 기술 집단에서 이용될 수 있다. 치료사는 이 개입을 누가 이기는지를 보는 경쟁으로 만드는 것이 아니라 재미있고 긍정적인 경험에 집중하도록 만들기를 원할 것이다. 이 개입은 가족 구성원이 짝을 바꾸어 가며 반복적으로 수행할 수 있는데, 아동은 모든 가족과 한 쌍이 되는 경험을 한다. 부모는 이 게임을 집에서 가족들과 수행할 수 있고 회기 사이에 반복적으로 놀이할 수도 있다.

14. 훌라후프 맞바꾸기

주요 목표	관계 맺기(관계성 발달)
이차 목표	사회적 기술, 감각처리
수준	아동과 청소년
준비물	훌라후프 2개
참여 방법	개인, 가족, 집단

1) 소개

ASD 및 기타 발달장애 아동과 청소년은 활동이나 대화 또는 놀이를 통해서 다른 사람과 상호적 방법으로 참여하는 것을 배워야 할 필요가 있다. 이 개입은 다른 사람과의 관계를 증진시키고, 상호적 능력에서 다른 사람과 작업하고, 전정감각과 고유수용성감각 경험 영역에서 감각처리 문제를 다루게 된다.

2) 방법

치료사는 아동에게 훌라후프를 이용하여 몇 가지 게임을 할 것이라고 설명한다.

- 치료사와 아동은 서로 120~150cm 떨어져 서 있는다. 치료사와 아동은 각각 오른손에 훌라후프를 잡는다. 치료사가 "시작."이라고 말하면 치료사와 아동은 훌라후프를 서로에게 굴리고 잡는다. 이것을 여러 번 반복한다.
- 치료사와 아동은 그들의 오른손에 훌라후프를 잡고 치료사가 "시작."이라고 말하면, 치료사와 아동은 부드럽게 그들의 훌라후프를 서로에게 던지고 잡는다. 이것을 여러 번 반복한다.

- 두 개의 훌라후프를 치료사와 아동의 옆쪽 바닥에 놓는다. 치료사와 아동 은 훌라후프 안에 선다. 치료사가 "바꾸자."라고 하면 치료사와 아동은 서 로의 훌라후프 안으로 점프한다. 이것을 여러 번 반복한다.

치료사는 아동이 수행하기 전에 각 훌라후프 게임을 시범 보여야 한다. 각 훌 라후프 게임은 몇 분간 진행될 수 있고, 아동은 다른 훌라후프 게임을 생각해 낼 수도 있다.

3) 이론적 근거

'훌라후프 맞바꾸기'는 관계 맺기 향상, 사회적 기술, 전정감각과 고유수용성 감각 처리에 도움이 된다. 치료사는 아동의 신체적 능력을 확인해야 하고 각 훌 라후프 게임을 적절하게 조정해야 한다. 치료사는 아동을 다치지 않게 해야 한 다. 이 개입을 집에서 자녀들과 하도록 부모에게 가르칠 수 있다. 훌라후프 맞 바꾸기 또한 집단 참여 방법에서도 수행할 수 있다.

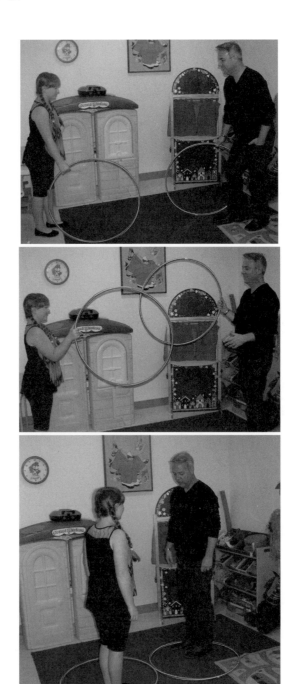

[그림 7-11] 훌라후프 맞바꾸기

15. 함께 붙어 있자

주요 목표	관계 맺기(관계성 발달)
이차 목표	사회적 기술, 감각처리
수준	아동과 청소년
준비물	없음
참여 방법	가족, 집단

1) 소개

ASD 및 기타 발달장애 아동과 청소년은 감각처리 문제, 신체 인식, 다른 사람과의 상호작용뿐만 아니라 관계 맺기 기술에 집중해야 할 필요가 있다. '함께 붙어 있자'는 이러한 기술 영역을 다루는 동작을 포함하는 재미있고 매력적인 개입이다. 주로 가족이 하도록 고안되었으나, 사회적 기술 집단처럼 집단 작업에도 적용될 수 있다.

2) 방법

치료사는 해당 가족에게 관계 맺기를 증진시키는 데 도움이 되는 함께하는 게임을 할 것이라고 설명한다. 치료사는 가족 구성원 각각이 치료사가 지시하는 어떤 방법으로 움직이게 될 것이라고 설명한다. 몇 분 후에 치료사는 방을 돌아다닐 새로운 방법을 말한다. 동작은 방을 걸어 다니기, 방을 뛰어다니기, 깡총 뛰어다니기, 뒤로 걸어 다니기 등과 같은 것이다. 각 가족 구성원은 지시된 대로 방을 다니며 다른 가족을 피해 다닌다. 만약 두 사람이 부딪히게 되면, 그들은 이제 함께 붙어서 서로 붙은 것처럼 더욱 바짝 붙어 움직여 다녀야 한다. 일단 두 명의 가족이 서로 붙게 되면, 그들은 적극적으로 다른 가족 구성원을 잡으러 다닌다. 다양한 방법으로 방을 이동하는 것은 온 가족이 함께 붙게 될 때까지 계속된다.

온 가족이 서로 붙게 되면, 치료사는 온 가족이 다양한 방법으로 방을 돌아다니도록 몇 분간 시간을 줄 수 있다. 만약 사람이 더 필요하면 치료사도 참여할 수 있다.

3) 이론적 근거

이 개입은 ASD 아동이 가족들과 관계 맺기를 강화하는 것에 도움이 된다. 또한 사회적 기술 향상과 전정감각, 고유수용성감각, 촉각 영역의 감각처리에 도움이 된다. 이 게임은 동작을 바꿔 가면서 가족들과 반복적으로 진행할 수 있다. 이 개입은 재미있고 비경쟁적이도록 하는 것이 중요하다. 치료사는 가족들에게 게임을 재미있어 하고 함께 즐기는 것에 초점을 두어야 한다고 강조해야 한다.

[그림 7-12] 함께 붙어 있자

부록

다양한 평가 자료
및 워크시트

추가 매체

저자의 말: 이 장에는 다양한 평가 매체, 형태, 다른 유용한 워크시트가 포함된다. 좀 더 큰 출력 형식은 www.autplaytherapycom/resources에서 다운로드할 수 있다.

접수 및 평가 단계 안내

1회기

1. 치료사는 부모만 만난다.
2. 접수면접지를 완성하고 검토한다. 부모에게 발달놀이 검사지를 주고 완성하여 2회기에 가져오게 한다.
3. 배경 정보를 수집하고 이전 심리학적 평가, 감각 평가, IEP 서류 등의 관련 서류를 수집한다.
4. 발달놀이치료 과정을 설명한다.

2회기

1. 부모와 아동을 함께 만난다. 부모에게 발달놀이 검사지를 수집한다.
2. 아동에게 놀이치료실을 포함한 시설을 보도록 한다.
3. 관계 발달에 초점을 두고 아동이 시설과 치료사에게 친숙하고 편안하게 되도록 돕는다.
4. 치료실에서 아동을 데리고 관찰을 한다.

3회기

1. 부모와 아동을 만난다. 부모 또는 아동이 가지고 있는 질문을 다룬다.
2. 놀이치료실에서 부모/아동을 관찰한다. 치료사는 모니터 장비를 이용하거나 놀이치료실 한쪽 구석에서 자리를 잡고 관찰해야 한다. 치료사는 관찰을 할 때 발달놀이 아동/부모 관찰 양식(AutPlay Child/Parent Observation form)을 활용해야 한다. 이 관찰은 대략 20~25분 동안 지속되어야 한다.
3. 치료사는 회기의 남은 시간을 사용하여 아동과 놀이치료실에서 만나야 하고, 관계를 지속하고 라포를 형성한다.

4회기

1. 부모와 아동을 만난다. 회기의 전반부는 부모와 관찰에 대해 논의하고 발달놀이 개입을 검토한다. 치료 목표를 논의하고 부모와 아동 회기를 직접적인 개입 단계로 이행하는 방법에 대한 실행 계획을 결정한다.
2. 회기의 남은 시간은 아동과의 관계와 라포 발달을 위해 치료실에서 만난다.

따라가기(Follow Me Approach)를 시행하기 위한 부모 안내

1. 놀이 시간을 위해 가정에서 놀이 날짜, 시간과 장소를 정하고 놀이 시간 단계를 설정한다. 부모와 아동이 주의가 가장 덜 분산될 수 있는 시간과 장소로 결정하는 것이 좋다. 부모와 아동이 다른 사람, 일, 주변 환경에 의해 주의가 분산될 수 있는 시간과 장소는 피한다.

2. "지금은 우리의 특별 놀이 시간이야. 너는 네가 원하는 대로 놀이할 수 있고 나는 여기에 너와 함께 있을 거야." 같은 소개의 말로 놀이 시간을 시작한다.

3. 아동이 놀이 시간을 이끌도록 한다. 아동이 원하는 것으로 무엇을, 어떻게 놀이할 것인지 결정할 수 있다. 아동이 한 가지 놀잇감 혹은 활동에서 다른 것으로 전환할 때 아동을 따른다. 아동과 신체적으로 가까이 있으려고 시도한다.

4. 주기적으로 추적 반응과 반영적 진술을 한다.

5. 주기적으로 아동에게 질문을 한다.

6. 주기적으로 아동이 노는 것에 참여하도록 노력한다. 부모는 놀이에 끼어들기 위한 기회를 찾고, 관여하기 위한 부모의 시도를 아동이 수용하는지, 아동이 부모와의 놀이에 돌아오는지에 대한 예시를 찾는다.

7. 정서 조율과 인정 기술을 증진하기 위한 방법으로 아동에게 참여하도록 한다.

8. 아동의 한계를 염두에 둔다. 아동을 관리하지 못할 정도로 아동에게 관여하는 것을 강요하지 않는다. 부모가 아동이 한계에 다다랐다고 느낀다면, 그때 놀이 시간은 끝난다.

9. 아동이 목표로 하는 모든 기본 기술을 어디에서 시연하는지 그리고 아동이 만들어 내는 상호 놀이 또는 상호작용의 모든 진전을 어디서 시연하는지에 대한 예시를 기록한다.

10. 닫는 말(statement)과 함께 놀이 시간을 끝낸다. 예를 들어, "5분 후에 우리 놀이 시간은 끝날 거야." 5분 후에는 "우리 놀이 시간이 끝났네. 우리는 다음 시간에 다시 놀이할 거야."라고 말한다.

11. 다음 치료 시간에 치료사와 논의하기 위해 제기된 문제점을 기록한다.

따라가기(Follow Me Approach)에서 제한 설정 안내

자폐 스펙트럼 아동과 청소년에게 때때로 제한 설정이 필요한 행동을 약속한다. 아동과 다른 사람에게 해로울 수 있는 모든 행동에는 제한 설정 프로토콜을 사용해야 한다. 놀잇감이나 재산의 파괴를 초래할 수 있는 모든 행동 또한 제한 설정이 필요하다. 더구나 어떤 치료사와 부모는 모래상자에서 모래를 던지지 않는다거나 벽에 색칠하면 안 되는 것 같은 표준 안내 프로토콜을 가지고 있고, 이것은 제한 설정 프로토콜을 시행하는 데 필요할 것이다.

치료사와 부모는 가능한 한 적게 제한 설정을 시도해야 하지만, 제한 설정이 필요할 때는 아래의 프로토콜을 제안한다.

- 1단계: 다시 지시하고 대안 설정 전략을 구현한다. 재지시는 아동이 아동의 주의를 보다 적절한 다른 초점으로 돌리는 것을 포함한다. 대안 설정은 아동에게 수용될 수 없는 현재 행동보다 적절한 방법의 행동을 제공하는 것을 포함한다. 재지시와 대안 설정 전략은 제거 과정을 시행하기 전, 아동에게 행동을 바꿀 기회를 주기 위해 여러 번 시도해야 한다.
행동이 계속된다면,

- 2단계: 언어적으로 아동에게 행동을 중단하도록 한다. 아동에게 제거 과정을 시행하기 전, 언어적 반응을 하는 것이 적절하다. 또한 언어적 반응은 사실적 방법으로 하고 천천히 명확하게 이야기해야 한다. 재지시와 대안 설정 선택권은 언어적 방법이 더해져야 한다.
행동이 계속된다면,

- 최종 단계: 제거 과정을 시행한다. 이것은 최종 선택 해결책이고 치료사나 부모가 다른 선택을 충분히 시도했는데도 여전히 아동과 타인이 위험한 상

황이라고 느낄 때만 사용되어야 한다. 제거는 아동이 현재 있는 상황이나 장소에서 아동을 떼어 놓도록 안내하거나, 아동으로부터 대상을 제거하는 것을 포함한다. 자폐 스펙트럼 장애 아동의 사례에서, 강제적인 신체적 제거가 필요할 때가 있다. 신체적 제거가 치료사와 함께 작업할 때 필요하다면, 부모가 제거를 이행하는 사람이어야 한다. 아동이 제거될 때, 아동은 다른 사람이 없고 관련 자극이 적은 환경으로 옮겨져야 한다. 제거의 목표는 아동이 침착해지고 다른 사람들을 안전하게 하기 위함이다.

감정 목록

인정받은 accepted	두려운 afraid	다정한 affectionate	충실한 loyal
화난 angry	비참한 miserable	불안한 anxious	오해받는 misunderstood
평화로운 peaceful	아름다운 beautiful	장난기 많은 playful	부끄러운 ashamed
용감한 brave	어색한 awkward	침착한 calm	자랑스러운 proud
유능한 capable	조용한 quiet	지루한 bored	압도된 overwhelmed
배려하는 caring	여유 있는 relaxed	혼란스러운 confused	명랑한 cheerful
안도하는 relieved	패배한 defeated	편안한 comfortable	안전한 safe
능숙한 competent	만족하는 satisfied	걱정하는 concerned	몹시 화가 난 mad
우울한 depressed	압박감을 느끼는 pressured	자신감 있는 confident	약 오른 provoked
자족하는 content	필사적인 desperate	후회하는 regretful	용감한 courageous
우스꽝스러운 silly	외로운 lonely	거절당한 rejected	호기심 많은 curious
특별한 special	실망한 disappointed	양심에 가책을 받는 remorseful	강한 strong
낙담한 discouraged	역겨운 disgusted	슬픈 sad	동정적인 sympathetic
흥분되는 excited	당황스러운 embarrassed	수줍은 shy	너그러운 forgiving
감사하는 thankful	안쓰러운 sorry	친절한 friendly	흥분되는 thrilled
두려운 fearful	고집스러운 stubborn	초조한 nervous	어리석은 stupid
기쁜 glad	양해된 understood	좌절한 frustrated	좋은 good
독특한 unique	격노한 furious	피곤한 tired	고마운 grateful
귀중한 valuable	죄책감 드는 guilty	화를 잘 내는 touchy	엄청난 great
증오하는 hateful	행복한 happy	무력한 helpless	희망적인 hopeful
경이로운 wonderful	절망적인 hopeless	재미있는 humorous	가치 있는 worthwhile
매력적이지 못한 unattractive	즐거운 joyful	불확실한 uncertain	사랑스러운 lovable
굴욕적인 humiliated	불편한 uncomfortable	사랑받는 loved	상처받은 hurt
무시당한 ignored	조급한 impatient	우유부단한 indecisive	열등한 inferior
안전하지 못한 insecure	짜증 난 irritated	질투하는 jealous	걱정하는 worried

전반적 사회적 기술 척도

이름: _____	날짜: _____
☐ 듣기	☐ 질문하기
☐ 대화 시작하기	☐ 웃기
☐ 대화 끝내기	☐ '고맙습니다' 말하기
☐ 자신 소개하기	☐ 눈맞춤하기
☐ 타인 소개하기	☐ 기본적 경계
☐ 도움 요청하기	☐ 지시 따르기
☐ 사과하기	☐ 허락 구하기
☐ 공유하기	☐ 집단 합류하기
☐ 타인 돕기	☐ 차례 지키기
☐ 적절한 신체언어	☐ 적절한 목소리 톤
☐ 개인적 공간 이해하기	☐ 양방향 대화
☐ 친구 사귀고 유지하기	☐ 공적 경계
☐ 손실 처리하기	☐ 승리 다루기
☐ 지시하기	☐ 타인 설득하기
☐ 타협하기	☐ 자기조절 사용하기
☐ 따돌림 다루기	☐ 칭찬하기
☐ 결과 수용하기	☐ 의견 차이 관리하기
☐ 문제 상황 인식하기	☐ 유머 이해하기
☐ 도움 없이 과업 완수하기	☐ 과업 착수하기
☐ 통합된 놀이기술	☐ 문제해결
☐ 융통성	☐ 발전된 경계선
☐ 적절히 감정 표현하기	☐ 감정 알기
☐ 타인의 감정 인식하기	☐ 정서표현
☐ 타인에 대한 염려 표현하기	☐ 불안 다루기
☐ 감정/상황 적합성	☐ 동정심 보이기
☐ 분노 관련 감정 다루기	☐ 싸움 피하기
☐ 비난 다루기	☐ 타인 옹호하기
☐ 자기 이완 기술	☐ '안 돼' 수용하기
☐ 기타 _____	

발달놀이에서 제안하는 놀잇감 및 매체

• 놀잇감 _____	
인간 모형/피규어	동물 모형
차, 비행기, 배 모형	모래상자
음식, 접시, 부엌 영역 놀잇감	물 쟁반
블록 쌓기 세트	레고 세트
다양한 공 모음	감각 공과 놀잇감
홀라후프	밧줄(로프)
모자와 가면 모음	거울
풍선	거품
장난감 전화	장난감 컴퓨터
농구공	농구 골대
의사 용품	금전 등록기
큰 종이 벽돌	장난감 돈
장난감 악기	너프 건
고무 칼(국수 모음)	비치 볼
미스터 포테이토 헤드 게임	감정 얼굴카드
아이패드	CD 플레이어
• 표현적 매체 _____	
백지	공작용 판지
그림물감/마커/크레용	그림 없는 퍼즐
미술(장식)용품 모음	스티커
클레이/플레이도우	잡지
건식 보드 판	건식 마커
미술(건설)용품 모음	붓다보드(물로 그림 그리는 보드)

발달놀이 아동 관찰 양식

아동 이름: _____ 나이: _____ 성별: _____ 날짜: _____

언어능력

(아동이 언어로 말하는가? 그 언어는 적절하고 이해할 수 있는가? 아동은 대화와 질문에 대답하는 것에 참여하는가?)

_____

_____

_____

_____

_____

놀이기술

(아동은 무엇을 가지고 놀이하는가? 아동은 놀잇감을 가지고 놀이하는가? 아동은 놀잇감의 기능과 아동 연령에 적절하게 놀잇감을 가지고 노는가? 놀잇감을 가지고 노는 시간은 얼마나 되는가?)

_____

_____

_____

_____

사회적 상호작용

(아동은 적절한 사회적 예의를 갖고 반응하는가? 아동은 치료사와 상호작용할 때 연령에 적절한 사회적 기술을 사용하는가? 어떤 사회적 기술이 관찰되고 어떠한 사회적 기술이 결핍되어 보이는가?

_____

_____

_____

_____

주의력/집중/충동성

(아동은 적절한 시간 동안 집중하는가? 아동은 지속적으로 방을 돌아다니는가? 아동은 놀잇감에 집중을 유지하고 과업을 완수하는가? 또한 아동은 충동성을 나타내는가?)

_____

_____

_____

_____

철수/고립 행동

(아동은 치료사와 상호작용하는가? 아동은 자신의 세계 안으로 철수하는 듯이 보이는가? 아동은 치료실에서 치료사의 존재를 알아차리거나 반응하는 것처럼 보이는가? 아동은 치료사와 연결될 시도를 하는가?)

_____

_____

_____

_____

발달놀이 아동/부모 관찰 양식

아동 이름: _____ 나이: _____ 성별: _____ 날짜: _____

전반적 아동-부모 상호작용

(부모와 아동 사이의 전반적 상호작용을 기술한다. 상호작용이 순조롭게 나타나는 가? 아동이 부모에게 듣고, 반응하고, 연결되어 있는 것으로 보이는가?)

_____

_____

_____

_____

_____

공동 놀이(아동과 부모가 함께하는 놀이)

(아동과 부모는 함께 놀이하는가? 함께하는 놀이의 유형, 질, 양을 기술한다. 함께하는 놀이는 강제적인가 또는 자연스러운가?)

_____

_____

_____

_____

_____

언어적, 비언어적 상호 의사소통

(아동과 부모는 언어적으로 상호 의사소통을 하는가? 아동은 언어적 상호작용을 통해 부모에게 반응하는가? 아동과 부모는 비언어적 의사소통을 교환하는가? 아동은 부모의 비언어적 의사소통을 알아차리는가?)

_____

_____

_____

_____

아동에 대한 부모의 상호작용 시작

(부모는 아동과 상호작용을 시작하는가? 부모는 어떻게 아동과 상호작용 시작을 시도하는가? 아동은 어떻게 부모의 상호작용 시작에 반응하는가?)

_____

_____

_____

_____

공동 관심 상호작용

(아동과 부모는 공동 관심이 나타나는가? 그렇다면, 얼마나 자주 공동 관심이 자연스럽게 나타나는가?)

_____

_____

_____

_____

발달놀이 자폐증 척도(Autplay Autism Checklist)

아동 이름: _____ 나이: _____ 성별: _____ 날짜: _____

발달놀이 자폐증 척도(Autplay Autism Checklist)는 추가 평가가 필요한지를 평가하는 데 도움이 되는 자폐증 검사도구이다. 각 진술이 아동을 설명하는 것이 맞다면 표시를 한다. 확실하지 않다면, 빈칸으로 둔다. 3점 이상 표시되면 추가 평가가 필요하다는 것이다.

☐ 눈맞춤이 적거나 없음

☐ 시선을 마주치지 못함

☐ 얼굴에 표정이 적거나 없음

☐ 사회적 상호작용을 조절하는 몸짓이나 비언어적 행동의 결핍

☐ 발달 수준에 적합한 또래관계 발달의 실패

☐ 타인과 흥미, 관심, 성취를 공유하기 위한 자발적 추구의 결핍

☐ 사회적 또는 정서적 상호교환성 결핍(간단한 사회적 놀이나 게임에 적극적으로 참여하지 않음)

☐ 단독 행동을 선호하고 타인과의 활동에서 오직 도구로써 혹은 '기계적' 원조로 관계 맺음

☐ 언어적 의사소통의 손상

☐ 말하기 언어 발달의 지연 혹은 전체적 결핍

☐ 적절한 말이 있다면, 타인과 대화를 시작하거나 유지하는 능력이 현저하게 손상됨

☐ 정형화되고 반복적인 언어 사용 혹은 특이한 언어의 사용

☐ 다양하고 자발적 역할놀이의 결핍 혹은 연령 수준에 적절한 사회적 모방

놀이의 결핍

☐ 제한된 반복적이고 정형화된 행동, 관심, 활동

☐ 한 가지 이상의 정형화된 집착과 집중에 있어서 비정상적인 제한된 관심 패턴

☐ 특정한 비기능적 일상 혹은 의식에 융통성 없이 집착함

☐ 정형화되고 반복적인 신체적 버릇(예: 손이나 손가락을 펄럭이거나 꼬기)

☐ 물체의 한 부분에 고집스럽게 집착함

☐ 초기 아동기 지연 혹은 사회적 상호작용에서 기능 이상

☐ 초기 아동기 지연 혹은 사회적 의사소통에서 사용하는 언어의 기능 이상

☐ 초기 아동기 지연 혹은 상징적 혹은 상상 놀이의 기능 이상

발달놀이 자폐증 척도에 대하여

이 척도는 DSM-V 진단 분류의 자폐 스펙트럼 장애에 기초한다. 이는 아동 연령 3~18세에서 타당하다. 이 척도는 아동과 청소년에게 정확한 피드백을 제공할 수 있는 부모나 기타 양육자에 의해 평가되도록 고안되었다. 치료사는 다음과 같은 방법으로 척도를 사용해야 한다.

• 자폐 스펙트럼 장애를 감지하기 위해 추가 평가가 필요한지를 결정하는 자폐증 선별 절차의 일부분으로 사용한다.

• 아동과 청소년의 사회적 강점과 약점에 대한 추가 정보를 얻기 위한 평가 도구로써 사용한다.

• 치료 목표 개발에 도움을 주는 것으로써 사용한다.

발달놀이 자폐증 척도를 완성하기 위한 방법

치료사는 아동에 대해 알고 있는 부모나 다른 양육자에게 척도를 주어야 한다. (이것은 위탁 부모, 학교 교사, 보모, 다른 관계자를 포함한다.) 부모는 아동을 설

명한다고 느끼는 설명에 표시를 함으로써 척도를 완성해야 한다고 안내받는다. 부모는 이 척도를 복사해 갈 수 없다. 치료사는 결과를 검토하고 그에 따른 절차를 진행해야 한다.

점수 매기기

3개 이상 표시된 경우 추가 평가가 필요하다는 것을 의미한다. 자폐증 선별의 일환으로서 발달놀이 자폐증 척도를 완성할 때, 치료사는 다른 선별 검사나 포괄적 선별의 일부로서 절차와 이 척도의 결과를 비교하거나 추가 평가의 근거가 될 만한 추가적인 사인을 찾아야 한다. 이 척도는 자폐증 선별을 위해 독립적으로 사용될 수 없다.

자폐증 선별을 위해 보다 많은 자원을 찾는 치료사는 아동 관찰, 부모/아동 관찰을 수행하고, 자폐증 치료 평가 척도, 걸음마기 자폐증 아동을 위해 고안된 척도(M-CHAT) 등의 부가적 검사도구를 고려한다. 치료사는 자폐 스펙트럼 장애가 존재하는 암시가 있다면 전체 평가를 위해 부모에게 의뢰해야 한다.

발달놀이 정서조절 목록: 아동(3~11세)

아동 이름: ＿＿＿＿＿＿   나이: ＿＿＿＿   성별: ＿＿＿＿   날짜: ＿＿＿＿＿

   전혀 발달되지 않음을 '1', 충분히 발달됨을 '5'로 하여, 다음 정서조절 능력에 대해 발달되지 않음에서 충분히 발달됨의 척도를 평가해 주십시오. 당신의 자녀와의 상황을 기억하도록 노력하여 자녀의 능력 수준을 알맞게 측정해 주십시오. 확실치 않은 경우에 대해서는 빈칸으로 남겨 주십시오.

나의 아동은 긍정적인 감정을 말로 표현한다.

1   2   3   4   5

나의 아동은 부정적인 감정을 말로 표현한다.

1   2   3   4   5

나의 아동은 감정에 맞는 적절한 신체언어(신체언어)를 보인다.

1   2   3   4   5

나의 아동은 최소 5가지의 감정을 구분 지을 줄 안다.

1   2   3   4   5

나의 아동은 다른 사람이 느끼는 감정을 인지한다.

1   2   3   4   5

나의 아동은 다른 사람의 감정을 정확히 파악할 줄 안다.

1   2   3   4   5

나의 아동은 불안감을 이해하고 스스로 진정할 수 있다.

1   2   3   4   5

나의 아동은 분노를 이해하고 분노를 감소시키는 전략을 안다.

1   2   3   4   5

나의 아동은 자신이 분노했거나 불안할 때 말로 표현할 수 있다.

1   2   3   4   5

나의 아동은 가상 또는 상징 놀이에서 감정을 보인다.

1   2   3   4   5

나의 아동은 자신이 혼란스러움을 느낄 때 말로 표현할 수 있다.

1   2   3   4   5

나의 아동은 예를 들어, 다른 사람이 장례식에 가면 느낄 감정 등 특정 상황에 알맞은 감정을 파악할 줄 안다.

1   2   3   4   5

발달놀이 정서조절 목록: 아동(3~11세)

당신의 자녀의 정서조절에 관한 다음 질문에 답해 주십시오. 당신의 자녀를 관찰한 특정 상황에 대해 생각하여 최대한 완성도 있게 질문에 답변해 주시기 바랍니다.

1. 당신의 자녀가 적절히 감정을 표현한 상황에 대하여 설명해 주십시오.

2. 당신의 자녀가 부정적인 감정을 표현하다가 스스로 진정하게 된 상황에 대하여 설명해 주십시오.

3. 당신의 자녀가 다른 사람의 감정을 정확히 파악한 상황에 대하여 설명해 주십시오.

4. 당신의 가족들 사이에서 감정이 어떻게 내보이고 표현되는지 설명해 주십시오.

5. 현재 당신의 자녀에게 감정에 대해 어떻게 가르치고, 또는 본보기가 되고 있는지 설명해 주십시오.

발달놀이 정서조절 목록: 청소년(12~18세)

아동 이름: _____ 나이: _____ 성별: _____ 날짜: _____

전혀 발달되지 않음을 '1' 그리고 충분히 발달됨을 '5'로 하여 다음 정서조절 능력에 대해 발달되지 않음에서 발달됨의 척도를 평가해 주십시오. 당신의 자녀와의 상황을 기억하도록 노력하여 자녀의 능력 수준을 알맞게 측정해 주십시오. 확실치 않은 경우에 대해서는 빈칸으로 남겨 주십시오.

나의 아동은 긍정적인 감정을 말로 표현한다.

1   2   3   4   5

나의 아동은 부정적인 감정을 말로 표현한다.

1   2   3   4   5

나의 아동은 감정에 맞는 적절한 신체언어(신체언어)를 보인다.

1   2   3   4   5

나의 아동은 최소 10가지의 감정을 구분 지을 줄 안다.

1   2   3   4   5

나의 아동은 다른 사람이 느끼는 감정을 인지한다.

1   2   3   4   5

나의 아동은 다른 사람의 감정을 정확히 파악할 줄 안다.

1   2   3   4   5

나의 아동은 불안감을 이해하고 불안할 때 스스로 진정할 수 있다.

1   2   3   4   5

나의 아동은 분노를 이해하고 분노를 감소시키는 기법을 안다.

1   2   3   4   5

나의 아동은 자신이 분노했거나 불안할 때 말로 표현할 수 있다.

1   2   3   4   5

나의 아동은 또래 그리고 가족 관계와 관련된 감정을 내보인다.

1   2   3   4   5

나의 아동은 공감을 이해하고 표현할 줄 아는 것 같다.

1   2   3   4   5

나의 아동은, 예를 들어 다른 사람이 장례식에 가면 느낄 감정 등 특정 상황에
알맞은 감정을 파악할 줄 안다.

1   2   3   4   5

발달놀이 정서조절 목록: 청소년(12~18세)

당신의 자녀의 정서조절에 관한 다음 질문에 답해 주십시오. 당신의 자녀를 관찰한 특정 상황에 대해 생각하여 최대한 완성도 있게 질문에 답변해 주시기 바랍니다.

1. 당신의 자녀가 적절히 감정을 표현한 상황에 대하여 설명해 주십시오.

2. 당신의 자녀가 부정적인 감정을 표현하다가 스스로 진정을 되찾은 상황에 대하여 설명해 주십시오.

3. 당신의 자녀가 다른 사람의 감정을 정확히 파악한 상황에 대하여 설명해 주십시오.

4. 당신의 가족들 사이에서 감정이 어떻게 내보이고 표현되는지 설명해 주십시오.

5. 현재 당신의 자녀에게 감정에 대해 어떻게 가르치고, 또는 본보기가 되고 있는지 설명해 주십시오.

발달놀이 사회적 기술 목록: 아동(3~11세)

아동 이름: ＿＿＿＿＿＿　나이: ＿＿＿＿　성별: ＿＿＿＿　날짜: ＿＿＿＿＿

　전혀 발달되지 않음을 '1' 그리고 충분히 발달됨을 '5'로 하여 다음 사회적 기술에 대해 발달되지 않음에서 발달됨의 척도를 평가해 주십시오.

기술	발달되지 않음			발달됨	
다른 사람에게 '안녕하세요'라고 인사한다.	1	2	3	4	5
다른 사람과 눈을 맞추며 이야기한다.	1	2	3	4	5
다른 아동과 놀이한다.	1	2	3	4	5
다른 사람에게 친절함을 보인다.	1	2	3	4	5
다른 사람과 나눌 줄 안다.	1	2	3	4	5
다른 사람의 말을 끊지 않고 듣는다.	1	2	3	4	5
질문을 한다.	1	2	3	4	5
질문을 받은 경우 대답을 한다.	1	2	3	4	5
감정에 대해 이야기한다.	1	2	3	4	5
적절한 신체언어(신체언어)를 보인다.	1	2	3	4	5
다른 사람의 신체언어(신체언어)를 이해한다.	1	2	3	4	5
도움을 요청한다.	1	2	3	4	5
규칙을 따른다.	1	2	3	4	5
자신의 놀이에 다른 아동과 함께한다.	1	2	3	4	5
다른 사람의 관점을 이해한다.	1	2	3	4	5
분노/불만에 대처한다.	1	2	3	4	5
다른 아동에게 같이 놀기를 요청한다.	1	2	3	4	5

놀림과 괴롭힘을 이해한다.	1	2	3	4	5
놀림과 괴롭힘을 무시한다.	1	2	3	4	5
적절한 말투로 말한다.	1	2	3	4	5
적절한 속도로 말한다.	1	2	3	4	5
명확히 말한다.	1	2	3	4	5
부적절한 행동에 대해 미안함을 느낀다.	1	2	3	4	5
누군가 말을 걸면 반응을 보인다.	1	2	3	4	5
사회적 경계를 이해한다.	1	2	3	4	5
안전에 대한 정보를 안다.	1	2	3	4	5
자신의 연령대의 친구가 있다.	1	2	3	4	5
친구를 사귀는 법을 안다.	1	2	3	4	5
다른 아동에게 자신과 함께 놀지를 먼저 묻는다.	1	2	3	4	5
'싫다'는 대답을 받아들인다.	1	2	3	4	5
방해되는 것을 무시한다.	1	2	3	4	5
사람들이 있는 곳에서 적절한 행동을 이해한다.	1	2	3	4	5
또래와 놀고 싶은 욕구를 표현한다.	1	2	3	4	5
적절히 말한다. (너무 많이 말하거나 너무 적게 말하지 않는다.)	1	2	3	4	5
예의를 이해한다.	1	2	3	4	5
또래집단 내에 적절히 참여한다.	1	2	3	4	5
성인과 이야기한다.	1	2	3	4	5
다른 사람의 존재를 인지한다.	1	2	3	4	5
문제를 해결한다.	1	2	3	4	5
감정을 말로 표현한다.	1	2	3	4	5

발달놀이 사회적 기술 목록: 청소년(12~18세)

아동 이름: _____ 나이: _____ 성별: _____ 날짜: _____

전혀 발달되지 않음을 '1' 그리고 충분히 발달됨을 '5'로 하여 다음 사회적 기술에 대해 발달되지 않음에서 발달됨의 척도를 평가해 주십시오.

기술	발달되지 않음			발달됨	
다른 사람에게 자신을 소개한다.	1	2	3	4	5
다른 사람과 눈을 맞추며 이야기한다.	1	2	3	4	5
또래 아동들과 어울린다.	1	2	3	4	5
다른 사람과 공감할 줄 안다.	1	2	3	4	5
다른 사람과 나눌 줄 안다.	1	2	3	4	5
다른 사람의 말을 끊지 않고 듣는다.	1	2	3	4	5
다른 사람의 요구를 파악하고 돕는다.	1	2	3	4	5
도움을 요청한다.	1	2	3	4	5
감정에 대해 이야기한다.	1	2	3	4	5
적절한 신체언어(신체언어)를 보인다.	1	2	3	4	5
다른 사람의 신체언어(신체언어)를 이해한다.	1	2	3	4	5
대화를 마친다.	1	2	3	4	5
대화를 시작한다.	1	2	3	4	5
자신이 하고 있는 일에 다른 사람을 참여시킨다.	1	2	3	4	5
다른 사람의 관점을 이해한다.	1	2	3	4	5
분노/불만에 적절히 대처한다.	1	2	3	4	5
어떤 집단에 합류할 줄 안다.	1	2	3	4	5

규칙을 따른다.	1	2	3	4	5
타협할 줄 안다.	1	2	3	4	5
적절한 말투로 말한다.	1	2	3	4	5
적절한 속도로 말한다.	1	2	3	4	5
'싫다'는 대답을 받아들인다.	1	2	3	4	5
행동에 대한 책임감을 인정한다.	1	2	3	4	5
누군가 말을 걸면 반응을 보인다.	1	2	3	4	5
적절한 사회적 경계를 안다.	1	2	3	4	5
안전에 대한 정보를 안다.	1	2	3	4	5
스스로의 의견을 표현한다.	1	2	3	4	5
다른 사람과 친하게 지낸다.	1	2	3	4	5
스스로 과제를 시작할 수 있다.	1	2	3	4	5
다른 사람에 대한 걱정을 표현한다.	1	2	3	4	5
방해되는 것을 무시한다.	1	2	3	4	5
지시할 수 있다.	1	2	3	4	5
다른 사람에게 무언가를 설명할 수 있다.	1	2	3	4	5
실수에 대해 사과한다.	1	2	3	4	5
예의를 이해한다.	1	2	3	4	5
또래 집단 내에서 협조하고 참여한다.	1	2	3	4	5
성인과 이야기한다.	1	2	3	4	5
놀림과 괴롭힘을 이해한다.	1	2	3	4	5
문제를 해결한다.	1	2	3	4	5
적절한 위생을 활용한다.	1	2	3	4	5

발달놀이 관계 맺기 목록: 아동(3~11세)

아동 이름: ＿＿＿＿＿＿＿＿　나이: ＿＿＿＿＿　성별: ＿＿＿＿＿　날짜: ＿＿＿＿＿＿＿

　전혀 발달되지 않음을 '1' 그리고 충분히 발달됨을 '5'로 하여 다음 관계 맺기 관련 기술에 대해 발달되지 않음에서 발달됨의 척도를 평가해 주십시오. 당신의 자녀와의 상황을 기억하도록 노력하여 자녀의 능력 수준을 알맞게 측정해 주십시오. 확실치 않은 경우에 대해서는 빈칸으로 남겨 주십시오.

나의 아동은 포옹 및 다른 적절한 호감의 신체 접촉을 한다.

1　　　　2　　　　3　　　　4　　　　5

나의 아동은 '사랑해요'라고 말하고/말하거나 다른 사랑스러운 말을 구사한다.

1　　　　2　　　　3　　　　4　　　　5

나의 아이는 포옹 및 다른 적절한 호감의 신체 접촉을 받아들인다.

1　　　　2　　　　3　　　　4　　　　5

나의 아동은 울고/울거나 그러한 감정적 반응을 보일 만한 상황이 발생하면 슬픔을 보인다.

1　　　　2　　　　3　　　　4　　　　5

나의 아동은 다른 사람에게 공감을 표출한다.

1　　　　2　　　　3　　　　4　　　　5

나의 아동은 상대와 적절하게 눈을 맞추며 이야기한다.

1　　　　2　　　　3　　　　4　　　　5

나의 아동이 각 가족 구성원에게 보이는 애정의 정도는 일관되지 않다.

1　　　　2　　　　3　　　　4　　　　5

나의 아동은 사랑을 받거나 주는 법을 모르는 것 같다.

1   2   3   4   5

나의 아동은 신체적 친밀함 또는 신체 접촉을 피하는 것 같다.

1   2   3   4   5

나의 아동은 게임을 먼저 시작하며 다른 사람과 놀이한다.

1   2   3   4   5

나의 아동은 다른 사람이 게임 또는 놀이를 먼저 시작하면 함께 참여한다.

1   2   3   4   5

나의 아동은 다른 사람이 자신과 어울리려고 할 때 적절히 반응한다.

1   2   3   4   5

나의 아동은 다른 가족 구성원 또는 또래 친구와 함께하는 것에 대해 이야기하거나 관심을 보인다.

1   2   3   4   5

발달놀이 관계 맺기 목록: 청소년(12~18세)

아동 이름: _____   나이: _____   성별: _____   날짜: _____

전혀 발달되지 않음을 '1' 그리고 충분히 발달됨을 '5'로 하여 다음 관계 맺기 관련 기술에 대해 발달되지 않음에서 발달됨의 척도를 평가해 주십시오. 당신의 자녀와의 상황을 기억하도록 노력하여 자녀의 능력 수준을 알맞게 측정해 주십시오. 확실치 않은 경우에 대해서는, 빈칸으로 남겨 주십시오.

나의 아동은 포옹 및 다른 적절한 호감의 신체 접촉을 한다.

1   2   3   4   5

나의 아동은 '사랑해요'라고 말하고/말하거나 다른 사랑스러운 말을 구사한다.

1   2   3   4   5

나의 아이는 포옹 및 다른 적절한 호감의 신체 접촉을 받아들인다.

1   2   3   4   5

나의 아동은 그러한 반응을 보일 만한 상황이 발생하면 울거나 다른 적절한 슬픈 감정을 표출한다.

1   2   3   4   5

나의 아동은 다른 사람에게 공감을 표현한다.

1   2   3   4   5

나의 아동은 상대와 적절하게 눈을 맞추며 이야기한다.

1   2   3   4   5

나의 아동이 각 가족 구성원에게 보이는 애정의 정도는 일관되지 않다.

1   2   3   4   5

나의 아동은 사랑을 받거나 주는 법을 모르는 것 같다.

1   2   3   4   5

나의 아동은 신체적 친밀함 또는 신체 접촉을 피하는 것 같다.

1   2   3   4   5

나의 아동은 게임을 먼저 시작하거나 또래 친구들에게 '함께 놀기'를 먼저 제
안한다.

1   2   3   4   5

나의 아동은 다른 또래 친구가 게임 또는 '함께 놀기'를 먼저 제안하면 참여
한다.

1   2   3   4   5

나의 아동은 또래 친구와의 활동에 참여하거나 참여하길 바라는 것으로 보
인다.

1   2   3   4   5

나의 아동은 적절한 부모/청소년 관계 맺기를 하고 있는 것으로 보인다.

1   2   3   4   5

놀이기술에 대한 발달놀이 평가

아동 이름: ＿＿＿＿＿＿   나이: ＿＿＿＿＿   성별: ＿＿＿＿＿   날짜: ＿＿＿＿＿

다음 놀이 항목 및 정의를 읽고 당신의 자녀가 그러한 형태의 놀이를 지니고 있고 발휘하고 있는지에 대하여 당신이 느끼는 바를 점수로 표시해 주십시오.

기능놀이는 관계놀이에도 사용되는 용어이다. 기능놀이란, 예를 들어 단순한 사물들을 정확히 사용하고 관련 있는 사물을 결합시킬 줄 아는 것처럼 (여자 인형을 미용실에 두는 등), 어떠한 사물이 의도된 사용 목적에 맞게 놀이에서 사용되는 것을 보여 주고, 사물들이 쓰여야 하는 곳에 쓰일 수 있도록 하는 것이다.

부족함   1   2   3   4   5   6   7   8   9   10   발휘됨

상징놀이란, 예를 들어 머리빗을 마이크로 표현하는 것처럼, 아동들이 한 사물을 다른 사물로 대체하기 시작할 때 발생하는 상징적 혹은 연극적 놀이를 나타낸다. 아동은 어떤 행동을 하는 척할 수도 있고 (사물을 가지고 또는 가지지 않고 할 수도 있고, 혹은 한 사물로 다른 사물을 나타내며 할 수도 있음) 다른 사람이 된 척을 할 수도 있다. 또한 다른 무생물의 사물을 통해 가장할 수도 있다(예를 들어, 한 인형을 가지고 다른 인형에게 밥을 먹이는 척하는 것을 말함).

부족함   1   2   3   4   5   6   7   8   9   10   발휘됨

협동놀이란 아동들이 서로 계획하고, 역할을 부여하고, 함께 놀이하는 것을 말한다. 협동놀이는 목표 지향적이고 아동들은 공동의 목표를 향해 질서 있는 방식으로 놀이한다. 나아가, 협동놀이는 아동들이 협력하고 상호적인 역할을 맡는 '진정한 사회적 놀이'이다.

부족함   1   2   3   4   5   6   7   8   9   10   발휘됨

사회극놀이란 만화 또는 책에서 채택한 대본, 장면 그리고 연극을 연출하는 것을 포함한 놀이이다. 아동들은 자기 자신 그리고/또는 인형, 모형 및 연극인형 등의 인물을 사용하여 역할을 맡거나 부여하며 공동의 주제에 대해 함께 소통한다. 아동이 연극, 주제, 사건, 계획, 문제해결에 있어 발달될수록, 인물 및 기타 요소들이 더 풍부해지고 다른 아동들을 자신이 주도한 역할놀이에 참여시키기 시작한다.

부족함   1   2   3   4   5   6   7   8   9   10   발휘됨

또래놀이란 신체적, 인지적, 사회적 그리고 정서적 발달을 위한 기회를 제공하는 또래 친구들과의 상호작용을 의미한다.

부족함   1   2   3   4   5   6   7   8   9   10   발휘됨

구성놀이란 어떤 것을 구성하거나 창조할 목적으로 사물을 조작하는 것이 특징이다. 아동들은 새로운 구성을 위해 사물을 변환하여, 자신이 생각하는 특정

한 목표를 달성할 수 있도록 사물을 활용한다.

부족함   1   2   3   4   5   6   7   8   9   10   발휘됨

표상놀이란, 예를 들어 음식이 요리되고 있을 때 놀잇감 오븐을 표현하는 것처럼, 아동이 자신의 세계를 나타내기 위해 유사한 사물을 사용하기 시작할 때 보이는 가상놀이를 의미한다.

부족함   1   2   3   4   5   6   7   8   9   10   발휘됨

놀이 항목은 '심리학 용어 사전(Psychology Glossary)'(2012)에서 일부 발췌함
www.psychology-lexicon.com

발달놀이치료 놀이기술 사정

아동의 놀이에 대한 다음의 질문에 대답해 주십시오. 아동과 함께 놀이했거나 관찰했었던 때를 떠올리면서 가능한 모두 응답해 주십시오.

아동은 장난감을 가지고 노나요?

아동은 혼자 놀이를 하나요?

아동은 다른 아동과 놀이를 하나요?

아동은 다른 아동 또는 어른들과 놀이할 때 먼저 시작하나요?

당신은 아동과 놀이를 하나요?

아동은 놀이를 하는 동안 당신과 상호작용하나요?

아동은 가상놀이 또는 상징놀이를 하나요?

아동은 장난감이라고 생각되지 않는 물건을 가지고 노나요?

만약 누군가(아동 또는 어른)가 함께 놀자고 하면, 아동은 보통 어떻게 행동하나요?

아동이 놀기를 원하는 것처럼 보이나요?

아동의 놀이가 연령에 적절해 보이나요?

아동의 놀이를 기술해 주세요.

발달놀이치료 부적절한 행동 사정

아동 이름: _____ 나이: _____ 성별: _____ 날짜: _____

아동의 행동에 대한 다음의 개방형 질문에 응답해 주십시오. 특정 상황과 행동을 떠올려 보고 만약 불확실하다면 응답하지 마십시오.

1. 아동이 감각 문제가 있나요? 있다면 어떤 유형인가요?

2. 아동이 행동적 '혼란상태(meltdowns)' 또는 부적절한 행동을 하나요?

3. 아동의 부적절한 행동은 어떠한가요? 행동, 말 등을 기술해 주세요.

4. 아동이 부적절한 행동을 하게 될 때의 특정한 시간이나 상황이 있나요? 있다면, 기술해 주세요.

5. 당신은 부적절한 행동이 발생할 것 같은 특정한 촉발 요인을 알아차리나요? 그렇다면 기술해 주세요.

6. 부적절한 행동의 전형적인 강도와 지속 시간은 어떤가요?

7. 일주일에 얼마나 자주 부적절한 행동을 하나요?

8. 아동이 부적절한 행동을 학교에서 하나요? 만약 그렇다면 기술해 주세요.

9. 현재 당신은 아동의 부적절한 행동을 어떻게 해결하거나 관리하나요?

10. 아동이 방과 후에 특히 조절이 안 되거나 '초조'해지나요?

11. 아동이 부적절한 행동을 할 때 진정되는 데 도움이 되는 것을 찾았나요?

발달놀이치료 상황 행동 사정

아동 이름: _____ 나이: _____ 성별: _____ 날짜: _____

사정을 위한 보고 매체

부모 관찰 _____ 교사 관찰 _____ 치료사 관찰 _____
기타 _____

행동(행동, 행동의 강도, 행동의 빈도, 행동의 지속 시간을 기술하시오.)

_____

_____

_____

_____

상황(행동이 발생하는 장소, 시간, 관여된 사람들에 대해 기술하시오.)

_____

_____

_____

_____

선행 사건(행동에 선행하는 것, 행동이 발생하기 전에 무슨 일이 일어나는지, 환경에서 무슨 일이 일어나고 있는지, 다른 사람들이 무엇을 하고 있는지 기술하시오.)

_____

_____

_____

_____

결과(행동에 대해 관찰된 반응이 무엇인지, 다른 사람들이 어떻게 반응하는지, 아동을 돌보는 사람들이 어떻게 반응하는지를 기술하시오.)

_____

_____

_____

_____

관찰할 수 있는 의도(행동의 목적이 무엇처럼 보이는가?)

_____

_____

_____

_____

조정(무엇이 조정되거나 수정되어 향후 원하지 않는 행동을 예방할 수 있는가?)

_____

_____

_____

_____

발달놀이치료 부모 자기 돌봄 척도

다음의 질문을 완성하시오. 가능한 한 철저하게 각 질문과 답변에 대해 숙고하고 생각하십시오. 만약 불확실하다면 응답하지 마십시오.

1. 일상에서 당신을 지원해 주는 사람이 있나요? 만약 있다면 당신이나 당신의 가족을 위해서 누가, 어떤 방법으로 도움을 주나요?

_____

_____

_____

_____

2. 당신은 지원 서비스를 제공하는 지역 기관 또는 프로그램에 참여하고 있나요? 만약 그렇다면, 어떤 유형의 지원을 받고 있나요?

_____

_____

_____

_____

3. 당신은 자녀가 없이 여가 시간을 보내나요? 만약 그렇다면, 여가 시간에 대해 기술해 주세요.

_____

_____

_____

_____

4. 당신은 휴식을 위해 무엇을 하나요?

_____

_____

_____

_____

5. 당신에게 자기돌봄은 무엇을 의미하나요? 당신의 최근 자기돌봄 수준을
   기술해 주세요.

_____

_____

_____

_____

6. 당신에게 자녀양육과 자기돌봄의 이상적인 균형은 무엇인가요?

_____

_____

_____

_____

발달놀이치료 계획 프로파일 지침서

발달놀이치료 계획 프로파일은 치료사가 발달놀이치료 접근을 이용한 치료 계획을 세우는 데 도움을 주고자 고안되었다. 프로파일은 치료사가 치료 목표를 구성하고 설정하며, 사용 중인 기법을 따라가고, 치료 목표를 향한 진행 상황을 따라가는 데 도움이 된다.

- 인구학적 정보: 이 부분은 내담자의 기본적인 인구학적 정보를 수집하고 치료 계획을 수행하고 있는 치료사와 치료 날짜를 기록하도록 되어 있다.
- 현재 문제: 이 부분은 내담자가 치료에 오게 된 현재의 문제를 기록하기 위한 것이다. 대부분의 정보는 접수상담과 발달놀이치료 사정의 부모 보고에 의한다.
- 부모와 자녀의 치료 기대: 이 부분은 치료에 참여하는 것에 대한 부모와, 만약 가능하다면 아동의 기대를 기록한다.
- 이전 평가/진단과 치료 이력: 이 부분은 내담자가 이전에 어디서, 누구에게 진단을 받았는지, 받았던 이전 진단에 대한 정보를 수집하도록 고안되었다. 이 부분은 또한 내담자가 받았던 이전 심리학적 평가와 평가자에 대해 기록하도록 되어 있다. 또한 아동이 받았던 이전 치료나 개입도 기록한다.
- 병행 치료/아동과 작업하는 기관: 이 부분은 발달놀이치료에 참여하는 동안 아동이 동시에 참여하고 있거나 참여할 다른 치료나 처치에 대한 정보를 얻도록 되어 있다. 또한 내담자와 그 가족과 동시에 작업을 하는 다른 기관이나 조직을 기록하도록 되어 있다.
- 발달놀이치료 관리 목록: 이 부분은 치료사가 회기를 추적하는 목적으로 기록하도록 한다. 수행이 완료된 발달놀이치료 목록과 수행한 일정을 기록한다.

- 아동/청소년 회기 기록 양식: 이 부분은 치료사가 어떤 구성 요소 영역을 다루고 있으며, 이를 다루기 위해 어떤 놀이치료 기법을 사용하고 있는지 추적하는 데 도움이 되도록 고안되었다. 날짜 부분은 특정 기법이 진행된 날짜를 기록한다. 이 부분은 보통 새로운 회기 정보가 각 회기마다 기록된다. 어떤 기법들은 몇 회기에 걸쳐 반복될 수 있다. 이 부분은 각 회기에 무엇이 진행되는지를 정확하게 기록하게 한다.
- 부모 회기 기록 양식: 이 부분은 부모 회기 동안 무엇이 의논되었고 교육되었는지를 기록하도록 되어 있다. 부모에게 제공되는 정보와 회기 날짜가 기록된다.

발달놀이치료 계획 프로파일

아동 이름	
아동의 생년월일과 성별	
아동의 진단	
부모 이름	
치료사 이름	
날짜	

현재 문제

부모와 자녀의 치료에 대한 기대

이전 심리학적 평가/진단(어디서, 언제, 누가)치료 이력(이전 개입)

병행 치료/아동과 작업하는 기관

발달놀이치료 관리 목록

목록	예	아니오	수행 일자
아동 관찰			
아동/부모 관찰			
놀이 사정			
사회적 기술 척도			
정서조절 척도			
관계 맺기 척도			

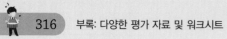

아동/청소년 회기 기록 양식

다루어진 구성 요소 영역 (정서, 사회, 관계 맺기)	발달놀이치료 개입	회기 날짜

아동/청소년 회기 기록 양식

다루어진 구성 요소 영역 (정서, 사회, 관계 맺기)	발달놀이치료 개입	회기 날짜

부모 회기 기록 양식

교육 내용(의논된 정보, 교육된 개입)	회기 날짜

부모 회기 기록 양식

교육 내용(의논된 정보, 교육된 개입)	회기 날짜

기타 놀이기반 자폐증 치료

리플레이(replay)

리플레이(replay)는 재미있고, 놀이기반이며, 불안, 정서조절 장애, 분노발작, 공포증, 그 외 여러 다른 진단을 받은 아동(예: 자폐증, 아스퍼거 장애, 기분장애, 지적 발달장애)을 다루는 치료적 접근이다. 리플레이는 인지행동치료의 원리에 기반하며 놀이기반 형식을 적용한다. 인지적으로 영아부터 10세 정도 수준까지의 아동에게 이 접근이 효과가 있다. 리플레이는 레빈과 체드(Levin & Chedd, 2007)가 저술한 『리플레이: 자폐 스펙트럼 장애 아동의 정서와 행동 발달을 강화하기 위해 놀이를 이용하기(Replays: Using Play to Enhance Emotional and Behavioral Development of Children with Autism Spectrum Disorders)』라는 책에 기술되어 있다. 더 자세한 정보는 www.drkarenlevine.com을 참조하면 된다.

플로어타임(floortime)

플로어타임(floortime)은 자폐 스펙트럼 장애를 포함한 다양한 발달 문제를 가진 영아와 아동을 돕고 건강한 발달을 촉진하는 발달적이고 종합적인 프로그램이다. 플로어타임은 한 번에 20분 이상, 양육자가 바닥(마루)에서 자녀와 상호작용하는 특별한 기법이다. 플로어타임은 또한 자녀와 모든 일상적 상호작용을 특징짓는 일반적 철학이다. 더 자세한 정보는 www.icdl.com과 www.stanleygreenspan.com을 참조하면 된다.

놀이 프로젝트(the play project)

놀이 프로젝트(the play project)는 2001년 의학박사 리처드 솔로몬(Richard Solomon)에 의해 만들어졌는데, 의학박사 스탠리 그린스펀(Stanley Greenspan)의 발달적, 개별적인 관계(Developmental, Individualized, Relationship-based:

DIR)기반 이론에 기초한다. 이 프로그램은 자녀의 가장 훌륭한 놀이 파트너가 되도록 부모를 돕는 것에 대한 중요성을 강조한다. 놀이 프로젝트는 네 개의 중요한 요소로 진단, 가정 컨설팅, 훈련, 연구가 있다. 더 자세한 정보는 www.playproject.org를 참조하면 된다.

RDI 커넥트(RDI)

자폐증을 위한 관계 발달 개입(Relationship Development Intervention: RDI) 프로그램은 가족 안내 참여 프로그램(the Family Guided Participation Program)에서 확장된 것으로, 맞춤형 목표들의 세트이며, 진단적 구별인 자폐 스펙트럼 장애 개인을 위한 주요 결핍을 대상으로 의도하였다. 이 프로그램은 연속적 발달 단계의 종합 세트이다. 자폐증을 위한 RDI 프로그램은 관계증진 참여 프로그램으로 신경발달의 초석을 새로 세우는 것에 전념하고 있다. 공인된 컨설턴트의 지도를 받는 가족들은 아동의 신경 성장을 위한 기회를 천천히 신중하게 구성하면서 복잡성을 증대시킨다. 오랜 시간에 걸쳐 부모는 자녀들이 상호적인 우정을 형성하고, 정서적 관계를 성숙시키고, 성공적인 협력을 수행하고, 유연한/적응적 사고와 숙달된 문제해결 능력에 엄청난 영향을 미치게 된다. 더 자세한 정보는 www.rdiconnect.com을 참조하면 된다.

자폐증 동작 치료(AMT)

조앤 라라(Joanne Lala)에 의해 개발된 자폐증 동작 치료(Autism Movement Therapy: AMT)는 자폐 스펙트럼 장애인이 말하기 및 언어, 사회 및 학업 IEP 목표를 충족하고 달성할 수 있도록 돕기 위해 긍정적 행동지지(Positive Behavior Support: PBS) 전략과 함께 동작 및 음악을 통합하는 반구 간 감각통합 기법이다. 더 자세한 정보는 www.autismmovementtherapy.com을 참조하면 된다.

사회적 이야기(social stories)

캐롤 그레이(Carol Gray)에 의해 개발된 사회적 이야기(social stories)는 구체적으로 정의된 스타일과 형식으로 사회적 단서, 관점 그리고 일반적 반응과 관련된 상황, 기술 또는 개념을 설명한다. 사회적 이야기의 목적은 청중에게 쉽게 이해될 수 있도록 참을성 있고 안심시키는 방법으로 정확한 사회적 정보를 공유하는 것이다. 모든 사회적 이야기의 절반은 개인이 잘하는 것을 긍정해야 한다. 이야기의 목표가 개인의 행동을 바꾸는 것이어서는 안 되지만, 사건에 대한 이해와 예측이 향상되면 보다 효과적인 대응으로 이어질 수 있다. 더 자세한 정보는 www.thegraycenter.org를 참조하면 된다.

음악치료(music therapy)

음악치료(music therapy)는 개인의 신체적, 정서적, 인지적 그리고 사회적 욕구를 해결하기 위해 치료적 관계 안에서 음악을 사용하는 확고한 보건 전문 분야이다. 각각의 내담자의 강점과 욕구를 평가한 후 자격을 갖춘 음악치료사는 음악 만들기, 노래하기, 동작 및/또는 음악 듣기를 포함하여 명시된 치료를 제공한다. 치료적 맥락에서의 음악적 참여를 통해 내담자의 능력이 강화되고 그들의 삶의 다른 영역으로 옮겨 가게 된다. 더 자세한 정보는 www.musictherapy.org를 참조하면 된다.

예술치료(art therapy)

예술치료(art therapy)는 내담자가 감정을 탐구하고, 정서적 갈등을 조정하고, 자기 인식을 키우고, 행동을 관리하고, 사회적 기술을 개발하고, 현실감을 증대시키고, 불안을 감소시키고, 자아존중감을 향상시키도록 예술치료사에 의해 예술 매체, 창조적 과정 및 그 결과인 예술 작품을 이용하는 휴먼서비스 전문 분야이다. 예술치료 임상은 인간 발달, 심리 이론 및 상담 기법에 대한 지식을 기반으로 한다. 더 자세한 정보는 www.arttherapy.org를 참조하면 된다.

중심축 반응 훈련(PRT)

중심축 반응 훈련(Pivotal Response Training: PRT)은 응용행동분석의 원칙에 근거하여, 자극 및 반응 일반화를 촉진하고, 자발성을 높이고, 즉각적인 의존성을 줄이며, 동기를 높이기 위해 개발된 자연주의적 행동 개입이다. PRT는(치료사 또는 부모가 지시하는 것과는 반대로) 아동 지시적으로 아동에게 학습 이벤트를 시작할 수 있는 기회를 제공한다. PRT는 아동 선택, 주고받기, 보상 시도 및 상호 유지관리작업(interspersing maintenance tasks)과 같은 구성 요소를 포함하여 동기를 높이기 위해 노력한다. 더 자세한 정보는 www.koegelautism.com을 참조하면 된다.

통합 놀이 집단(IPG)

통합 놀이 집단(Integrated Play Groups: IPG)은 1980년대 말 패멀라 울프버그(Pamela Wolfberg)가 개발하고, 연구로 검증된 모델이다. IPG 모델은 자연스러운 환경에서 상호작용하는 경험을 통해 또래 및 형제자매와의 일반적인 관계를 형성하면서 자폐 아동의 사회화, 의사소통, 놀이 및 상상력을 촉진하도록 고안되었다. IPG는 자폐 아동(신입 참여자)과 유능한 동료 파트너(경력 있는 참여자)를 모아 자격을 갖춘 성인 도우미(IPG 가이드)가 이끄는 역할을 한다. 각 IPG는 아동 교육/치료 프로그램의 일부로 개별화된다. 더 자세한 정보는 www.autisminstitute.com을 참조하면 된다.

조기치료 덴버모델(EDSM)

심리학자 샐리 로저스(Sally Rogers) 박사와 재럴딘 도슨(Geraldine Dawson) 박사가 조기치료 덴버모델(Early Start Denver Model)을 개발하였다. 이 모델은 12개월에서 48개월까지의 자폐 아동들을 위한 종합적이고 행동적인 조기 개입 접근이다. 이 프로그램은 주어진 시간에 가르칠 기술과 이 내용을 전달하는 데 사용되는 일련의 교육 절차를 정의하는 발달적 커리큘럼을 포함한다. 이 조기 개입 프로그램은 관계 중심 발달 모델을 응용행동분석(ABA)의 잘 검증된 교육 임상 실천에 통합한다. 더 자세한 정보는 www.ucdmc.ucdavis.edu/mindinstitute/ research/esdm을 참조하면 된다.

티치(TEACCH)

티치(TEACCH)는 자폐증이 있는 개인의 학습 특성을 이해하고 의미와 독립성을 촉진하기 위한 시각적 지원을 사용하여 '구조화된 티칭(TEACCHing)'이라는 개입 접근 방식을 개발하였다. 티치의 원리는 자폐증 문화에 대한 이해, 표준 커리큘럼을 사용하는 대신, 각 내담자를 위한 개별화된 개인 중심 및 가족 중심 계획 개발, 물리적 환경 구성, 일상 활동을 이해하기 쉽게 하기 위한 시각적 지원 사용 등을 포함한다. 더 자세한 정보는 www.teacch.com을 참조하면 된다.

창조적 이완(creative relaxation)

루이스 골드버그(Louis Goldberg)에 의해 개발된 창조적 이완(creative relaxation)은 장애 아동들의 행동과 집중을 향상시키고, 힘, 유연성, 균형감을 강화하며, 자기조절을 촉진하기 위해 요가 원리를 통합하였다. 창의적 이완의 원리와 과정 중 일부에는 ADHD, 감각처리 장애 및 정서/행동 장애가 있는 자폐 스펙트럼 아동을 위해 특별히 선택된 학습 자세, 호흡, 명상 및 교육 자세가 포함된다. 이 프로그램은 상담센터, 진료실, 학교 환경에서도 효과적으로 시행될 수 있다. 더 자세한 정보는 www.yogaforspecialneeds.com을 참조하면 된다.

블록 쌓기(building blocks)

블록 쌓기(building blocks) 프로그램은 조기치료 덴버모델(ESDM)과 일치하는 접근 방식을 사용한다. 이 새로운 접근 방식은 ABA(모델링, 정적 강화 및 반복)의 구성 요소와 플로어 타임의 구성 요소(강한 정서, 상호작용 놀이, 관계 구축의 이용)를 통합하며 자폐 아동의 발달 및 신경 발달을 지지하는 몇 가지 중요한 연구의 주제였다. 이 과정에는 아동의 현재 기술을 평가하고, 놀이 맥락에 초점을 맞추는 목표 행동(기술)을 파악하고, 아동이 참여하도록 하고, 동기 부여를 하고, 선택된 기술을 연습할 수 있는 수많은 기회를 제공하는 방식으로 각 치료 회기를 계획하고, 전달하는 것이 포함된다. 치료사는 또한 이 기술을 가족의 일상생활에 접목할 수 있도록 부모 코칭을 제공한다. 더 자세한 정보는 http://ne-arc.org/를 참조하면 된다.

브레인 짐(brain gym)

브레인 짐(brain gym)은 동작, 과정, 프로그램, 준비물 그리고 교육철학의 특정한 세트를 기술한다. 핵심 철학은 때때로 '26'으로 축약되기도 하는 26 브레인 짐 동작(26 brain gym movements)을 포함한다. 이 활동들은 눈, 귀, 손 그리고 몸 전체를 조율하는 것을 배우는 생애 첫 1년 동안 자연스럽게 해 왔던 동작들을 상기시킨다. 26 활동은 '동작을 통한 학습'을 위한 프로그램과 함께 동작, 인지, 응용 학습의 상호 의존성이 그들 작업의 기초라고 말하는 교육자이자 독서 전문가인 폴 데니슨(Paul E. Dennison)과 그의 부인이자 동료인 게일 데니슨(Gail E. Dennison)에 의해 개발되었다. 20여 년 동안, 내담자, 교사, 학생들이 이 단순한 활동의 효과성을 보고해 왔다. 집중력 및 초점 능력, 기억력, 읽기·쓰기·수학·시험 수행과 같은 학업, 신체적 조정, 관계, 자기 책임, 조직화 능력 그리고 태도 등의 향상이 기대된다. 더 자세한 정보는 www.braingym.org를 참조하면 된다.

써츠(SCERTS)

써츠(Social Communication/Emotional Regulation/Transactional Support: SCERTS) 모델은 ASD 및 관련 장애를 가진 아동과 그 가족이 직면한 핵심 과제를 직접적으로 다루는 연구기반의 교육적 접근 및 다학제적 체계이다. 써츠는 사회적 의사소통, 정서조절 및 교류 지원의 역량 구축에 중점을 둔다. 이 모델은 가정, 학교 그리고 지역사회 환경에서 다양한 능력과 연령의 개인에게 적용될 수 있다.

- 'SC'(Social Communication, 사회적 의사소통): 자발적 · 기능적 의사소통, 정서적 표현 그리고 아동과 성인 간의 안전하고 신뢰할 수 있는 관계의 발달
- 'ER'(Emotional Regulation, 정서 조율): 매일의 스트레스에 대처하고 학습과 상호작용에 적합한 잘 조절된 정서상태를 유지하는 능력의 발달
- 'TS'(Transactional Support, 교류 지원): 파트너가 아동의 필요와 관심에 반응하고, 환경을 수정하고 적용하며, 학습을 향상시키기 위한 도구(그림 의사소통, 스케줄 및 감각 지원)를 제공할 수 있도록 지원을 개발하고 구현

더 자세한 정보는 www.scerts.com을 참조하면 된다.

레고치료(lego therapy)

레고 기반 사회적 기술은 자폐증, 아스퍼거 장애, 불안, 우울, 적응장애와 관련된 사회적 어려움이 있는 아동들이 사회적 상호작용과 의사소통 기술을 향상시키는 데 효과적임이 증명되어 왔다. 사회적 능력의 향상은 아동이 우정을 지속시키고 그들의 잠재능력을 발휘하도록 한다. 레고치료(lego therapy)의 더 자세한 정보는 대니얼 르고프(Daniel B. Legoff)의 『레고기반 치료: 자폐증과 유사조건 아동들을 위한 레고기반 클럽을 통한 사회적 유능감 구축하는 법(LEGO-Based Therapy: How to Build Social Competence through LEGO-Based Clubs for Children with Autism and Related Conditions)』을 참조하면 된다.

자폐증과 발달장애에 유용한 앱

Meebie

이 앱은 아동과 청소년이 Meebie 인형과 여러 액세서리를 사용하여 감정과 다양한 표현의 정도를 인식하는 데 도움을 준다. Meebie는 감정조절 능력에 도움이 되는 강력하고 매력적인 시각적 요소를 제공한다.

Touch and Say by Interbots

이 앱은 아동이 색, 숫자, 철자뿐만 아니라 눈맞춤, 감정의 구성 요소들까지 다양한 기술을 학습하도록 한다. 또한 아동이 말하는 것을 앱이 따라 할 수 있는 대화 구성 요소도 있다. 이 앱은 시각적으로 매력적이고 상호작용적이다.

Face-Cards

이 앱은 선택할 수 있는 여러 가지 다양한 감정을 제시하고, 그 감정을 나타내 주는 동반된 얼굴이 보인다. 눈을 맞추고 유지하는 데 도움이 되는 iGaze 비디오도 있다. 감정 얼굴은 모두 여성이고 감정 표현이 잘되어 있다.

Emotions Flash Cards for Kidz

이 앱은 긍정, 중립, 부정의 세 가지 범주로 분류된 몇 가지 감정을 제시한다. 감정을 선택하면 감정을 나타내는 애니메이션화된 얼굴의 플래시 카드가 나타난다. 이 앱은 잘 분류된 감정 플래시 카드를 제공한다.

Autism Aide: Teach Emotions

이 앱은 행복하고, 슬프고, 상처받고, 부끄러워하고, 화나고, 지루하고, 무섭게 느끼는 감정에 초점을 맞춘다. 어떤 느낌이 선택되었을 때, 감정을 보여 주는 몇몇의 다른 애니메이션 얼굴이 배열된다. 감정 단어를 말하는 것을 녹음하는 옵션과 배경 음악을 선택하는 옵션이 있다.

Emotions(Teaching tool for speech and language development)

이 앱은 감정조절을 돕는 다섯 가지 범주인, ① 감정으로 사진 구분하기, ② 사진으로 감정을 구분하기, ③ 감정으로 사진 시나리오를 구분하기, ④ 시나리오에 따라 이름표 붙여진 사진 구분하기, ⑤ 시나리오에 따라 사진 구분하기로 구성되어 있다. 아동들이 선택할 수 있는 옵션이 주어지고, 사진은 감정을 나타내는 실제 사람들의 사진이다. 이 앱은 강력한 비주얼과 감정조절을 배우는 다양한 방법으로 구성되어 있다.

ABA Flash Cards

이 앱은 실제 사람들이 감정을 드러내는 것을 보여 주는 다양한 플래시 카드를 제공한다. 각각의 플래시 카드가 제시되었을 때, 그 감정이 무엇인지 말해 주는 음성이 제공된다. 사진의 질이 매우 좋고, 여러 감정이 제시되어 있다.

FeelingOmeter

이 앱은 온도계 디자인을 사용하여 아동들이 다양한 감정과 감정의 수준을 표현하고 배울 수 있도록 한다. 아동들은 여러 가지 감정을 선택할 수 있고 그 감정과 어울리는 색깔을 선택할 수 있다. 사진을 사용하여 감정을 표현할 수도 있다. 이 앱은 아동들이 감정조절 능력을 키울 수 있도록 잘 결합된 여러 요소를 제공한다.

Self-Regulation Training Board by Brad Chapin

이 앱은 아동에게 특정 감정에 해당하는 경고 신호를 식별하게 하고, 감정 자체를 설명하게 하며 아동이 감정을 느낄 때 할 수 있는 전략을 제공한다. 이 앱은 매우 시각적이고 매력적이다.

Zone of Regulation

이 앱은 여러 단계(인기 있는 게임 디자인을 연상시키는)로 구성된 잘 개발된 앱으로, 아동들이 정서조절 능력을 배우고 발달시킬 수 있도록 한다. 몇 가지 구성 요소가 있으며, 각 요소는 강력한 시각적 요소와 아동을 위한 매력적인 단계들로 구성되어 있다.

Stories2Learn

이 앱은 사회적 이야기를 만드는 데 집중한다. 몇 가지 미리 만들어진 이야기를 볼 수 있다. 미리 만들어진 이야기를 편집할 수 있으며 나만의 사회적 이야기를 만들 수 있는 옵션이 있다. 이 앱은 잘 디자인되었고, 사회적 이야기를 만들고 보는 데 사용하기 쉽다.

Language Lab Spin & Speak

이 앱은 사회적 기술을 다루는 보드 게임을 보여 준다. 한 번에 최대 5명의 플레이어가 게임을 할 수 있다. 이 앱은 몇 가지 사회적 기술을 다루고 있고, 시각적으로 매력적이고 재미있다.

Choiceworks

이 앱은 감정조절, 기다리는 시간 타이머 표시, 시각화된 스케줄을 다루는 것을 포함한다. 구성 요소는 표현이 잘되어 있고, 음성 신호로 쉽게 따라갈 수 있다. 각 구성 요소가 포함된 짧은 설명서가 있다.

FindMe

이 앱은 아동들이 사회적 기술과 집중력을 향상시킬 수 있도록 고안되었다.

여러 산만함이 발생하는 가운데 사진 속에서 목표 인물을 구별하는 것이 점점 더 어려워지는 몇 가지 장면이 제공된다.

Kimochis Feeling Frenzy

이 앱은 아동들이 긍정적인 감정과 부정적인 감정을 구별하도록 돕고 다양한 감정을 구별할 수 있도록 도와주는 재미있고 유쾌하며 매력적인 앱이다. 네 가지 다른 단계가 있어서 아동들은 쉬운 단계로 시작해서 더 도전적인 단계로 발전할 수 있다.

iTouchiLearn Feelings

이 앱은 아동들이 감정을 배우고 구별할 수 있도록 돕기 위해 몇 가지 옵션을 제공한다. 아동들이 실행되는 감정을 보고 어떤 감정이 표시되고 있는지 구별할 수 있는 감정 항목이 있다. 감정 구별을 다루는 다양한 상호작용 게임이 있는 게임 항목이 있고, 음악을 통해 감정을 표현하는 음악 항목도 있다.

Puppet pals

이 앱은 다양한 캐릭터를 선택하는 것에서부터 자신만의 퍼펫 쇼를 만드는 것까지 여러 단계를 선택하도록 되어 있다. 아동은 그들 자신의 목소리를 이용하여 이야기를 녹화할 수 있고 나중에 이야기를 볼 수 있다. 치료사는 또한 특별히 아동을 위해 이야기를 만들어 녹화할 수 있고, 그 이야기를 아동이 시청할 수 있다. Puppet pals II도 있다.

Story Maker

이 앱은 아동이 소리와 영상으로 그들 자신의 이야기를 만들 수 있게 한다. 몇 가지 영상이 제공되고, 개인적 영상이 이용될 수 있다. 이 앱은 많은 옵션을 사용하기가 쉽다. 치료사는 또한 그들이 함께하는 아동을 위해 특별히 고안된 이야기를 만들 수 있다.

CBT4Kids

이 앱은 두 임상 심리학자에 의해 개발되었고, 즐겁고 매력적이며 인지행동 치료에 근거한 유익한 접근이다. 치료사는 실제 아동 내담자와 함께 참여하며 그들의 진행 상황을 추적할 수 있다. 이완과 호흡 게임처럼 몇 가지 매력적인 도구가 있다.

Time Timer

이 앱은 단순하지만 효과적인 앱이다. 타이머는 1시간이 표시된다. 이용자는 타이머에 얼마만큼의 시간을 넣을지 선택할 수 있으며, 빨간색 시각으로 시간을 카운트다운할 수 있다. 이것은 아동들이 작업을 계속하고 시간을 이해하는 것을 돕기 위해 강한 시각 보조 장치를 이용하려는 부모와 치료사에게 매우 유용하다.

ZoLo

이 앱은 아동들이 재미있고 기발한 디자인을 만들고 놀이 작품을 만들 수 있는 다양한 모양과 소리를 제공한다. 매우 창의적이고 매력적인 감각 요소가 포함되어 있다.

참고문헌

American Psychiatric Association. (2014). *Diagnostic and statistical manual of mental disorders* (5th ed.). Washington, DC: Author.

Association for Behavioral and Cognitive Therapies. (2014). Available: www.abct.org

Association for Play Therapy. (2015). Available: www.a4pt.org

Attwood, T. (2007). *The complete guide to Asperger's syndrome*. Philadelphia, PA: Jessica Kingsley Publishers.

Autism Society of America. (2014). Available: www.autism-society.org

Autism Speaks. (2015). Available: www.autismspeaks.org

Barboa, L., & Obrey, E. (2014). *Stars in her eyes: Navigating the maze of childhood autism*. Mustang, OK: Tate Publishing.

Booth, P. B., & Jernberg, A. M. (2010). *Theraplay*. San Francisco, CA: Jossey-Bass.

Borgman, J. (2016). *Feelings Playing Cards*. Time Promotions.

Brady, L. J., Gonzalez, A. X., Zawadzki, M., & Presley, C. (2011). *Speak, move, play and learn with children on the autism spectrum*. Philadelphia, PA: Jessica Kingsley Publishers.

Bratton, S. C., Ray, D., Rhine, T., & Jones, L. (2005). The efficacy of play therapy with children: A meta-analytic review of treatments outcomes. *Professional Psychology: Research and Practice, 36*, 376-390.

Bundy-Myrow, S. (2012). Family Theraplay: Connecting with children on the autism spectrum. In Gallo-Lopez, L., & Rubin, L. C. (Eds.), *Play based interventions for children and adolescents with autism spectrum disorders* (pp. 73-96). New York, NY: Routledge.

Centers for Disease Control and Prevention. (2015). Available: www.cdc.gov

Conner, B. (2007). *Unplugged play*. New York, NY: Workman Publishing.

Coplan, J. (2010). *Making sense of autistic spectrum disorders*. New York, NY: Bantam Books.

Corsello, C. M. (2005). Early intervention in autism. *Infants and Young Children, 18*, 74-85.

Cross, A. (2010). *Come and play: Sensory integration strategies for children with play challenges*. St. Paul, MN: Redleaf Press.

Dawson, G., McPartland, J., & Ozonoff, S. (2002). *A parent's guide to Asperger's syndrome and high functioning autism*. New York, NY: The Guilford Press.

Delaney, T. (2010). *101 games and activities for children with autism, Asperger's, and sensory processing disorders*. New York, NY: McGraw Hill.

Dennison, P. E., & Dennison, G. E. (1986). *Brain Gym*. Ventura, CA: Edu-Kinesthetics Inc.

Dienstmann, R. (2008). *Games for motor learning*. Champaign, IL: Human Kinetics.

Drewes, A. (2009). *Blending play therapy with cognitive behavioral therapy*. New Jersey: John Wiley and Johns Inc.

Exkorn, K. S. (2005). *The autism sourcebook*. New York, NY: HarperCollins Publishers.

Gallo-Lopez, L., & Rubin, L. C. (2012). *Play based interventions for children and adolescents with autism spectrum disorders*. New York, NY: Routledge.

Gil, E. (1994). *Play in family therapy*. New York, NY: The Guilford Press.

Gil, E. (2003). Family play therapy: "The bear with short nails." In Schaefer, C. E. (Ed.), *Foundations of play therapy* (pp. 192-218). New Jersey: John Wiley and Sons.

Greenspan, S., & Wieder, S. (2006). *Engaging autism*. Cambridge, MA: Da Capo Press.

Griffin, S., & Sandler, D. (2010). *Motivate to communicate*. Philadelphia, PA: Jessica Kingsley Publishers.

Guerney, L. (2003). Filial play therapy. In Schaefer, C. E. (Ed.), *Foundations of play therapy* (pp. 99-142). New Jersey: John Wiley and Sons.

Hull, K. (2011). *Play therapy and Asperger's syndrome*. Lanham, MD: Jason Aronson.

Jernberg, A. M., & Booth, P. B. (2001). *Theraplay: Helping parents and children build better relationships through attachment-based play*. New Jersey: John Wiley and Sons Inc.

Josefi, O., & Ryan, Y. (2004). Non-directive play therapy for young children with autism: A case study. *Clinical Child Psychology and Psychiatry, 9*, 533-551.

Kaduson, H. G. (2008). *Play therapy for children with pervasive developmental disorders*. Monroe Township, New Jersey: Heidi Gerard Kaduson.

Knell, S. M. (2004). *Cognitive behavioral play therapy*. Lanham, MD: Rowman and Little field.

Kuypers, L. (2011). *The zones of regulation*. San Jose: Think Social Publishing.

Laushey, K., & Heflin, L. J. (2000). Enhancing social skills of kindergarten children with autism through the training of multiple peers as tutors. *Journal of Autism and Developmental Disorders, 30*(3), 183–193.

Levine, K., & Chedd, N. (2007). *Replays*. Philadelphia, PA: Jessica Kingsley Publishers.

Lindaman, S., & Booth, P. B. (2010). Theraplay for children with autism spectrum disorders. In Booth, P. B., & Jernberg, A. M. (Eds.), *Theraplay: Helping parents and children build better relationships through attachment-based play* (3rd ed., pp. 301–358). San Francisco: Jossey-Bass.

Miller, M., & Smith, T. C. (2014). *101 tips for parents of children with autism*. Philadelphia, PA: Jessica Kingsley Publishers.

Moor, J. (2008). *Playing, laughing and learning with children on the autism spectrum*. Philadelphia, PA: Jessica Kingsley Publishers.

National Institute of Child Health and Human Development. (2014). Available: www. nichd.nih.gov

National Institute of Mental Health. (2014). *Early characteristics of autism*. Bethesda, MD: Author.

National Institute of Mental Health. (2015). Available: www.nimh.nih.gov

National Institute of Neurological Disorders and Stroke. (2015). Available: www.ninds.nih.gov

National Professional Development Center on Autism Spectrum Disorders. (2015). Available: http://autismpdc.fpg.unc.edu

Notbohm, E., & Zysk, V. (2004). *1001 great ideas for teaching and raising children with autism spectrum disorders*. Arlington, TX: Future Horizons.

Obrey, E., & Barboa, L. (2014). *Tic toc autism clock: A guide to your 24/7 parent plan*. Nixa, MO: Author.

O'Conner, K. J. (2000). *The play therapy primer*. New York: John Wiley and Sons Inc.

Odom, S. L., Horner, R. H., Snell, M. E., & Blacher, J. B. (2009). *The handbook of developmental disabilities*. New York, NY: Guilford Press.

Orlick, T. (2006). *Cooperative games and sports*. Champaign, IL: Human Kinetics.

Parker, N., & O'Brien, P. (2011). Play therapy reaching the child with autism. *International Journal of Special Education, 26*, 80–87.

Phillips, N., & Beavan, L. (2010). *Teaching play to children with autism*. Thousand Oaks: Sage Publications.

PsychCentral. (2014). Available: www.psychcentral.com

Psychology Glossary. (2012). *Types of play in children*. Available: www.psychologylexicon.com

Ray, D. (2011). *Advanced play therapy: Essential conditions, knowledge, and skills for child practice*. New York: Routledge.

Respectrum Community. (2012). *Child's development*. Available: www.respectrum.org

Ross, R. H., & Roberts-Pacchione, B. (2007). *Wanna play*. Thousand Oaks, CA: Corwin Press.

Schaefer, C. E. (2003). *Foundations of play therapy*. New Jersey: John Wiley and Sons Inc.

Sensory Processing Disorder Foundation. (2015). Available: www.spdfoundation.net

Sherratt, D., & Peter, M. (2002). *Developing play and drama in children with autistic spectrum disorders*. London: Fulton.

Simeone-Russell, R. (2011). A practical approach to implementing Theraplay for children with autism spectrum disorder. *International Journal of Play Therapy, 20*(4), 224-235.

Siri, K., & Lyons, T. (2010). *Cutting edge therapies for autism*. New York, NY: Skyhorse Publishing.

Stillman, W. (2007). *The autism answer book*. Naperville: Sourcebooks, Inc.

Thornton, K., & Cox, E. (2005). Play and the reduction of challenging behavior in children with ASD's and learning disabilities. *Good Autism Practice, 6*(2), 75-80.

United States Food and Drug Administration. (2012). Available: www.fda.gov

VanFleet, R. (1994). *Filial therapy: Strengthening parent-child relationships through play*. Sarasota: Professional Resource Press.

VanFleet, R. (2012). Communication and connection: Filial therapy with families of children with ASD. In Gallo-Lopez, L., & Rubin, L. C. (Eds.), *Play-based interventions for children and adolescents with autism spectrum disorders* (pp. 193-208). New York, NY: Routledge.

VanFleet, R. (2014). *Filial therapy: Strengthening parent-child relationships through play* (3rd ed.). Sarasota: Professional Resource Press.

Vaughan, A. (2014). *Positively sensory*. Springfield, MO: Scribble Media.

Williams, B. R., & Williams, R. L. (2011). *Effective programs for treating autism spectrum disorder: Applied behavior analysis models*. New York, NY: Routledge.

찾아보기

인명

내용

저자 소개

로버트 제이슨 그랜트(Robert Jason Grant Ed.D, LPC, CAS, RPT-S)
인증된 전문 상담자이고 국가 공인 상담자(National Board Certified Counselor)이자 놀이치료 슈퍼바이저이고, 공인 자폐증 전문가(Certified Autism Specialist)이다. 로버트 박사는 미국상담협회, 놀이치료협회, 미국정신건강상담자협회 그리고 미국자폐증협회의 회원이기도 하다. 자신의 웹사이트(RobertJasonGrant.com)에서 공인 발달놀이치료 상담자(Certified Autplay Therapy Provider)로 상담자 훈련을 하고 있고, 미주리에 있는 개인상담실에서 아동, 청소년, 성인, 부부 그리고 가족들을 상담하고 있다.

역자 소개

진미경(Jin Mikyoung)
숙명여자대학교 대학원 교육학과 석사
The University of Texas at Austin Ph.D(Human Development and Family Science)
한국놀이치료학회 놀이심리상담 교육전문가
한국상담심리학회 상담심리사 1급
청소년상담사 1급
Certified Autplay Terapy Provider
Advanced Certified Adlerian play Therapist
Adlerian Play Therapy Consultant
현) 숙명여자대학교 아동복지학부 교수

〈편저 및 역서〉
Play Therapy in Asia(편저, The Chinese University Press, 2017)
Disorganized Attachment and Caregiving(편저, The Guilford Press, 2011)
Attachment: Expanding the Cultural Connections(편저, Routledge, 2010)
모험놀이치료(공역, 학지사, 2018)
아들러 놀이치료(공역, 학지사, 2017)

김혜진(Kim Hyejin)
숙명여자대학교 대학원 아동복지학과 석사
숙명여자대학교 대학원 아동복지학과 문학박사(아동심리치료 전공)
한국놀이치료학회 놀이심리상담 전문가
원광아동상담센터 부소장
숙명여자대학교 심리치료대학원 놀이치료 전공 초빙대우교수
현) 아동청소년상담센터 맑음 책임 상담원

〈저서 및 역서〉
엄마가 모르는 아이마음(공저, 싸이프레스, 2015)
모험놀이치료(공역, 학지사, 2018)
아들러 놀이치료(공역, 학지사, 2017)
논문의 저술에서 출판까지(공역, 시그마프레스, 2008)
Can Do play activity series: 멋진 창작(역, 시그마프레스, 2005)
Can Do play activity series: 생태탐험(공역, 시그마프레스, 2003)

박현숙(Park Hyunsook)
숙명여자대학교 대학원 아동복지학과 석사
숙명여자대학교 대학원 아동복지학과 문학박사(아동심리치료 전공)
한국놀이치료학회 놀이심리상담사 1급
현) 허그맘허그인 원장

〈역서〉
모험놀이치료(공역, 학지사, 2018)
아들러 놀이치료(공역, 학지사, 2017)

채은영(Chae Eunyoung)
숙명여자대학교 대학원 아동복지학과 석사
숙명여자대학교 대학원 아동복지학과 문학박사(아동심리치료 전공)
한국놀이치료학회 놀이심리상담 전문가
한국상담심리학회 상담심리사 1급
현) 숙명여자대학교 심리치료대학원 놀이치료학과 초빙대우교수

〈역서〉
모험놀이치료(공역, 학지사, 2018)
아들러 놀이치료(공역, 학지사, 2017)

김모라(Kim Mora)
이화여자대학교 대학원 사회복지학과 석사
동국대학교 대학원 예술치료학과 석사
숙명여자대학교 대학원 아동복지학과 박사수료(아동심리치료 전공)
국제임상미술치료학회 미술심리상담 전문가
한국놀이치료학회 놀이심리상담사 2급
현) 다움심리연구소 실장

〈저서 및 역서〉
미술이 어떻게 마음을 다루는가(공저, 교육과학사, 2021)
모험놀이치료(공역, 학지사, 2018)

오형경(Oh Hyoungkyoung)
숙명여자대학교 대학원 아동복지학과 석사
숙명여자대학교 대학원 아동복지학과 박사과정(아동심리치료 전공)
한국놀이치료학회 놀이심리상담사 2급
한국상담심리학회 상담심리사 2급
현) 새벽별 심리상담센터 책임 상담원

자폐 스펙트럼 아동과
청소년을 위한 발달놀이치료(3판)

Autplay Therapy for Children and
Adolescents on the Autism Spectrum (3rd ed.)
A Behavioral Play-Based Approach

2021년 9월 10일 1판 1쇄 인쇄
2021년 9월 20일 1판 1쇄 발행

지은이 • Robert Jason Grant
옮긴이 • 진미경 · 김혜진 · 박현숙 · 채은영 · 김모라 · 오형경
펴낸이 • 김진환
펴낸곳 • (주)학지사
　　　　04031 서울특별시 마포구 양화로 15길 20 마인드월드빌딩
대표전화 • 02)330-5114　　　팩스 • 02)324-2345
등록번호 • 제313-2006-000265호

홈페이지 • http://www.hakjisa.co.kr
페이스북 • https://www.facebook.com/hakjisa

ISBN 978-89-997-2497-8　93180

정가 19,000원

출판 · 교육 · 미디어기업 학지사

간호보건의학출판 **학지사메디컬** www.hakjisamd.co.kr
심리검사연구소 **인싸이트** www.inpsyt.co.kr
학술논문서비스 **뉴논문** www.newnonmun.com
교육연수원 **카운피아** www.counpia.com